缠论

缠中说禅核心炒股技术精解

（第2版）

鲍迪克◎编著

人民邮电出版社

北京

图书在版编目（CIP）数据

缠论：缠中说禅核心炒股技术精解 / 鲍迪克编著
. -- 2版. -- 北京：人民邮电出版社，2020.11
ISBN 978-7-115-54844-3

Ⅰ．①缠… Ⅱ．①鲍… Ⅲ．①股票交易－基本知识
Ⅳ．①F830.91

中国版本图书馆CIP数据核字(2020)第176348号

内 容 提 要

缠中说禅的108篇"教你炒股票"系列文章形成缠论。缠论深邃而高深莫测，大部分人不得入门，望而兴叹。

本书图文并茂地深度解析缠论，同时辅以K线图、股价走势图、流程图，形象地展示缠论的内容，帮助投资者更快捷地研读缠论。

本书根据缠论原文分成8章，分别是缠中说禅与缠论，形态学、均线位置，走势、走势中枢与走势完美，分型，笔，线段，背驰以及其他重要理念。通过这8章投资者可习得缠论的精髓，以数学的思维分析股价运行轨迹、不同走势下的买卖点、股价转折点等。在解析缠论时，会附上缠论的原文，读者可比对原文阅读解析，也可在阅读解析时，反复研读缠论原文，领悟缠论的精髓。

本书既是投资者学习缠论的工具，也是对缠中说禅的感恩与致敬！对缠中说禅最好的纪念就是完美呈现缠论、传递缠中说禅的人文精神！

本书是一本承载着缠中说禅情怀的股票书，是一本温暖的技术理论书。

◆ 编　　著　鲍迪克
　　责任编辑　李士振
　　责任印制　周昇亮
◆ 人民邮电出版社出版发行　　北京市丰台区成寿寺路 11 号
　　邮编　100164　　电子邮件　315@ptpress.com.cn
　　网址　https://www.ptpress.com.cn
　　涿州市京南印刷厂印刷
◆ 开本：720×960　1/16
　　印张：15.75　　　　　　　　　　2020 年 11 月第 2 版
　　字数：203 千字　　　　　　　　 2025 年 9 月河北第 46 次印刷

定价：59.80 元

读者服务热线：(010)81055296　印装质量热线：(010)81055316
反盗版热线：(010)81055315

前　言

缠中说禅、缠论

　　"缠中说禅"本是新浪博客的一个用户名，该博主在博客发表系列文章后，尤其是在发表"教你炒股票"系列文章后，这个博客就出名了，而该博主也成为网络名人。

　　缠论是博主缠中说禅在波浪理论和混沌分析法的基础上，加上其多年的炒股经验而总结出来的一套股市操作理论，内容涵盖分型、笔、线段、走势、走势中枢、背驰等。该理论自成体系，专业而完备，能从逻辑上得以证明。

　　基于这套理论，缠中说禅曾预言在2007年下半年，美国次贷危机将引发全球金融危机，如同1929年的世界金融危机；在2005年，缠中说禅预测股市见底，将会出现大牛市；在2007年，其又预测股市将见顶，甚至详细到具体点位，即6 124.04点。令人惊讶的是，这些预测后来全都得到了证实。缠中说禅也因此收获了众多粉丝，粉丝自称为"缠迷"。

　　缠中说禅毫不吝啬地将自己的理论发布在新浪博客上，每天都有无数的人在学习他的理论。粉丝为感其恩，遂将其108篇"教你炒股票"系列文章简称为"缠论"，尊称缠中说禅为"缠师"。然而缠中说禅于2008年10月10日更新完最后一篇博文后，就再也没有消息了，据传其因患癌症去世。

缠中说禅去世后，缠论的热度依旧不减，每天都有无数人研究和学习缠论，学习缠论甚至成为一种潮流，尤其是"教你炒股票"系列文章，被誉为股市中的经典。缠中说禅被粉丝追捧为"缠师""投资大师"。

　　为了便于读者学习和了解，本书也引用了部分缠论原文，其版权永远属于缠中说禅。本书使用平实的语言、简单易懂的图解法向读者一一详解缠论，是一本不可多得的缠论学习宝典。由于作者水平有限，书中难免会存在不足之处，敬请读者朋友批评指正。

鲍迪克

目录

第 1 章｜传奇！缠中说禅与缠论

1.1 / 缠中说禅，率先在博客上讲股票的人 2

1.2 / 缠中说禅"教你炒股票"系列 4

1.3 / "千人千缠" 5

1.4 / 缠中说禅逝去，身份成谜 6

第 2 章｜缠论：形态学、均线位置

2.1 / 缠论中的形态学 9

2.2 / 形态学的 K 线系统 11

  2.2.1 K 线的包含关系 11

  2.2.2 K 线的包含关系处理 14

  2.2.3 K 线包含关系处理的顺序 17

2.3 / 形态学的均线系统 21

  2.3.1 常用的均线 21

  2.3.2 什么是均线系统 24

  2.3.3 均线系统买卖点分析 32

第 3 章 缠论：走势、走势中枢与走势完美

3.1/ 走势中枢 40

3.1.1 走势中枢的定义 40

3.1.2 走势中枢的延伸、扩展和新生 43

3.2/ 走势及走势类型 49

3.2.1 走势类型 49

3.2.2 走势类型和走势中枢 51

3.3/ 用走势中枢分析走势 55

3.4/ 走势完美的形态 57

第 4 章 缠论：分型

4.1/ 分型与分形 63

4.1.1 分型的相关概念 63

4.1.2 分型与分形的区别 64

4.2/ 顶分型和底分型 65

4.2.1 顶分型解析 65

4.2.2 底分型解析 68

4.3/ 分型的强弱区分 71

4.3.1 顶分型的强弱分析 71

4.3.2 底分型的强弱分析 75

4.3.3 分型的操作依据 78

第 5 章 | 缠论：笔

5.1/ **缠论中笔的定义** 81

    5.1.1 缠论基础——笔 81

    5.1.2 上升笔 85

    5.1.3 下降笔 87

5.2/ **缠论中笔的划分** 89

    5.2.1 笔的划分原则 89

    5.2.2 笔的划分步骤 94

    5.2.3 笔的延伸、结束及确认 96

5.3/ **新笔和旧笔** 99

    5.3.1 新笔的定义 100

    5.3.2 新笔、旧笔的区别 102

5.4/ **缠论中笔的用途** 104

    5.4.1 分型与笔 104

    5.4.2 买卖点与笔 107

    5.4.3 实战解析 113

第 6 章 | 缠论：线段

6.1/ **什么是线段** 117

    6.1.1 线段的定义 117

    6.1.2 线段的复杂形态 121

    6.1.3 线段的延伸和结束 125

6.2 / 线段的特征序列 128

　　6.2.1　找出线段的特征序列 128

　　6.2.2　特征序列元素的包含关系 131

　　6.2.3　特征序列元素包含关系处理 133

　　6.2.4　特征序列与线段划分 137

6.3 / 线段被破坏 139

　　6.3.1　线段被破坏的两种情况 140

　　6.3.2　线段被破坏的判定标准 142

　　6.3.3　线段被笔或线段破坏 148

　　6.3.4　实战解析 151

第 7 章 ｜ 缠论：背驰

7.1 / 背驰的定义 158

　　7.1.1　什么是背驰 158

　　7.1.2　背驰的力度与级别 163

　　7.1.3　背驰与股价走势 166

7.2 / 背驰有哪些类型及程序逻辑 168

　　7.2.1　趋势背驰 169

　　7.2.2　盘整背驰 174

7.3 / 缠论背驰分析的要点 182

　　7.3.1　均线相交面积法 183

　　7.3.2　MACD 指标法 186

7.4 / 区间套操作 191

7.5 / 小背驰引发大转折 195

第 8 章 缠论：其他重要理念

8.1 / 缠论中的买卖点理论 199

8.1.1 3 类买点及解析 199

8.1.2 3 类卖点及解析 206

8.1.3 买卖点操作指导 211

8.2 / 缠论中其他操作方法 215

8.2.1 中小资金高效买入法 215

8.2.2 利润率最大的操作模式 220

8.2.3 构建合理的投资方案 225

8.3 / 缠论中的风险管理和资金管理 226

8.3.1 如何做好风险管理 226

8.3.2 如何做好资金管理 228

8.4 / 缠论中的投资策略 231

8.4.1 缠论中的投资方法 232

8.4.2 分段操作 236

8.4.3 缠论投资法则 237

8.4.4 3 个独立程序 239

第1章
传奇！缠中说禅与缠论

　　缠中说禅的名字来源于其新浪博客用户名，他狂放不羁、博学多才，自称为"全球第一博客"，在网上发表了数千篇博客，内容涵盖艺术、数理、科技、文史、经济等各个方面，其知识体系极为庞杂、文章涉猎内容甚广，让人叹服，尤其是"教你炒股票"系列。此系列共有108篇文章，在网上引起了轩然大波。缠中说禅拥有众多粉丝，然据传其于2008年10月因癌症去世，无数网友感念其教导之恩，遂将其理论称为"缠论"，然而至今仍未有人得知其真实身份。

本/章/精/彩/导/读

缠中说禅，率先在博客上讲股票的人
缠中说禅"教你炒股票"系列
"千人千缠"
缠中说禅逝去，身份成谜

1.1/ 缠中说禅，
率先在博客上讲股票的人

直至今日，缠中说禅仍是一个传说，是被众多投资者称为"缠师"的奇人。他身份未明，却在博客上展示了其庞大的知识体系，其言语别出心裁、为人狂放不羁，但又无可辩驳，令人赞赏不已。

其博客总共约1 000篇，分为缠中说禅、诗词曲赋、音乐艺术、文史哲学、时政经济、数理科技、白话杂文等几大类，其中"教你炒股票"系列文章被众多投资者视为"股市经典"，为其收获众多粉丝，许多人正是在阅读此系列文章时有所心得，从而成为资深股市投资者。

缠中说禅善于透过现象看本质，其言语犀利，善于用平实的语言深入浅出地对复杂的事情进行解析，尤其体现在"教你炒股票"系列文章中。

缠中说禅毫不吝啬地将自己的理论学说发布在新浪博客上。每天都有许多人在学习他的理论，运用他的思想在股市中进行投资，他成为众多投资者的精神导师。然而天妒英才，缠中说禅自2008年10月10日更新完最后一篇博客后，就再也没有发布过博客，据传其因患癌症已去世，消息一出，粉丝伤心不已，因感其恩，遂将其"教你炒股票"系列的108篇文章，简称为"缠论"。缠中说禅也被粉丝追捧为"缠师""投资大师"。

缠中说禅逝去后，人们研究缠论的热度未降，其新浪博客点击量和回复量也一直居高不下。缠中说禅的博客如图1-1所示。

缠中说禅的博客

首页 | 博文目录 | 图片 | 关于我

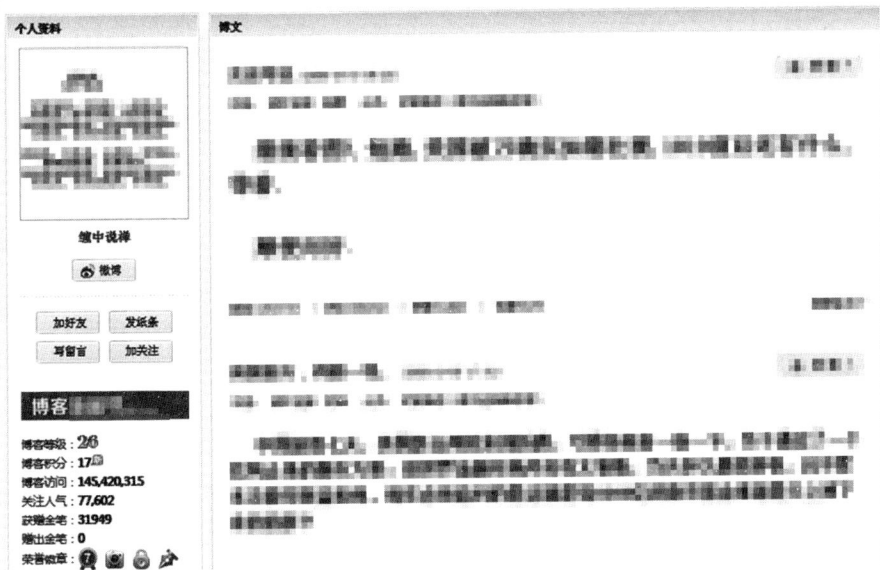

图1-1　缠中说禅的博客

缠中说禅曾在博客里说道："不是本ID自吹自擂：能让你八卦的博客，不能让你有品位；能让你有品位的，不能让你智慧；能让你智慧的，不能让你挣钱；能让你挣钱的，不能让你明心。而能让你八卦、品位、智慧、挣钱、明心，一个都不少的博客，全球只有一个，那就是全球第一博客——缠中说禅。"从其博客日后的影响力和覆盖面来看，此言非虚。

在新浪博客上讲述股票的人不在少数，为何缠中说禅脱颖而出，成为一个传奇，被人们视为"投资大师"呢？

一个人只拥有专业的知识，或者独创知识，是无法成为"大师"的。"大师"者必有大智慧，不藏私，敢于将自己所得公之于众，缠中说禅将其理论写在博客上、供无数粉丝学习的行为，很是让人敬佩，被称为"大师"，确实名副其实。所以虽然缠中说禅只是在博客上写文章，但却具有如此大的影响力也就不足为奇了。

从专业角度来说，缠论将分类作为基本架构，通过分型、笔、线段、走势、走势中枢、背驰等便于人们理解的几何定义，将烦琐复杂、有些杂乱无章的级别走势进行了科学的描述，缠论中提出的"走势必完美""缠论三类买卖点""走势中枢"等概念更是刷新了人们对证券技术理论的认知。这个理论和多数人熟知的波浪理论、江恩理论等有很大的区别。

一个靠着在博客上讲述自己股市理论的人，能够引发如此大的轰动，想来也是第一人了！

1.2/ 缠中说禅 "教你炒股票"系列

缠中说禅的博客总计约1 000篇，内容涵盖诗词曲赋、音乐艺术、文史哲学、流行娱乐、时政经济、数理科技、白话杂文等几大类，其中"教你炒股票"系列文章更是盛名在外，也让缠中说禅圈粉众多。

"教你炒股票"系列总共108篇文章，讲述了较为基础的分型、笔、线段，也讲述了较为复杂的走势中枢、走势类型和背驰，还包括级别、结构、中阴、操作模式和实例解盘等，篇篇皆是缠中说禅投资经验的总结，含金量非常高，每习一课，便能从中获益无数。

虽然缠中说禅在讲述其理念时，采用的是日记体的方式，想到哪儿就写到哪儿，未从整体上对缠论进行概括和总结，然后细细讲解，但如果我们学习完这108篇文章，就会感受到缠论体系的严密性和逻辑性。

缠中说禅本人也提到学习缠论不是将缠论中的理念记住就行了，而是要在学习缠论后将其忘掉，将珍珠打乱，再串起珠子，然后将所得用于实践，才可谓真正学会了缠论。也就是说要将缠论转化为自己的知识，否则在实战中遇到问题，就想着缠论中是如何解说的，那么将无法真正掌握缠论，更别提领悟到缠论背后所隐藏的哲学深意了。

这108篇文章不仅讲述股票投资，还从更高的层面讲述了很多知识，如哲学、人性，因而缠论也是一套讲述哲学、讲述人性的理论。就如缠中说禅这个名字，缠意味着人的弱点，因时间、环境而变化，显示出自相似性，而走势不过是人的弱点的合理结果，因而走势也具有自相似性。唯有不断地在交易中实践，才能战胜人性的这些弱点。

最终，学习"教你炒股票"系列的108篇文章，学的并不只是投资理念和操作技巧，更重要的是透过这些烦琐的理念和技巧，化烦琐为简单，化紊乱为清晰，化缠论为自己的知识，才能摆脱缠论，走到真正的康庄大道上来。

1.3 / "千人千缠"

如前所述，缠中说禅在讲述缠论时采用日记体的方式，想到哪儿就写到哪儿，何时有空何时就讲解一番，因此缠论看起来很紊乱、有些无序，也就是每篇文章的知识点是分散的、不够全面的，如果是初学者，很容易感到不知所云。这给缠论学习者带来了很多障碍，使其无法领悟到缠论的精华，如对于走势、走势中枢、背驰等缠论中较为重要的概念，如果不能真正掌握其理念，很容易导致每个人都得到不同的学习结果，造成"千人千缠"的局面。

缠中说禅也自知缠论晦涩难懂，因此他认为真正能学会缠论并将其融会贯通的人很少，可以说屈指可数。很多人觉得缠师这话太狂妄，然而从现在的实际情况来看，真正能掌握缠论的人的确寥寥无几。

缠中说禅去世后，缠论研究热度未减，网上也出现了众多讲述缠论的人，包括所谓的"名博"，然而真正能将缠论解说清楚的人甚少，就如缠中说禅生前曾预言的那样，在他去世后，缠论不知要被曲解成什么样，如今果然印证了此话。

百家争鸣是好事，但"千人千缠"并非百家争鸣，而是对缠论原意的曲解，很多人甚至从头错到尾。虽说理论是不断向前发展的，允许创新，但要想站在巨人的肩膀上看到更远的世界，就要先了解巨人的理念，然后才能取其精华、去其糟粕，在此基础上融会贯通，进行创新。

缠论是在哲学文化、现代数学、现代物理3个基础上构建而成的，其中关于现代物理部分，缠师并未尽述，这也给缠论的学习增加了难度，但这并不影响我们掌握缠论的精华。

因此，对于初学者来说，在学习缠论时，应选择合适的教材，由浅入深地学习缠论，慢慢体会缠论体系的威力和隐藏在理论背后的哲学深意。

1.4 / 缠中说禅逝去，身份成谜

据传，缠中说禅因患鼻咽癌于2008年10月31日不幸去世，他将自己的理论和在股市中的实战经验无私地分享在博客上，每天众多缠迷在学习缠论的同时，也可学习博客上的其他知识，可以说缠中说禅给缠迷们留下了丰富的宝藏，但也给缠迷们留下了一个难解之谜，那就是缠中说禅的真实身份到底是什么？

根据缠中说禅在网上留下的痕迹，一些网友推测缠中说禅是当年亿安科技极负盛名的李彪。

一位名叫"喜欢数学的女孩"的用户在天涯上曾一度十分火爆，其言辞辛辣，文章标题大胆，很快在天涯论坛上吸引了众多粉丝，但后来退出天涯论坛转到新浪博客，在《"喜欢数学的女孩"退市，"缠中说禅"接盘！》一文中表示："'喜欢数学的女孩'就让她成为历史，她没完成的任务、连载等，都由'缠中说禅'全面接盘，这同时也是本女博客名字。"由此可推断，"喜欢数学的女孩"就是缠中说禅早年在天涯的用户名。

缠中说禅曾说要创办杂志，缠迷们调查缠中说禅发言的时间，果然在其发言后不久，《基金分析》杂志创办，创办者为青岛木子创业投资公司，而这家公司的董事长就是李彪。而在后续调查中，缠迷们发现李彪的行踪、时间和缠中说禅的行踪、时间有太多吻合之处。作为一家公司的董事长，李彪经常做创投、看项目，而缠中说禅也多次在博客中表示自己除股票投资外，还要看项目、做创投。因此，几乎可以确认缠中说禅就是李彪，但却始终缺少最直接的证据，不过在缠中说禅去世后，其博客经常有自称是缠中说禅熟人的人留言追忆李彪。

虽然缠中说禅已去，但缠中说禅的理念、人文精神、情怀将继续传承下去！

第2章
缠论：形态学、均线位置

形态学和动力学是缠论的两个重要组成部分，其中形态学是缠论的根本。掌握形态学能够帮助我们判断股市中的第二、三类买卖点，也是我们运用动力学发现第一类买卖点的重要依据，而这3类买卖点是缠论中最重要的理念之一，毕竟股市操作最重要的是掌握买卖点，进行低吸高抛，从中获得高收益。

K线系统和均线系统是形态学中既相互独立又彼此关联的两个组成部分。可以说，掌握K线系统和均线系统是我们学习缠论的基础，尤其是K线的包含关系与处理以及均线系统中的轻度走势突破、重度走势突破和中度走势突破。

本/章/精/彩/导/读

缠论中的形态学
形态学的K线系统
形态学的均线系统

2.1 / 缠论中的形态学

缠论主要由形态学和动力学两部分组成。形态学是指分型、笔、线段、走势类型等内容。动力学是指背驰、走势中枢、中枢震荡、走势的能量结构等内容。两者很容易分辨。

缠中说禅是这样讲述的："本ID的理论，本质上分两部分，一是形态学，二是动力学。"

站在纯理论的角度，形态学是最根本的。形态学，本质上就是几何学，这部分内容，是无需任何前提的。就算一个市场主力把股票全买了，一个人天天自我交易，也永远逃不出形态学的范围。而动力学方面的东西就不同了，必须有两个前提：价格充分有效以及市场里的非完全绝对趋同交易。

形态学是缠论的根本，单纯使用形态学，就足以形成一套有效的操作体系。动力学是辅助，不过动力学虽然是辅助，却并非无足轻重，相反，如果不懂得动力学，不理解背驰的概念，是无法抓住第一类买卖点的，虽然第二类买卖点是可以抓住的，但毕竟减少了一次交易机会，也就减少了获利机会。所以我们在学习缠论时，既要掌握形态学，又要掌握动力学，唯有两者结合起来，才能真正发挥缠论的指导作用，才能不错过任何一类买卖点，并从中获得可观的收益。

缠中说禅认为要想理解形态学，最基础的是理解分型、笔、线段、最小级别中枢、各级别中枢、走势类型，这些都是缠论中最基础的部分。如果连分型、笔、线段等最基础的东西都没弄明白，就无法真正掌握缠论的精华。

为了方便人们学习和掌握缠论，缠中说禅给出了一条"懒人路线"，人们按照这条路线学习，便可以掌握缠论中的基础概念，具体路线如图2-1所示。

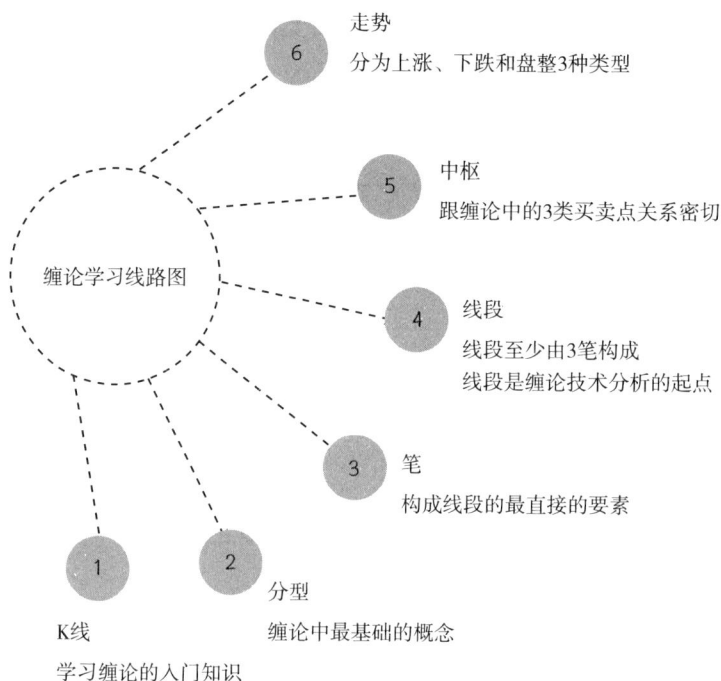

6 走势
分为上涨、下跌和盘整3种类型

5 中枢
跟缠论中的3类买卖点关系密切

缠论学习线路图

4 线段
线段至少由3笔构成
线段是缠论技术分析的起点

3 笔
构成线段的最直接的要素

1 K线
学习缠论的入门知识

2 分型
缠论中最基础的概念

图2-1 缠论学习路线图

上面的内容是形态学中最基本的内容，是缠论学习者必须要掌握的，当然形态学中还有很多其他概念，最主要的是各种与结合律相关的问题的概念。

单单掌握了形态学，还无法将其运用于实战，最终在实际操作中所运用的是背驰，但形态学是绕不过的，是每位学习缠论的人都应该掌握的，这是最基础的，也是学习其他操作理论的基础。

从本质上来讲，形态学也是几何学，由两个相互关联又彼此独立的系统组成，即K线系统和均线系统。

　　K线系统主要包括K线的包含关系和处理，K线所透露出的买卖点以及分型、线段、笔、走势中枢等。K线的语言系统最为准确，以笔、线段、走势中枢及类型、背离为主。掌握了这套系统，就能由小级别推断出股市的变化，从而掌握各类买卖点来进行交易。但该系统的不足之处在于难以掌握。

　　均线系统是个大众系统，即只要你想学，就不难掌握。虽然其精确度不如K线系统，但只要你掌握了，也能从容解决在股市中遇到的90%的问题，90%的人都不会是你的对手，然而掌握均线系统的人却很少。

2.2/ 形态学的K线系统

　　形态学分析是股市分析中的重要方法，掌握K线形态学能够帮助你更精准地了解股市的走向，预测股市未来的走势、趋势的量度，还能使你从中了解主力资金的操作思维、方法、目的等。

　　K线系统是缠论的重要组成部分，通过它，你可以得知个股的价格转折点及价格走势。但要掌握K线系统，就要先掌握K线的包含关系、对其包含关系的处理、K线组合、K线形态等，这是掌握分型、线段、笔等的基础。

2.2.1　K线的包含关系

　　K线的包含关系，是指一条K线的高低点完全在另一条K线高低点范围之内，那么这两条K线之间的关系就是包含关系。在确认包含关系时，无须考虑阳线和阴线，只考虑K线的最高点和最低点。相邻的两条K线无论是前者包含后者，还是后者包含前者，皆为包含关系。

在图2-2中，K线B的高低点完全在K线A的高低点范围内，则K线B和K线A之间为包含关系；而K线D的高低点并不完全在K线C的高低点范围内，则K线D和K线C不属于包含关系。

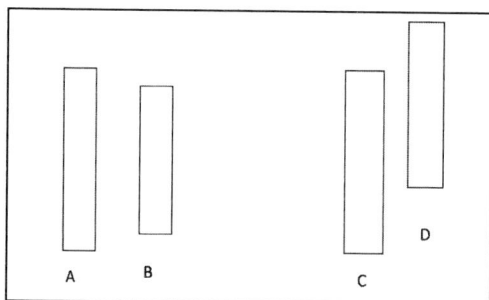

在判断行情时，有时会将这些存在包含关系的K线进行合并，形成没有包含关系的K线图，以帮助我们更好地判断趋势。

图2-2　K线的包含与不包含关系

在K线形态中，有7种包含关系排列，如图2-3所示。

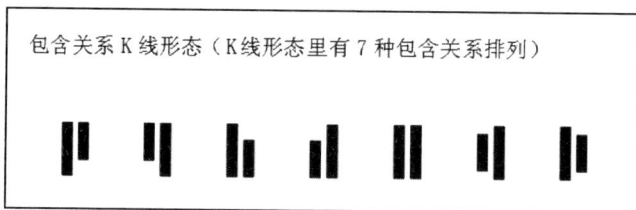

图2-3　包含关系K线形态

在图2-4中，实线框内相邻的两条K线属于包含关系，虚线框内相邻的两条K线不属于包含关系。仔细查看K线的包含关系和非包含关系之间的差别，并将之运用于实战中。

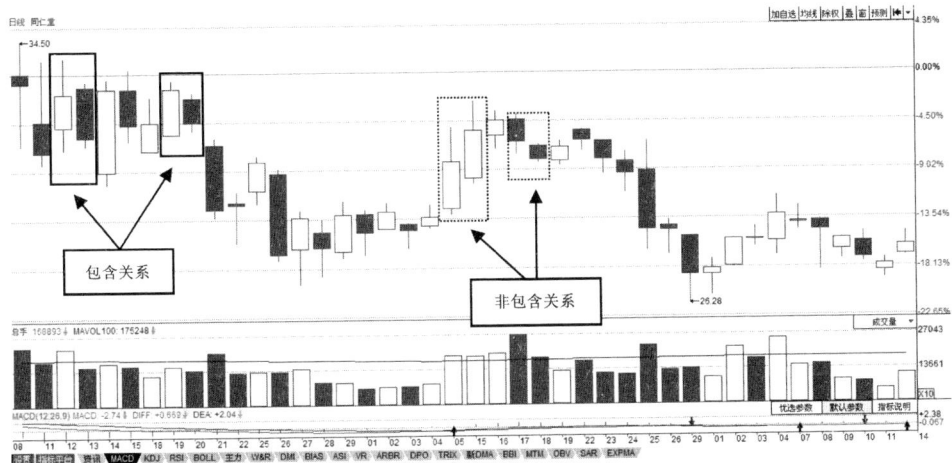

图2-4　同仁堂日K线图中的包含与非包含关系

对于不属于包含关系的3条相邻的K线，可将其分为4种，即上升K线、顶分型、下降K线、底分型，如图2-5所示。这是实战中较为常见的非包含关系的3条相邻K线组合，它们所代表的意义不同，在实战中应特别注意，这些将在后续章节中讲到。

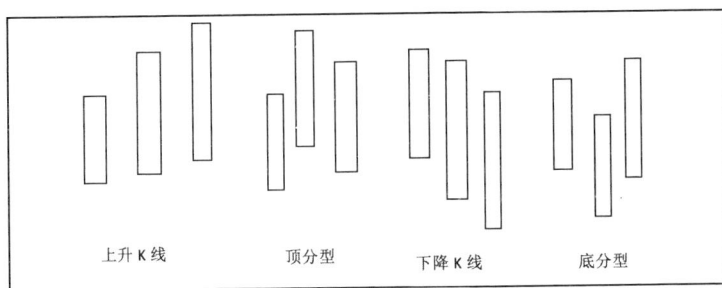

图2-5　非包含关系的3条相邻K线的分类

在图2-6中，我们可以找出下降K线、底分型两种非包含关系的3条相邻K线组合，在实战中，这些K线组合对股市分析具有重要的指导意义，是我们在分析股市时应注意的。

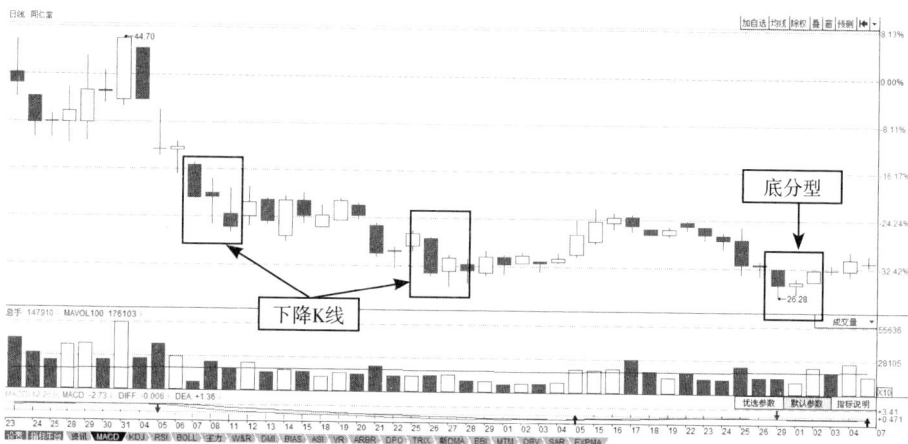

图2-6　同仁堂日K线图中的下降K线和底分型

2.2.2　K线的包含关系处理

在K线图中，存在包含关系的相邻K线随处可见，为了避免这些K线给分析增加任务量和难度，我们先要对这些K线进行包含关系处理。

包含关系处理是指将具有包含关系的两条相邻K线按照某种规则合并为一条K线，从而使日K线图中的K线数量有所减少，减少分析的任务量并减轻难度。

K线的包含关系处理可分为两种："向上"和"向下"。

（1）"向上"，假设K线1和K线2无包含关系，K线2和K线3存在包含关系，K线2比K线1高，则进行向上包含关系处理（简称向上处理）。

处理规则为：将存在包含关系的两条K线的最高点视为新K线的高点，将两条K线的最低点中的较高者视为新K线的低点，这样就把两条K线合并为一条新的K线。

当然，实际图形里，有些复杂的关系会出现，就是相邻两K线可以出现包含关系，也就是一K线的高低点全在另一K线的范围里，这种情况下，可以这样处理，在向上时，把两K线的最高点当高点，两K线低点中的较高者当成低点，这样就把两K线合并成一新的K线；反之，当向下时，把两K线的最低点当低点，两K线高点中的较低者当成高点，这样就把两K线合并成一新的K线。经过这样的处理，所有K线图都可以处理成没有包含关系的图形。

——缠中说禅"教你炒股票"62课

在图2-7中的左侧图中，K线A1和K线A2不属于包含关系，K线A2和K线A3属于包含关系，K线A2比K线A1高，进行向上处理。在处理中，取K线A2和K线A3的最高点为高点，取低点中的较高者为低点，然后将两条K线合并为新的K线A4。

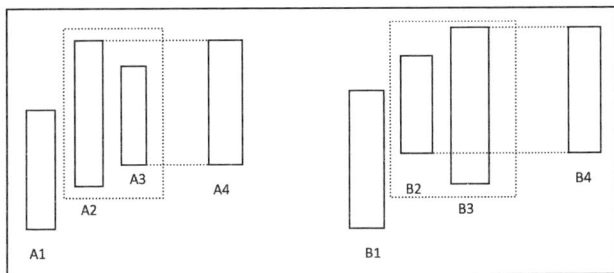

图2-7 向上处理

在图2-7中的右侧图中，K线B2比K线B1高，进行向上处理，即对K线B2和K线B3进行向上处理，两者合并为新的K线B4。

在图2-8中，K线B的高点比K线A的高点要高，且K线B与K线C为包含关系，应进行向上处理；K线E的高点比K线D的高点要高，且K线E与K线F为包含关系，应进行向上处理。

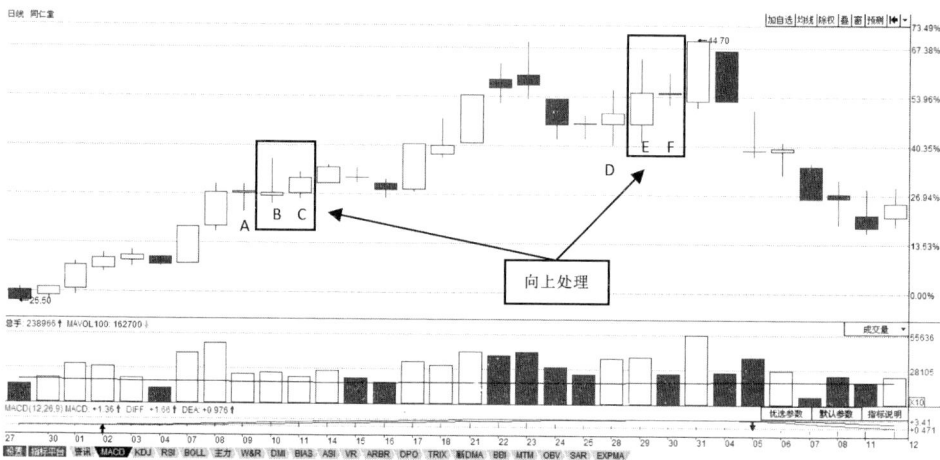

图2-8　同仁堂日K线图中应进行向上处理的K线组合

（2）"向下"，假设K线1和K线2无包含关系，K线2和K线3存在包含关系，K线2比K线1低，进行向下包含关系处理（简称向下处理）。

处理规则为：将存在包含关系的两条K线的最低点视为新K线的低点，将两条K线的高点中的较低者为新K线的高点，这样就把两条K线合并为一条新的K线。

在图2-9中的左侧图中，K线A1和K线A2不属于包含关系，K线A2和K线A3属于包含关系，K线A2比K线A1

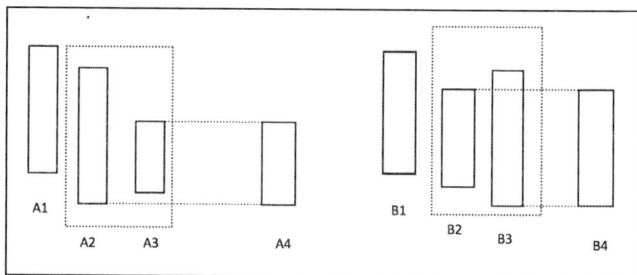

图2-9　向下处理

低，进行向下处理。在处理中，取K线A2和K线A3的最低点为低点，取K线Λ2和K线A3的高点中的较低者为高点，然后将两条K线合并为新的K线A4。

在图2-9中的右侧图中，K线B2比K线B1低，进行向下处理，即对K线B2和

K线B3进行向下处理，两者合并为新的K线B4。

在图2-10中，K线B的高点比K线A的高点低，且K线B与K线C为包含关系，应进行向下处理；K线E的高点比K线D的高点低，且K线E与K线F为包含关系，应进行向下处理。

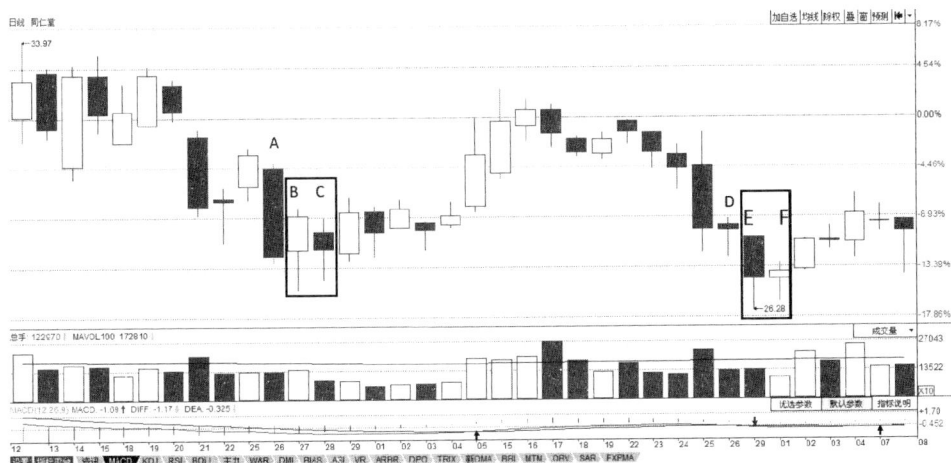

图2-10　同仁堂日K线图中应进行向下处理的K线组合

由上文可知，K线包含关系的处理是向上还是向下，取决于形成包含关系的前面那条K线与在其之前的那条K线的对比情况，如果其高点较高，则进行向上处理；如果其低点较低，则进行向下处理。在缠论中关于K线合并方向是这么描述的："假设，第n条K线满足第n条与第n+1条的包含关系，而第n条与第n-1条不是包含关系，那么，如果第n条K线的高点大于第n-1条K线的高点，则称第n-1、n、n+1条K线是向上的；如果第n条K线的低点小于第n-1条K线的低点，则称第n-1、n、n+1条K线是向下的。"

2.2.3　K线包含关系处理的顺序

K线的包含关系虽然是严格遵守结合律的，但也存在一个问题，在K线图中，有时会存在多种包含关系，如A与B为包含关系，B与C为包含关系，但A与

C是否存在包含关系，则有待检验。也就是说，K线的包含关系不遵守传递律。

因此，在K线包含关系中，一定要遵守处理的顺序，即在处理包含关系时，要按照时间顺序来处理，先处理前面的包含关系，再处理后面的包含关系，否则，容易导致紊乱和无效。

结合律是有关本ID理论中最基础的，在K线的包含关系中，当然也需要遵守，而包含关系，不符合传递律，也就是说，第1、2条K线是包含关系，第2、3条也是包含关系，但并不意味着第1、3条就有包含关系。因此在K线包含关系的分析中，还要遵守顺序原则，就是先用第1、2条K线的包含关系确认新的K线，然后用新的K线去和第3条比，如果有包含关系，继续用包含关系的法则结合成新的K线，如果没有，就按正常K线去处理。

——缠中说禅"教你炒股票"65课

图2-11中，K线B与K线C、K线C与K线D都为包含关系，但是在处理包含关系时，要按照时间顺序来处理，即先处理K线B与K线C间的包含关系，将两条K线合并为新的K线E，然后判断K线D与K线E之间是否存在包含关系，如果存在，则继续处理；如果不存在，则无须处理。

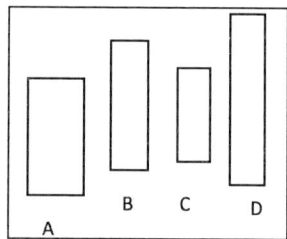

图2-11　K线包含关系处理

在图2-11中的K线包含关系，正确的处理顺序如下。

（1）确定合并方向。在图中，K线A与K线B之间不存在包含关系，K线B与K线C之间存在包含关系，判断K线B与K线C的合并方向：如果K线B的最高点高于K线A的最高点，进行向上处理；如果K线B的最高点低于K线A的最高点，则进行向下处理。在该图中，明显要进行向上处理。

（2）处理K线B与K线C之间的包含关系，形成新的K线E，如图2-12所示。判断K线E和K线D之间是否存在包含关系。

（3）K线E的高低点都处于K线D的高低点范围之内，两者之间存在包含关系，应进一步处理。新K线E的高点比K线A高，应进行向上处理，两条K线合并后形成新K线F，如图2-13所示。

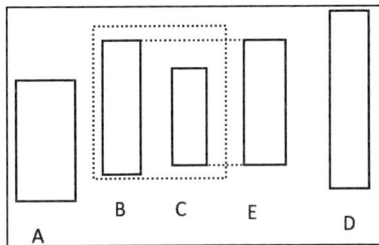

图2-12 向上处理

（4）如图2-14所示，在经过K线包含关系处理后，图中只剩下K线A与K线F。

在处理过程中，如果前面两条K线合并后产生的新K线和第三条K线存在包含关系，则可将此现象称为"多条顺次包含K线的合并"。

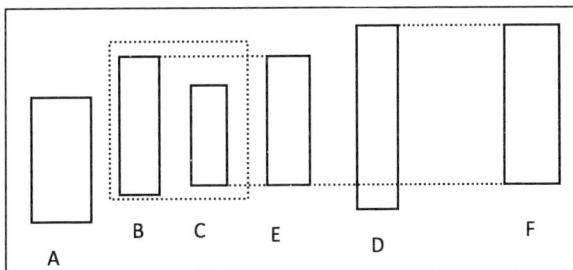

图2-13 合并成新K线

在经过K线包含关系处理后，K线图中不能再存在包含关系，如果存在，则说明处理得不够彻底，应继续用包含关系处理规则来处理，直至K线图中不再存在包含关系；如果不存在，则按照正常K线图来分析。

在实战中，并不是K线图中所有的包含关系都要进行处理，而是要根据分析目的和位置的重要性来决定，否则，若全部都处理，分析的工作量尢尢会大幅增加。

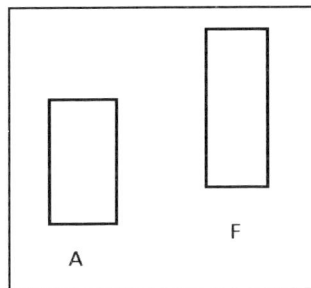

图2-14 包含关系处理后

操作提示1： 在图2-15中，K线A与K线B之间存在包含关系，K线A的高点明显比前一条K线M的高点低，则K线A与K线B应向下处理；取A、B两条K线高点中的较低者为高点，取两条K线低点的最低者为低点，按照包含关系处理规则，将其合并为一条新K线C。

操作提示2： 判断新K线C与K线D的关系，K线C的高低点在K线D的高低点范围内，两者为包含关系。由于K线C的高点比K线M的高点低，则K线C与K线D取向下处理，以两条K线高点中的较低者为高点，以两条K线低点的最低者为低点，按照包含关系处理规则，将其合并为一条新K线F。

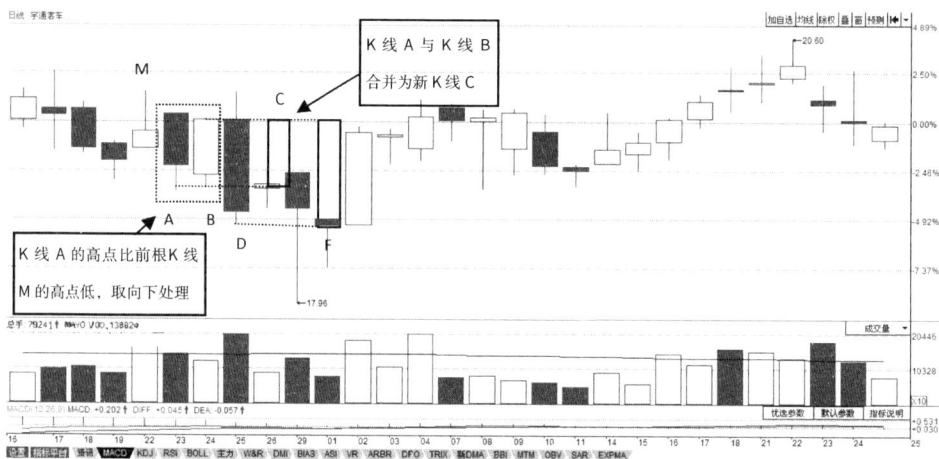

图2-15　宇通客车日K线图包含关系处理

操作总结： 在实战中，处理K线的包含关系时，一定以顺序为原则，一步步进行处理，直到K线图中无包含关系。当然，为了减少工作量，可只处理K线图中处于重要位置的K线的包含关系。多条K线间存在顺次包含关系时，也要严格遵守顺序原则。

2.3 / 形态学的均线系统

均线系统和K线系统是形态学的重要组成部分，两者既有关联，又彼此独立。在技术分析中，均线系统是最为简单的，也是最易掌握的，是非常实用的技术指标系统。在中长周期的分析里，分析5周均线或者60周均线，都十分有效。

不过均线系统的缺点是其精确度比K线系统要低，如果你按照均线系统的某个规则去买进和卖出，如在个股价格突破某条均线时买进，在跌破某条均线时卖出，那么你获胜的概率不大，在以短期均线作为标准的情况下更是如此。在股市分析中能真正起到作用的是均线系统，即由若干条短期、中期、长期的均线所组成的技术评价系统（注意：任何技术指标、系统，本质上都是一个评价系统，它将告诉你在这个系统的标准下，评价对象的强弱）。

然而在股市分析中，只要能熟练掌握均线系统，就能从容解决绝大部分问题，这也是我们必须重视和掌握均线系统的原因。在缠论中，均线、平滑异同移动平均线（Moving Average Convergence/Divergence，MACD）、背驰、3类买卖点是操作系统中的核心技术。

2.3.1 常用的均线

移动平均线，英文名为Moving Average，缩写为MA。该英文名原意为移动平均，但在股市技术分析中，是将其制作成线条来分析的，因此被称为移动平均线，简称为均线。它是通过将某个时间段内的收盘价之和除以该时间段的周期得到的。

均线是股市技术分析中使用最普遍的指标之一，能有效帮助投资者发现、确认趋势，如发现多头趋势、空转多趋势的迹象等。

举个例子，MA10是通过将10天内的收盘价之和除以10得到的。

在图2-16中，股价走势和MA10走势基本上是相符的，但在具体实战中，只依靠一条均线，比如MA10，是很难准确判断股价走势的，要找出3类买卖点无疑是难上加难。但我们可以通过均线判断行情，如均线向上通常为多头，可考虑买进建仓；反之则为空头，可考虑减仓卖出。但在实战中，为了更好地判断股市行情，我们通常用多条均线作为辅助判断，这就涉及了均线系统。

图2-16　同仁堂MA10

在股市技术分析中，我们常用到的均线有MA5、MA10、MA20、MA30、MA60，如图2-17所示。

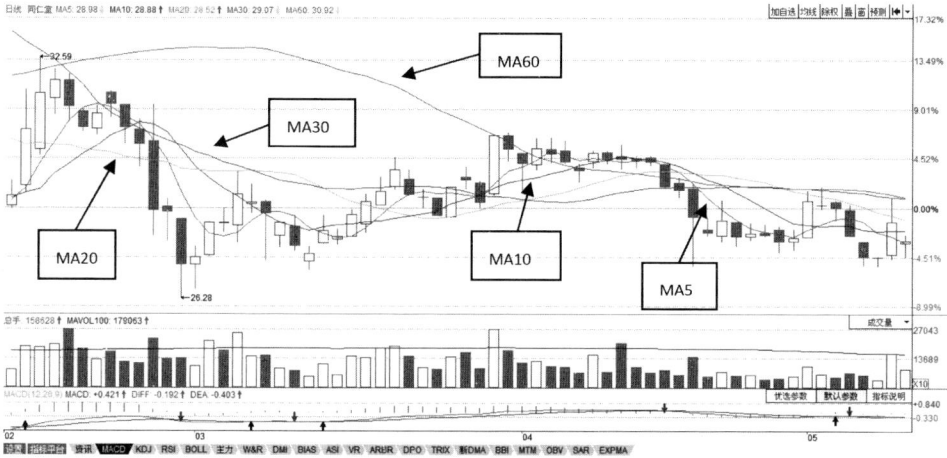

图2-17　同仁堂多条均线

其中，MA5和MA10为短期移动平均线，是短线操作的依据，即日均线指标；MA20、MA30、MA60为中期移动平均线，是中线操作的依据。当多条短期移动平均线走势较强时，则可进行短线操作，甚至是T+0操作。当多条中期移动平均线走势较强时，则可进行中线操作。MA120、MA240为长期移动平均线，在长线操作中，我们多以MA120、MA240指标为依据。

在图2-18中，MA120、MA240为长线操作的判断依据，当两条均线都走强时，则意味着可进行长线操作，当两条均线都走弱时，进行长线操作则要谨慎。

图2-18　同仁堂长期移动平均线

在实战中，为了准确判断股价走势，有时会综合运用短期均线、中期均线、长期均线。不过在分析中可能会遇到这样的问题：个股5日均线走强，但10日均线可能走弱，且在5日均线下方，这对10日均线系统来说，为弱势，那么个股相应的价格走势为强还是为弱呢？

在股市中，强弱都是相对的。在超短线操作中，如在短线T+0操作中，即使1分钟均线显示强势也可买入；但对于大资金来说，就算5日均线很强势，他们也不会有兴趣。因此，技术指标系统的首要选择标准与资金量和操作时间有关。所以在股市中，投资者应按照自己的实际情况去考虑选择运用相应的指标，这样才能灵活运用均线来操作。

2.3.2　什么是均线系统

在缠论中，均线系统和K线系统都是形态学的组成部分，虽然均线系统只是作为辅助系统出现的，但如果投资者能合理运用该系统，也能获得可观的收益。

缠论认为，在均线系统中，必然存在着各条均线间的关系问题，任何两条均线之间的关系，其实就是一个关于走势突破的问题。按走势突破的标准，可以对相应的关系进行分类："轻度走势突破""中度走势突破""重度走势突破"。

1."轻度走势突破"

"轻度走势突破"指短期均线略走平后继续按原来的趋势运行下去。

在股市中，"轻度走势突破"出现的机会很少，通常发生在快速行情中（趋势强烈时），而强烈的趋势往往不能持久，因此其后经常出现震荡。

在图2-19中，短期均线MA10处于上涨趋势，股价创新高时，均线走势发生了变化，出现了略平稳的走势，但随即又恢复为原来的趋势，这表明此处出现了"轻度走势突破"。

图2-19　宋都股份日K线图

在图2-20中，短期均线MA10处于下跌走势，股价创新低后，很快进入短期反弹阶段，此时均线走势发生了变化，出现了略平稳的走势，但很快又按照原来的趋势运行下去，这表明此处有"轻度走势突破"出现。

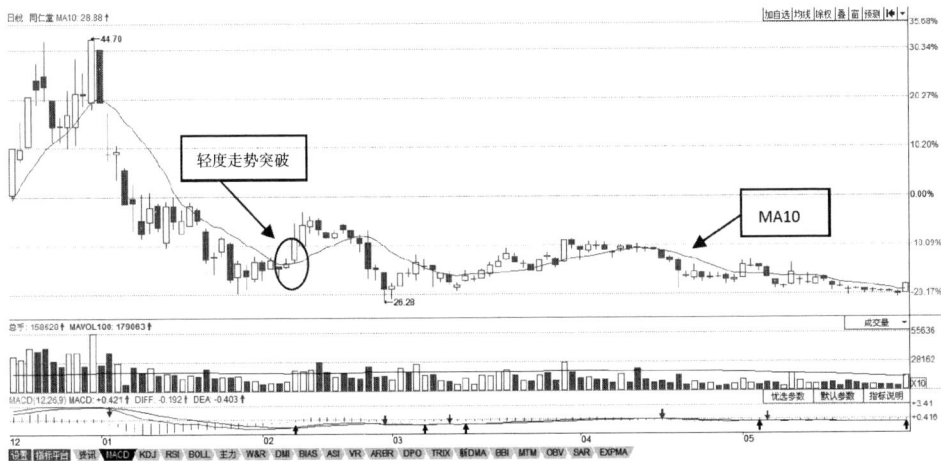

图2-20　同仁堂日K线图

2."中度走势突破"

"中度走势突破"是指短期均线靠近长期均线但不跌破或向上突破长期均线，然后按原来的趋势继续运行下去。

"中度走势突破"在一段基本趋势的运行过程中经常出现，尤其是在空头市场中，"中度走势突破"很常见，一旦出现"中度走势突破"反弹，调整基本就该结束了；而在多头市场中，调整结束的概率也是非常大的，不过要警惕"中度走势突破"变为"重度走势突破"。

在图2-21中，短期均线和长期均线在经过短时间下跌后，呈现反弹趋势，且在反弹期间两根均线的距离逐渐缩短，但随后又按原来的趋势继续运行下去，这表明此处出现了"中度走势突破"。

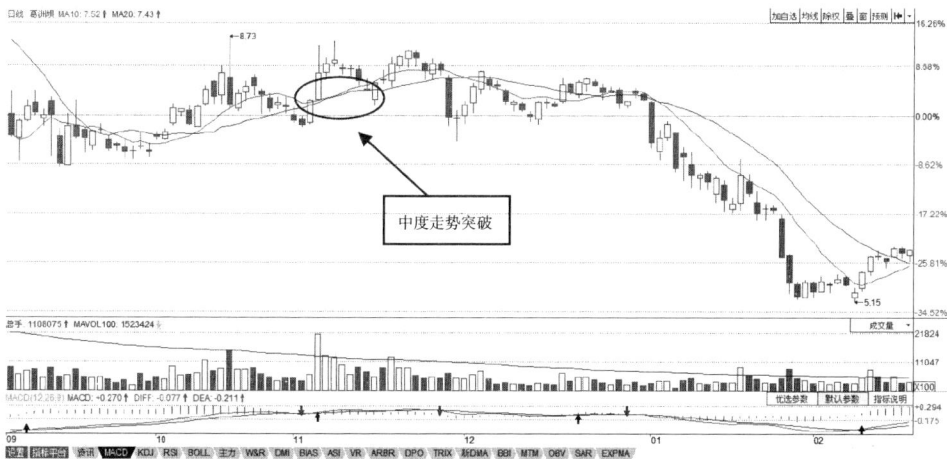

图2-21　葛洲坝日K线图

在图2-22中，短期均线和长期均线几乎重合在一起，但不久后两根均线恢复为原来的趋势并继续运行下去，这表明出现了"中度走势突破"。

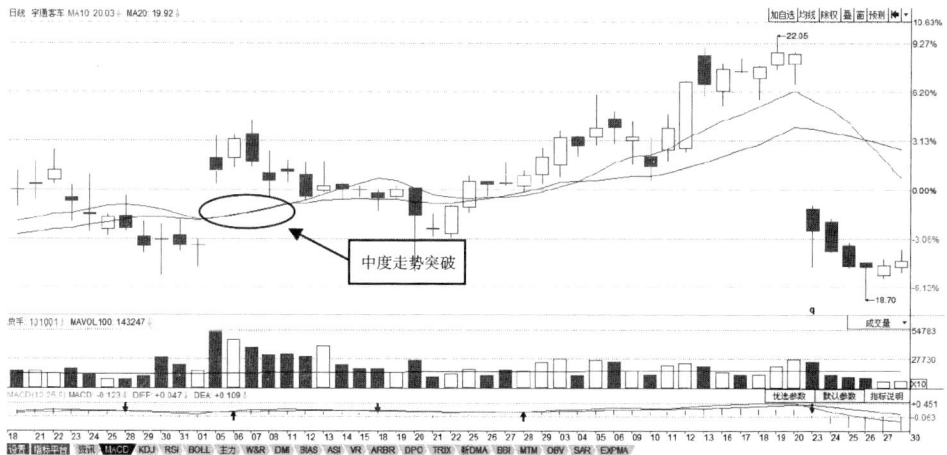

图2-22　宇通客车日K线图

3."重度走势突破"

"重度走势突破"是指短期均线跌破或向上突破长期均线，甚至与长期均线反复缠绕。

"重度走势突破"多发生在某段趋势结束后的大调整中，即发生在盘整行情中。另外，趋势出现转折时，也较易出现这种情况。尤其在空方市场中，如果短、中、长期均线同时出现"重度走势突破"，则表明空方市场将转变为多方市场。

图2-23所示的葛洲坝日K线图中出现了两个"重度走势突破"。前一个"重度走势突破"为短期均线跌破长期均线所形成的，而后一个"重度走势突破"为短期均线向上突破长期均线所形成的。

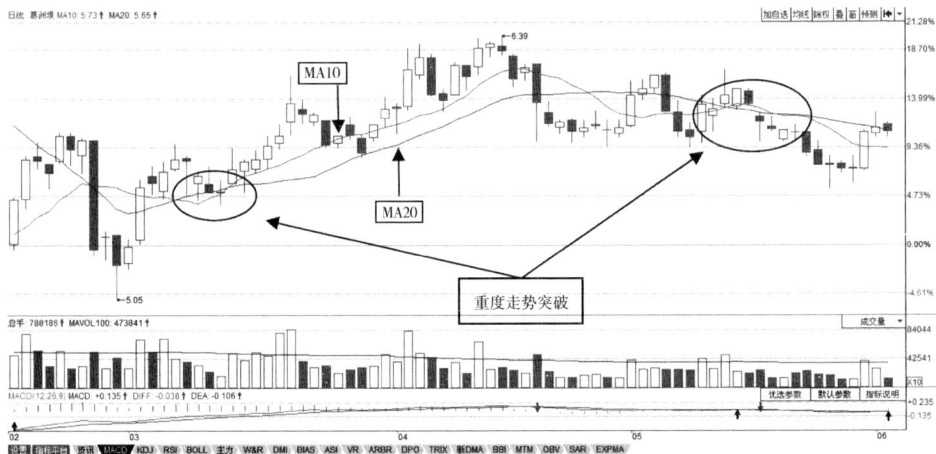

图2-23　葛洲坝日K线图

在图2-24所示的浙江富润日K线图中，短期均线或向下跌破，或向上突破长期均线，且出现反复缠绕的情况，此为"重度走势突破"。

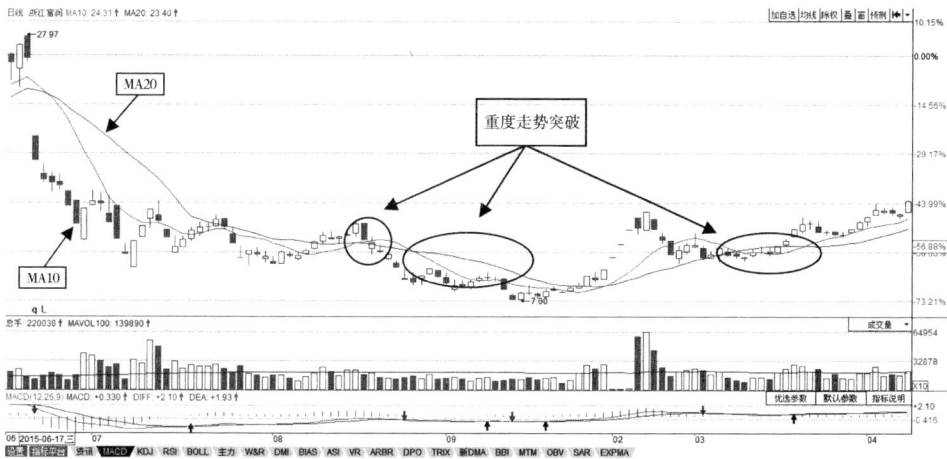

图2-24　浙江富润日K线图

　　到这里，我们已经清楚"走势突破"是怎样产生的了。如果走势无法突破短期均线，那么这期间出现的高、低点则只是低级别图表上的，在本级别图表上毫无意义。

　　当走势突破短期均线却不能突破长期均线，就会形成"轻度走势突破"；当走势突破长期均线马上形成陷阱，就会形成"中度走势突破"；当走势突破长期均线出现一定的反复，就会形成"重度走势突破"。

——缠中说禅"教你炒股票"15课

　　通过该理论可知，"走势突破"是以对原趋势的反抗程度为基础进行分类的，"轻度走势突破"的反抗程度最低，基本无任何反抗力；"中度走势突破"的反抗程度也低，反抗力很弱；"重度走势突破"的反抗程度较高，反抗力足够强。

　　事实上，行情的转变基本都是从"重度走势突破"开始的。这里可分为两种情况。第一种是先出现"重度走势突破"，然后按照原来的趋势运行，股价创新低或者创新高后，出现转折，如图2-25所示。

在图2-25中，"重度走势突破"结束后，股价又回到原来的趋势中，呈上涨走势，涨至高位后，股价突然大幅下跌，验证了行情的转变基本上是从"重度走势突破"开始的第一种情况。

图2-25　金花股份日K线图

第二种情况是反复出现"重度走势突破"，构造一个转折性箱体，其后行情出现转折，如图2-26所示。

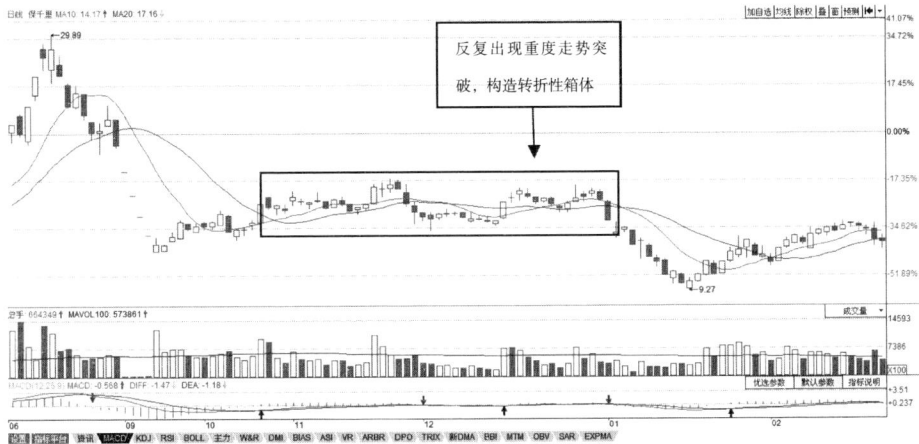

图2-26　保千里日K线图

在图2-26中，短期均线和长期均线在大幅下跌后，转为大调整状态，这期间反复出现"重度走势突破"，构造了一个转折性箱体。这段时间股价走势相对平稳，但转折性箱体构造完成后，股价随即大幅下跌，验证了行情的转变基本都是从"重度走势突破"开始的第二种情况。

缠论中将短期均线位于长期均线上方的形态，称为"短期上位"；将短期均线位于长期均线下方的形态，称为"长期上位"。那么在"长期上位"的情况下，一旦出现"重度走势突破"，则要密切观察，尤其是在长期"长期上位"后出现"重度走势突破"的情况，更要密切观察，其后的股价下跌处往往是理想的买点，因为此处形成空头陷阱的概率非常大。

在图2-27所示的皖通高速日K线图中，MA5位于MA30下方，为缠论所称的"长期上位"，随后出现了"重度走势突破"形态，股价持续上涨至高位后快速下跌，此时为买入的好时机，可建仓，待股价反弹至高位后卖出，可获得可观的差额利润。

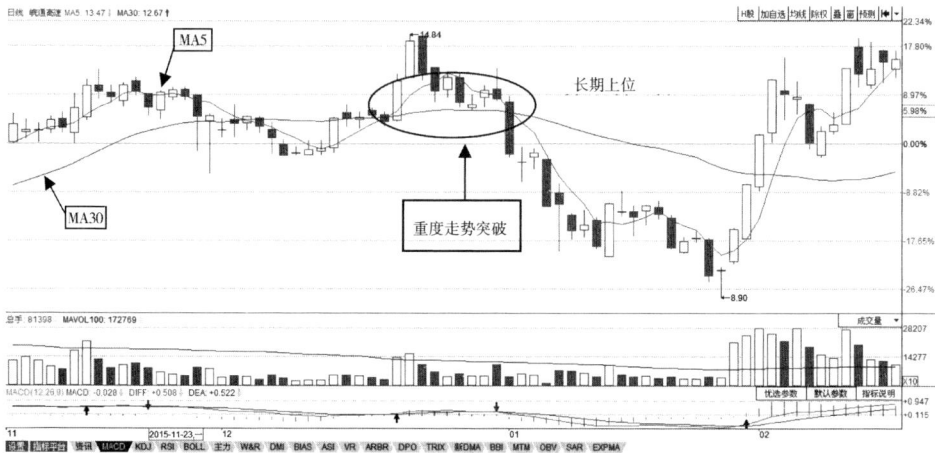

图2-27　皖通高速日K线图

2.3.3　均线系统买卖点分析

缠中说禅认为股市中的风险是不可避免的，但每个人可根据自己的实际情况，如资金、操作水平等，设置一套分类评价系统，然后根据该系统对所有可能的情况设置一套相应的应对程序。这样，对于在股市中的所有风险，都能以一种可操作的方式进行规避。而你要做的只是根据股市出现的情况，选择对应的程序。

而均线系统就是其中一个颇为有效的操作系统。接下来，我们图解均线操作系统的"一买、二买、一卖、二卖"。

1.均线操作系统的两类买点

前面讲过两条均线间存在3种"走势突破"的方式，"重度走势突破"是最为明显的缠绕例子，"轻度走势突破"和"中度走势突破"则为特殊的缠绕例子，而在均线系统中所说的缠绕，包括这3种走势突破。在实际操作中，"重度走势突破"出现的概率较大，但在长期均线系统中，如周均线、月均线，"中度走势突破"出现的概率更大。

缠论提出，均线操作系统的买点分为两类。

第一类买点：用比较形象的语言描述就是由"长期上位"最后一"走势突破"后出现的背驰式下跌构成，如图2-28所示。

第二类买点：由"短期上位"第一"走势突破"后出现的下跌构成，如图2-29所示。

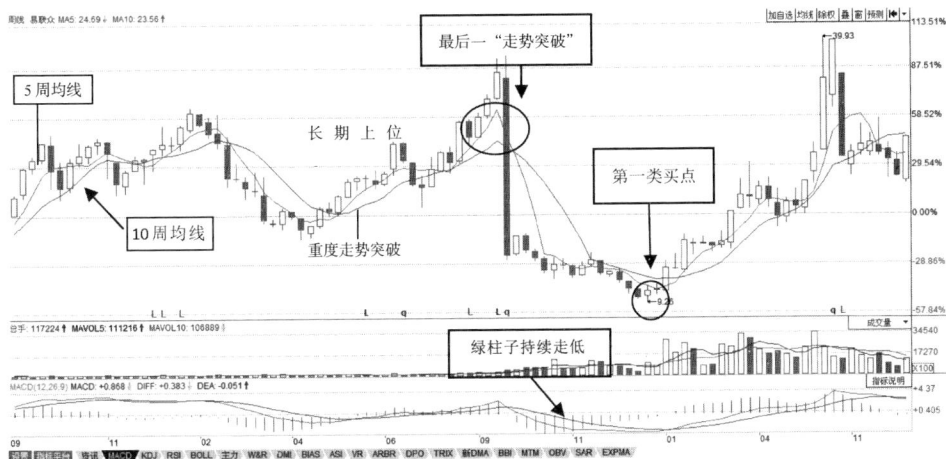

图2-28　易联众周K线图

操作提示1：　在图2-28中，我们可以看到该股先是出现了"重度走势突破"，但第一"走势突破"后的股价下跌通常不构成买点，然后又出现了最后一"走势突破"，其后就出现了明显的背驰走势。

操作提示2：　在MACD图上，绿柱子持续走低，而股价持续下跌，底部出现，第一类买点构造完成，投资者可大举买入。

操作总结： 当"长期上位"最后一"走势突破"后出现背驰式下跌，且股价跌至低位时，是均线操作系统的第一类买点。但要注意进入"长期上位"后的第一"走势突破"，其后的股价下跌通常不会构成买点，最少要在第二"走势突破"后。如果出现第二"走势突破"，但其后的股价下跌并未形成背驰，也不符合第一类买点的原则。

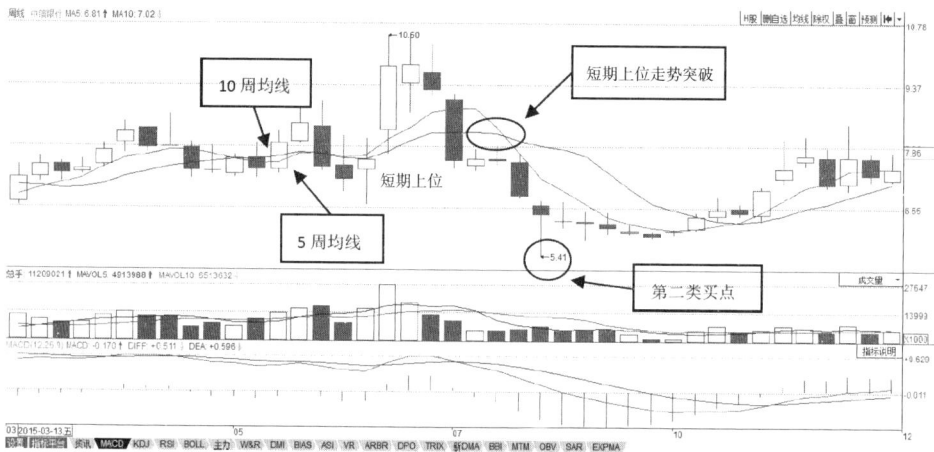

图2-29　中信银行周K线图

操作提示1： 在图2-29中，我们可以看到长期均线出现在短期均线的下方，即构成了"短期上位"。然后形成了"短期上位"第一"走势突破"，其后股价出现了背驰式的下跌走势。

操作提示2： 通过成交量来分析，当股价涨至最高位10.50元时，成交量也达到天量，但随后成交量快速萎缩，表明股价上涨动力不足，股价无法延续上涨走势，此时卖点出现，投资者可卖出股票。"短期上位"第一"走势突破"后，股价持续下跌，跌至最低点5.41元，几乎为最高位10.50元的一半。此时出现的低点为我们要寻找的第二类买点。此时建仓，可用较少的资金获得较多的筹码，提高我们的盈利水平。

操作总结：当"短期上位"第一"走势突破"后股价出现背驰式下跌，且跌至低点时，即为均线操作系统的第二类买点。这类买点的安全性很高，风险很小，但也存在将转折误判为中继的风险，因此要特别注意这一点。唯有判断准确，我们才能发现理想的买卖点，而不是失之交臂。

运用均线操作系统判断买点，首先要寻找一只进入"长期上位"的股票，然后观察"长期上位"最后一"走势突破"后形成的股价背驰式下跌，当股价跌至低点时，为理想的买入时机，也是我们要寻找的第一类买点。随后股价走势通常会由"长期上位"转为"短期上位"，不过对于"短期上位"，我们要关心的是第一"走势突破"，其后出现的低点，是第二类买点。

在均线操作系统中，上述两类买点的风险是最小的，即风险和收益比是最小的，但这并不意味着这两类买点毫无风险。第一类买点的风险在于将中继判断为转折；第二类买点的风险是将转折判断为中继。

由上文可知，均线操作系统的买点风险主要与操作熟练程度有关，操作熟练的人判断的准确率无疑会高些。因此，我们要不断地学习、分析，多操作，提高自己判断的准确率。

但在操作中一定要坚持买点的原则，资深操作者和普通操作者之间的唯一差别是对中继、转折、背驰的判断不同。任何不在这两个买点买入的行为都是不可靠的，因为这属于原则问题，而并非操作水平高低、看盘水平高低的问题。

2.均线操作系统的两类卖点

均线操作系统的第一类卖点为"短期上位"缠绕后股价呈现背驰式上涨走势时。第二类卖点是均线变成"长期上位"后的第一个缠绕高点。

缠论提出，均线操作系统的卖点有两类。

第一类卖点：用比较形象的语言描述就是由"短期上位"最后一"走势突

破"后形成的背驰式上涨构成，如图2-30所示。

第二类卖点：由"长期上位"第一"走势突破"后出现的上涨构成，如图2-31所示。

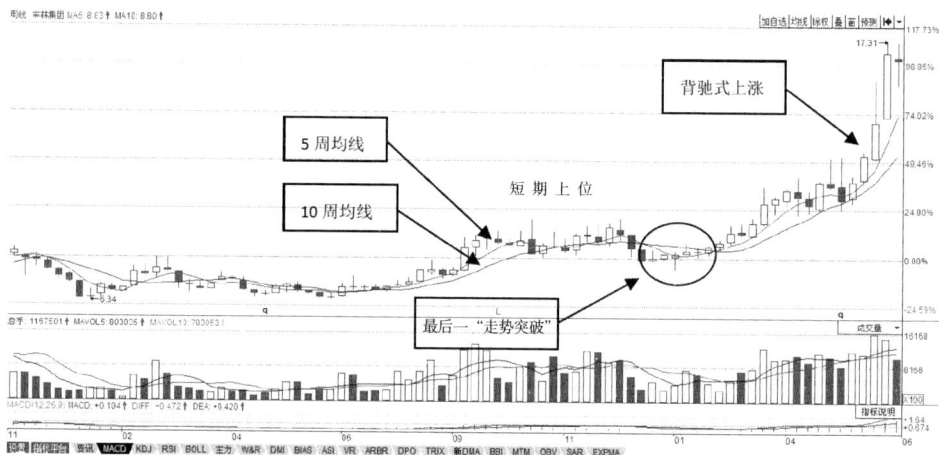

图2-30　丰林集团周K线图

操作提示1： 在图2-30中，我们可以看到该股转为"短期上位"后，多次出现"重度走势突破"，但都不构成卖点，最后构成了最后一"走势突破"，其后就出现了明显的背驰式上涨走势。

操作提示2： 在最后一"走势突破"中，短期均线跌破长期均线，同时在MACD图上，差离值（Differential Value，DIF）曲线向上突破DEA（DIF在一定时间内的平均值）曲线，此为买进信号，随后股价呈背驰式上涨，从7.70元快速涨至17.31元，股价高点出现，此为第一类卖点，可大幅卖出。

操作总结： 当"短期上位"最后一"走势突破"后出现股价背驰式上涨，且股价涨至高位时，是均线操作系统的第一类卖点。但要注意进入"短期上位"后的第一"走势突破"，其后的上涨通常不会构成卖点。因此，对第一类卖点的判断主要基于"短期上位"、最后一"走势突破"、背驰式上涨3个关键形态。

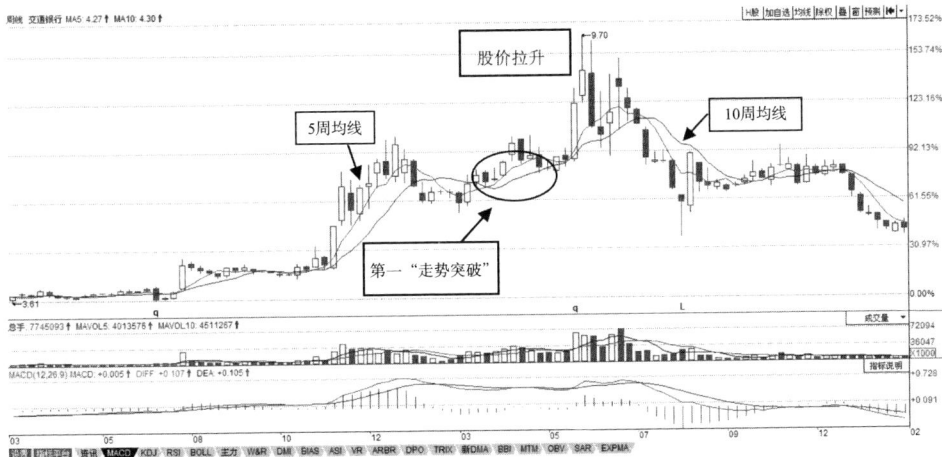

图2-31　交通银行周K线图

操作提示1： 在图2-31交通银行的周K线图中，我们可以看到该股在"长期上位"形态出现后，很快出现第一"走势突破"，其后的上涨趋势较为明显，此时为缠论中的第二类卖点。

操作提示2： 在股价创新高时，相应的MACD指标却并未随之创新高，此时的高点反而低于上一次股价上涨时的高点，出现顶背离形态，暗示股价随时都可能会见顶回落，投资者应锁利出局，空仓者不可在此时追涨买入，此时为卖点。

操作总结： 当"长期上位"第一"走势突破"后出现股价背驰式上涨，且股价涨至高位时，是均线操作系统的第二类卖点。因此，对第二类卖点的判断主要基于"长期上位"、第一"走势突破"、背驰式上涨3个关键形态。

要把握好这个均线构成的买卖系统，必须深刻理解缠中说禅买点定律：大级别的第二类买点由次一级别相应走势的第一类买点构成。如果资金量不特别巨大，就要熟练缠中说禅短差程序：大级别买点买入的，在次级别第一类卖点出现时，可以先减仓，其后在次级别第一类买点出现时回补。这样才能提高资金的利用率。

——缠中说禅"教你炒股票"14课

第3章

缠论：走势、走势中枢与走势完美

　　走势、走势中枢是缠论中的两个重要概念。引入走势中枢，是为了更好地观察走势，而缠论中的3类买卖点与走势中枢的关系密切。如能掌握走势和走势中枢，对我们掌握行情、分析个股价格走势将大有益处。

　　而走势终完美理论是缠论的核心理论之一，它能够帮助我们发现某一种走势类型将要结束的信号，通过走势中枢来确认走势终完美，并从中发现第一、二、三类买卖点，从而为下一步的操作提供依据。

本/章/精/彩/导/读

走势中枢
走势及走势类型
用走势中枢分析走势
走势完美的形态

3.1/ 走势中枢

走势中枢理论和走势终完美理论是缠论中最重要的两个理论，也是我们进行实战的重要依据，毕竟实战的要点就在于走势分解。同时，缠论中的3类买卖点与走势中枢之间的关系都非常密切，因此，了解和掌握走势中枢就显得很有必要。

3.1.1　走势中枢的定义

缠论对走势中枢的定义是：某级别走势类型中，被至少3个连续次级别走势类型所重叠的部分，称为走势中枢，简称中枢。换言之，走势中枢就是由至少3个连续次级别走势类型重叠的部分所构成的。走势中枢的规模与次级别走势的数量和规模有很大的关系，次级别走势的规模越大、数量越多，则走势中枢的规模就越大。

3个次级别走势：在分时图或者K线图中，如果出现3个次级别走势，且3个走势间出现重叠部分，则说明走势中枢开始形成。

连续：并非3个次级别走势就能构成中枢，这里有个前提是3个次级别走势是连续的。

现象：一般来说，在某一走势中枢形态结束后，股价仍会继续按原来的趋势运行，也就是说，如果股价原来是盘整上涨走势，则走势中枢形态结束后，股价还会持续一段时间的盘整上涨状态。至于后续走势运行时间的长短，则由个股所处的状况、是否有利空消息、大盘走势强弱来决定。

仅从字面上来理解的话，很抽象，很难理解，所以我们通过图3-1来解读什么是走势中枢。

在图3-1中，根据缠论，在某一级别的走势类型中（A～F），被至少3个连续次级别

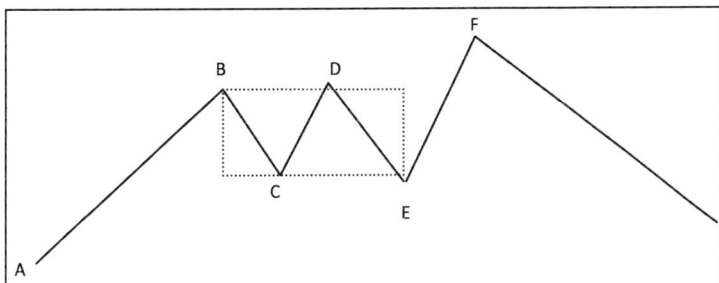

图3-1 中枢

走势类型所覆盖的部分（B～E）称为走势中枢，则B～C、C～D、D～E都符合缠论中次级别走势类型的条件，这3个次级别走势类型的重叠部分，就是走势中枢。

构成此走势中枢的3个走势类型（B～C、C～D、D～E）被称作是次级别走势类型，此走势中枢因此被称作本级别走势中枢，与之相对应的走势类型，则是本级别走势类型。所以B～E也可被称为本级别盘整上涨走势类型。

某级别走势类型中，被至少三个连续次级别走势类型所重叠的部分，称为走势中枢。

换言之，走势中枢就是由至少三个连续次级别走势类型重叠部分所构成。

——缠中说禅"教你炒股票"17课

以走势中枢的定义为出发点，连续3个次级别走势类型所重叠的部分，为本级别走势中枢；次级别走势中枢相对于本级别走势中枢而言，是由连续3个次次级别走势类型所重叠的部分构成的，以此类推。

只要走势尚在被允许的范围内，此规律可以无限延伸下去，直到超出一步就不在被允许的范围内为止，最后的走势中枢则为级别最低的走势中枢，即最次

级别的走势中枢。

本级别走势中枢是由最次级别的走势中枢发展而来的，而最次级别的走势中枢，则是由此重叠开始的部分形成的。因此，可以说重叠部分就是走势中枢，只是级别不定。

一般来说，定义次级别走势中枢类型时可使用笔与线段两种方法，但如果能掌握走势中枢是连续3个次级别走势类型所重叠的部分，就可用第3种方法来定义走势中枢。

我们通过下图来详细讲解走势中枢。

操作提示1：图3-2是理想状态下的回调走势中枢。B、C、D3个次级别走势所重叠的部分，

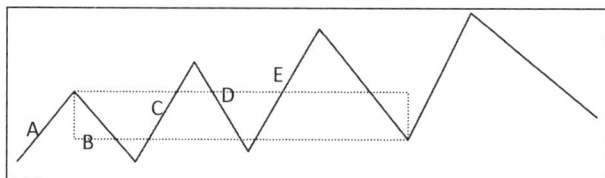

图3-2　经典的中枢形态

就是本级别走势中枢。走势中枢的方向与B、D的方向是一致的。通过图中走势可知，B显然是股价回升趋势中的调整走势，也就是从B开始，走势中枢开始形成。B为股价回调走势、C为股价上涨走势、D为股价再次回调走势，三者间重叠的部分就是走势中枢。

操作提示2：B、C、D构成了回调走势中枢。在缠论中，走势中枢的作用就是判断行情，并帮助投资者找出买点和卖点来，在图3-2中，投资者买入的机会很多。由3个次级别走势构成的走势中枢是缠论中最基础的走势中枢，掌握此类走势中枢是我们了解其他走势中枢、判断股价走势的依据。但从后续走势来看，B、C、D、E构成了一个大的走势中枢形态，为走势中枢的复杂形态。

> **操作总结**：缠论对走势中枢的定义并不复杂，识别出走势中枢也没有太大的困难，而且通过走势中枢，还可以判断股价后续走向，这对投资者来说至关重要。

在图3-3中，光大银行的股价从4.76元跌至3.30元，在这期间构成了两个走势中枢，即A中枢与B中枢。

图3-3　光大银行日K线图

3.1.2　走势中枢的延伸、扩展和新生

任何走势最后都是要结束的，但在这一过程中，走势中枢并非完全维持原状态，在走势发展过程中，必然会发生一些变化。根据走势中枢的变化情况，可将其分为3种类型，即延伸、扩展和新生。

1.走势中枢的延伸

走势中枢是由3个次级别线段的重叠部分组成的，但如果在后续走势中，某个次级别线段脱离走势中枢，然后由于走势中枢的回拉作用，又以本级别线段返回走势中枢，我们将这种现象称为走势中枢的延伸。

缠中说禅走势中枢中心定理一：走势中枢的延伸等价于任意区间［dn，gn］与［ZD，ZG］有重叠。换言之，若有Zn，使得dn>ZG或gn<ZD，则必然产生高级别的走势中枢或趋势及延续。

——缠中说禅"教你炒股票"20课

如图3-4所示，在A~B中出现了一个标准走势中枢，但走势中枢出现后走势并未结束，随即出现一个次级别线段BC向下

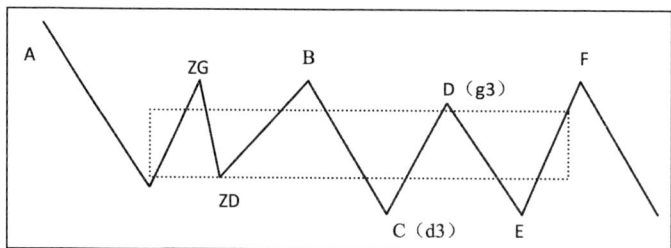

图3-4　走势中枢的延伸

脱离走势中枢，随后又以一个次级别线段CD再次回归走势中枢，然后重复这个过程。根据走势中枢中心定理一，区间[d3，g3]和[ZD，ZG]存在重叠部分，我们将B、C、D、E、F称为走势中枢的延伸。

从表现形式来看，走势中枢的延伸实际上等同于盘整。

操作提示1： 在图3-5中出现了走势中枢的延伸，对此我们可按照盘整或者走势中枢震荡的方法来进行操作。在走势中枢的延伸过程中，次级别线段向上离开走势中枢所形成的高点为卖点；而次级别线段向下再返回走势中枢所形成的低点为买点。

操作提示2： 在走势中枢的延伸中，由于最高价和最低价的差距不大，因而在此期间操作，所获得的收益可能会少些。从整体上来说，收益的多少除了与投资者的水平有关外，还与走势中枢的级别、区间的范围大小有关。级别越高、范围越大，则收益就越多。

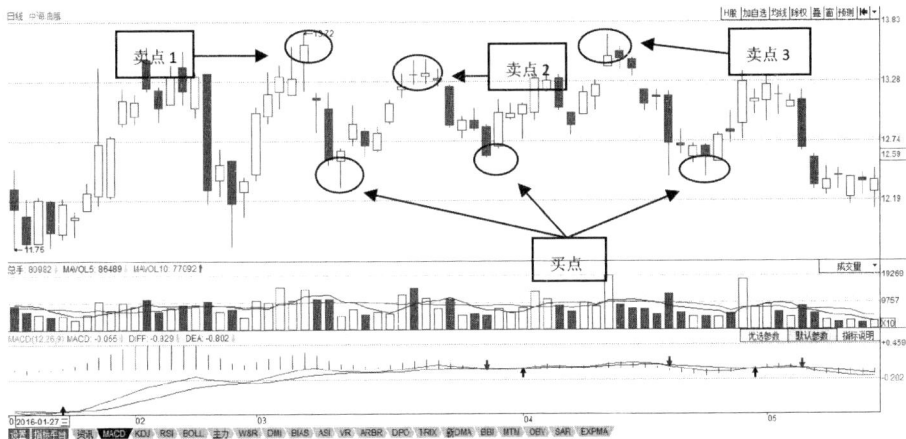

图3-5　中海油服日K线图

操作总结： 走势中枢的延伸等同于盘整，在此期间，股价双向波动较小。投资者在进行操作时，应关注走势中枢的级别、区间范围的大小，以此来推算是否有操作的价值。

2.走势中枢的扩展

在走势中枢形成后，某次级别线段脱离走势中枢，但随后的次级别线段并不返回走势中枢。如果连续3个次级别线段所构成的重叠部分（实际上为新的走势中枢），与原走势中枢并不存在重叠部分，不过后一个走势中枢的区间范围触及原走势中枢的区间范围，我们将其称为走势中枢的扩展。

缠中说禅走势中枢中心定理二：前后同级别的两个缠中说禅走势中枢，后GG<前DD等价于下跌及其延续；后DD>前GG等价于上涨及其延续。后ZG<前ZD且后GG≥前DD，或后ZD>前ZG且后DD≤前GG，则等价于形成高级别的走势中枢。

——缠中说禅"教你炒股票"20课

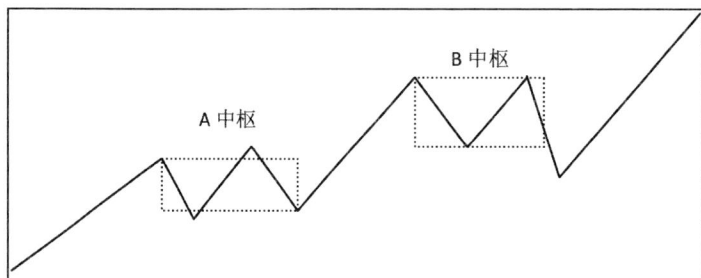

图3-6　走势中枢的扩展

如图3-6所示，A中枢形成后，随即出现一个次级别线段向上脱离A中枢，随后的一个次级别线段并不返回A中枢，连续3个次级别线段构成的重叠部分（构成新的走势中枢），与原走势中枢不存在重叠部分，但该走势中枢的区间范围与原走势中枢的区间范围仍有关联，我们将此种情况称为走势中枢的扩展。

操作提示1: 在图3-7中，A中枢形成后，随后3个次级别走势类型构成新的走势中枢B，但3个次级别走势类型的重叠部分与A中枢不存在重叠部分，但B中枢的区间范围与A中枢区间范围存在重叠部分，即B中枢的最高点C的扩展线明显在A中枢的区间范围内。

图3-7　龙头股份日K线图

操作提示2：由于在图3-7中，走势中枢的扩展为向下扩展，在这个过程股价不
断创新低，对于此类情况，可按照盘整下跌的走势来处理。

操作总结：对于走势中枢的扩展应根据扩展的方向来制订操作策略，如果方
向为向上，则应持股，待股价涨至高位时卖出；如果方向为向下，则应持观
望态度。

3.走势中枢的新生

在走势中枢形成后，某次级别线段脱离走势中枢，但随后的次级别线段并
不返回走势中枢，且形成的新走势中枢区间范围完全脱离原走势中枢的区间范
围，我们将这种情况称为走势中枢的新生。

如图3-8所示，A中枢形成后，随即出现一条次级别线段向上脱离A中枢，
随后的一条次级别线段并不返回A中枢，而是形成了新的走势中枢，且新走势中
枢的区间范围完全脱离原走势中枢的区间范围，此为走势中枢的新生。

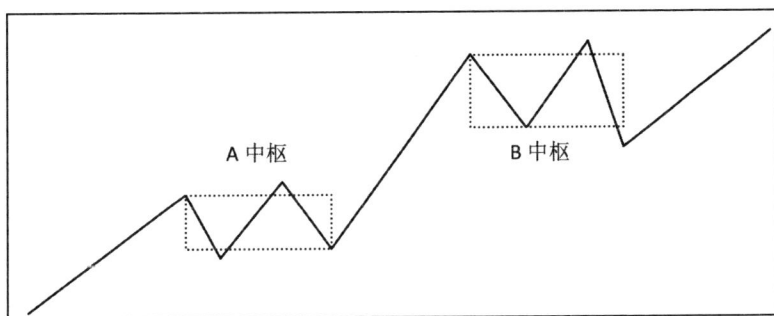

图3-8　走势中枢的新生

操作提示1：在图3-9中，A中枢形成之后形成了新的走势中枢B，且两者的区间
范围不存在重叠部分，我们可以将此称为走势中枢的新生。

操作提示2： 由于在图3-9中，新的走势中枢为向下新生，股价不断创新低，因此在这种情况下，我们应持观望态度，以避免股价下跌带来的持股风险。当整个下跌趋势结束，且股价创出新低时，则为理想的买入点。

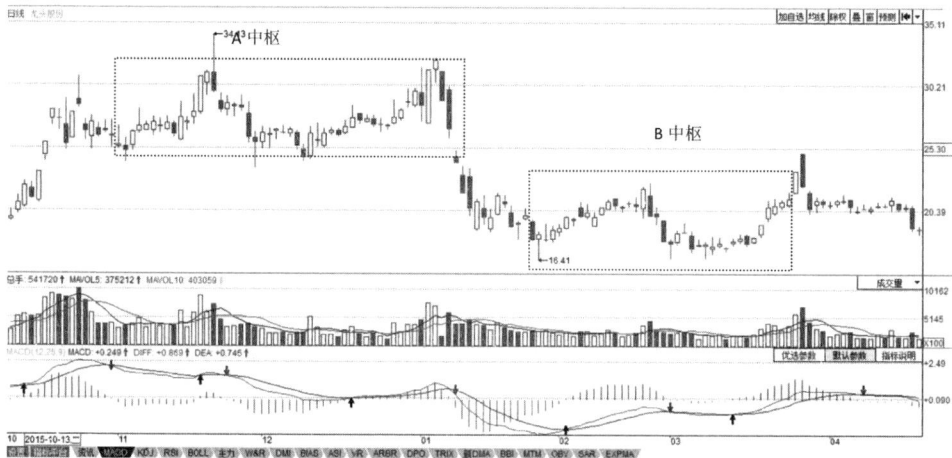

图3-9 陕鼓动力日K线图

操作总结： 在实战中遇到走势中枢的新生这一情况时，可根据走势中枢是向上新生还是向下新生来决定操作策略。如果是向下新生，如图3-9所示，则持观望态度，待趋势结束，再于低价位建仓；如果是向上新生，则应持股待涨，等趋势结束后，再于高位卖出。

3.2/ 走势及走势类型

为了更深刻地理解走势中枢的含义，就需要了解什么是走势类型、走势类型有哪些，毕竟走势类型是构成走势中枢的基础，脱离这一点，则无法理解缠论中所说的走势中枢。在缠论中，走势类型是个很重要的概念，尤其是"走势终完美"的概念，更是缠论的精髓，也是我们实战的依据。因此，掌握走势及其类型就显得至关重要。

3.2.1 走势类型

所谓走势，是指股票价格在涨跌时的波动过程。

走势可分为趋势和盘整，趋势又可以分为上涨或者下跌，也就是说，走势类型可分为3种，即上涨、盘整、下跌。任何级别的走势都可以用这3种走势类型来概括，如图3-10所示。

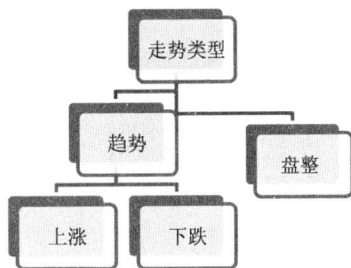

图3-10　走势类型

根据缠论，趋势的定义如下：在任何级别的任何走势中，某完成的走势类型包括两个及以上依次出现且方向相同的走势中枢，即为该级别的趋势。如果该方向向上，则称为上涨；如果该方向向下，则称为下跌。

如图3-11所示，图中A中枢和B中枢依次出现，且方向向上，我们将其趋势称为上涨。我们可以看到，在上涨中，最近一个高点比前一个高点高，并且最近一个低点比前一个低点高。

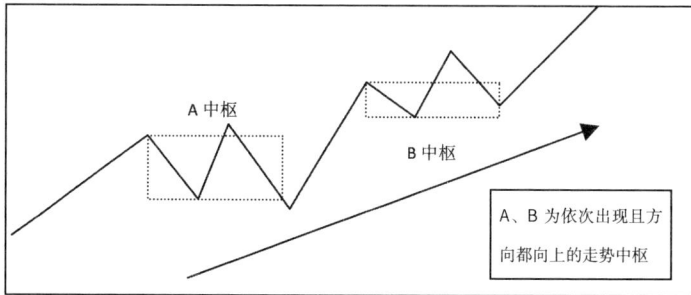

图3-11　上涨

如图3-12所示，A中枢、B中枢依次出现，且同为向下方向，此走势为缠论中的下跌。我们可以看到，在

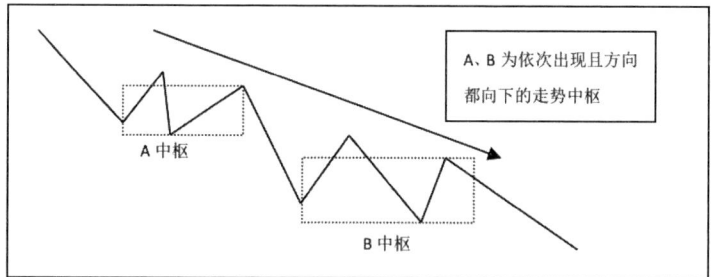

图3-12　下跌

下跌中，最近一个高点比上一个高点要低，最后的一个低点要低于上一个低点。

　　根据缠论，盘整的定义如下：在任何级别的任何走势中，某完成的走势类型只包含一个走势中枢，就称为该级别的盘整。

　　如图3-13所示，在A～B中，只存在一个走势中枢，此为缠论中的盘整。我们可以看到，在盘整走势中，股价双向波动较小，股价很稳定，最高价和最低价之间的行情相差不大。

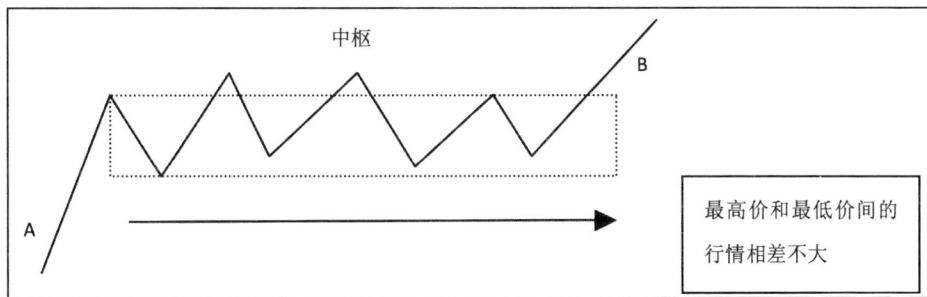

图3-13　盘整

对于市场中的所有走势都能用"上涨""下跌""盘整"3种类型来分解，因此学习和掌握这3种走势类型对我们分析走势、判断行情有很大的帮助。当然，在实战中，这3种基本走势会有多种组合，如"上涨+下跌""下跌+上涨""上涨+盘整""盘整+下跌""上涨+盘整+下跌"等。

3.2.2　走势类型和走势中枢

缠中说禅引入走势中枢，是为了准确判断走势，此过程中，需要运用多个级别的走势中枢来判断。所以走势中枢的作用是帮助投资者找出走势的发展方向。

而从成交量的角度来说，走势中枢是多空双方斗争的体现，是多空双方在力量相差不大时，双方中任何一方一时都难以战胜另一方，因而会彼此纠缠，然后在买卖点做出抉择。

在股市中，走势中枢常被当做判断买卖点的参考，或者以此为依据，判断走势中枢形成前后是否存在背驰。关于背驰和走势中枢的关系将在第7章中进行详细的解说。

在牛市中，走势中枢多为回调形态，表现为"下上下"的形式；而在熊市中，走势中枢多为回升形态，表现为"上下上"的形式。

在图3-14中，"下上下"型走势中枢是因股价上涨回调而形成的，走势中枢为下跌、上涨、再次下跌3个走势所重叠的部分。ZG为走势中枢区间的高点，ZD为走势中枢区间的低点。

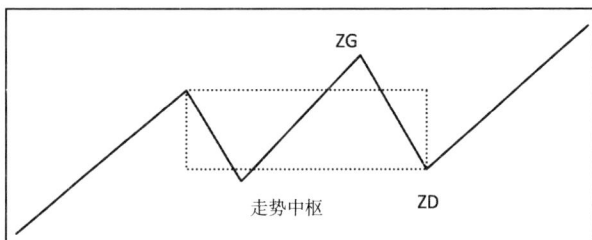

图3-14 "下上下"型走势中枢

在图3-15中，"上下上"型走势中枢是因股价下跌回升而形成的，走势中枢为上涨、下跌、再次上涨3个走势所重叠的部分形成。

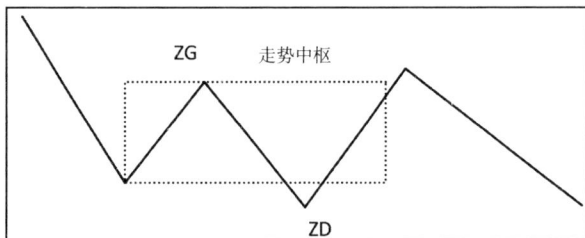

图3-15 "上下上"型走势中枢

根据走势中枢的数学表达式：A、B、C，分别的高、低点是a1/a2，b1/b2，c1/c2，则中枢的区间就是 [max（a2，b2，c2），min（a1，b1，c1）]。而中枢的形成无非两种，一种是回升形成的，另一种是回调形成的。对于第一种有a1=b1，b2=c2；对第二种有a2=b2，b1=c1。但无论是哪种情况，中枢的公式都可以简化为 [max（a2，c2），min（a1，c1）]。显然，A、C段，其方向与中枢形成的方向是一致的，由此可见，在中枢的形成与延伸中，由与中枢形成方向一致的次级别走势类型的区间重叠确定。例如，回升形成的中枢，由向上的次级别走势类型的区间重叠确定，反之亦然。为方便起见，以后都把这些与中枢方向一致的次级别走势类型称为Z走势段，按中枢中的时间顺序，分别记为Zn等，而相应的高、低点分别记为gn、dn，定义四个指标，GG=max（gn），G=min（gn），

D=max（dn），DD=min（dn），n遍历中枢中所有Zn。特别地，再定义ZG=
min（g1、g2），ZD=max（d1、d2），显然，［ZD，ZG］就是缠中说禅走势中
枢的区间。

——缠中说禅"教你炒股票"20课

操作提示1： 如图3-16所示，我们可发现A段呈上涨走向，为上涨走势；当K线
图呈现上涨走势时，可以考虑买入、继续持有或落袋为安。B段呈
下跌走向，为下跌走势，在没有看到跌势企稳时，不可贸然抄底。
C段较为平稳，上下波动幅度不是很大，为盘整走势。

操作提示2： 任何级别的任何走势，都可以分解为同级别的盘整、上涨、下跌3
种走势类型的组合。如果对A、B、C段进行细分，仍可以将其分为
许多次级别走势类型。但这也给分析走势增加了难度，尤其是中阴
走势，该走势下股价双向波动，彼此缠绕，但多空双方力量相差不
大，难分胜负，因而导致方向难辨。当方向难辨时，投资者应克制
操作的冲动，安静等待机会。

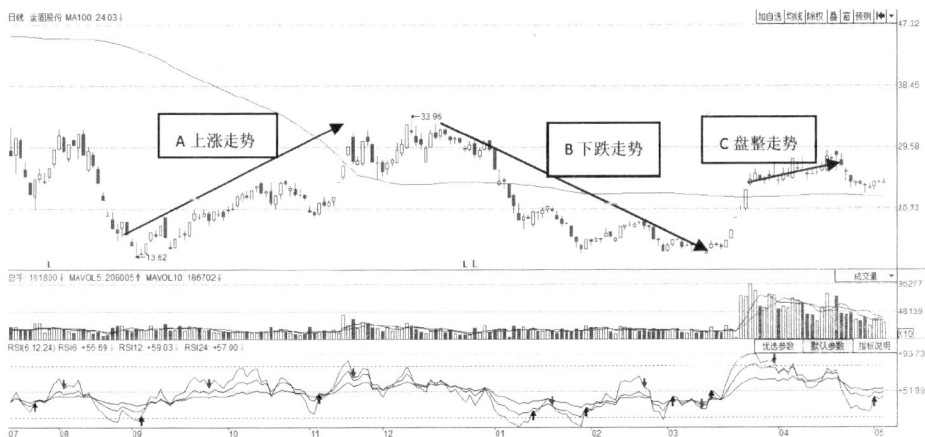

图3-16　金固股份日K线图

操作总结： 走势结构变幻莫测，但实质上都是由不同级别的趋势和盘整相互连接而形成的。这一点，是准确判断走势的依据。

操作提示1： 在图3-17中，股价从8.62元跌至6.00元，为下跌走势，低位的6.00元为理想的买点，可建仓。随后股价反弹，但量能不足，进入震荡调整期。股价双向波动幅度很小，最高价和最低价间的行情相差不大，为盘整走势。

操作提示2： 盘整走势是3种走势类型中较为特殊的，由于最高价和最低价间的差额并不是很大，因此，即使我们能把握盘整中的买点和卖点，实现低点买、高点卖，所获得的利润也微乎其微。从MACD指标来看，买进和卖出信号频繁出现，多次交易也会增加手续费用，让原本就不多的利润因此而再次减少。

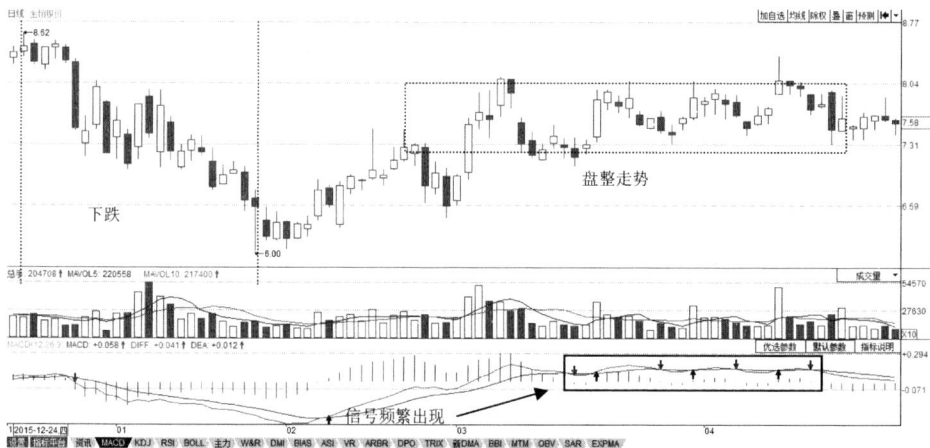

图3-17　金相股份日K线图

操作总结： 由于在盘整走势中，股价的双向波动幅度很小，最高价和最低价之间的差额很小，因而并不太适合操作。而在实战中，我们可以静等股价走出盘整状态，或者分析盘整后的状态，以提前做好准备，并实现盈利。

3.3/ 用走势中枢分析走势

要想更好地理解走势中枢的作用，应从缠论中的这句话入手："任何级别的走势图，都可看作一串珠子，如果把该级别的中枢比作珠子，将珠子串起来的每一段绳子都是一个次级别或者次级别以下的走势。"

我们可以分析这句话背后隐藏的诸多重要信息。

（1）缠论的核心概念就是走势中枢。走势中枢是看清走势的重要工具，也是重要的分析工具。

（2）之所以有新走势中枢出现，是因为级别走势开始脱离原走势中枢，而往上一级别或者下一级别方向发展时，会以一个次级别走势回撤而不落入原走势中枢。

（3）由（2）可知，脱离原走势中枢的"绳子"是连接新走势中枢和原走势中枢的桥梁，然后次级别回撤则成为新走势中枢的第一段。

（4）由（3）可知，如果次级别走势脱离原走势中枢后开始上涨，而后形成新走势中枢，则其走势符合"下上下"形式；而如果次级别走势脱离原走势中枢后开始下跌，而后形成新走势中枢，则其走势符合"上下上"形式。

（5）从股市的市场表现来看，约80%的时间股市都处于走势中枢震荡或者走势中枢扩展，即在珠子内上下波动；而只有20%的时间是"绳子"，不过这20%的机会通常会带来80%的利润或者80%的亏损。

操作提示1：在图3-18中，该股价格很快居于MA100上方，股价走势强劲，我们看到股价快速反弹，在A点形成了第一个股价高位点，而与之对应的相对强弱指标（Relative Strength Index）也随之反弹，且在E点出现了超买状态，这表明股价即将见顶，将结束上涨走势，调整走势中枢将出现。股价在震荡下跌中回升，在B点见顶，随后股价大幅下跌，且跌破了MA100。从后续的K线图走势来看，反弹支撑位C、D形成双重顶反转形态，意味着股价在D点触底，下跌走势即将结束，转为上涨走势。投资者此时可抄底买入。

操作提示2： 从RSI来分析，在E点位置时出现超买状态，成交量急速放大，因而股价快速回升，且形成第一个股价高位点A。当6日RSI连续两次下跌到同一位置且反弹时，就形成了双重底形态，这是看涨买入的信号，图中的F、H就属于双重底形态，投资者可建仓。而股价从D点开始在低位区企稳。

操作提示3： 该股价格双向波动强度较高，这期间虽然出现了回调走势，但调整走势中枢的规模并不大。图中的调整走势中枢只是由3个次级别走势构成的中枢，较为简单，极易判断，一旦投资者掌握了走势中枢调整的步骤，就能顺势投资实现获利。所以说走势中枢是看清走势的重要工具。

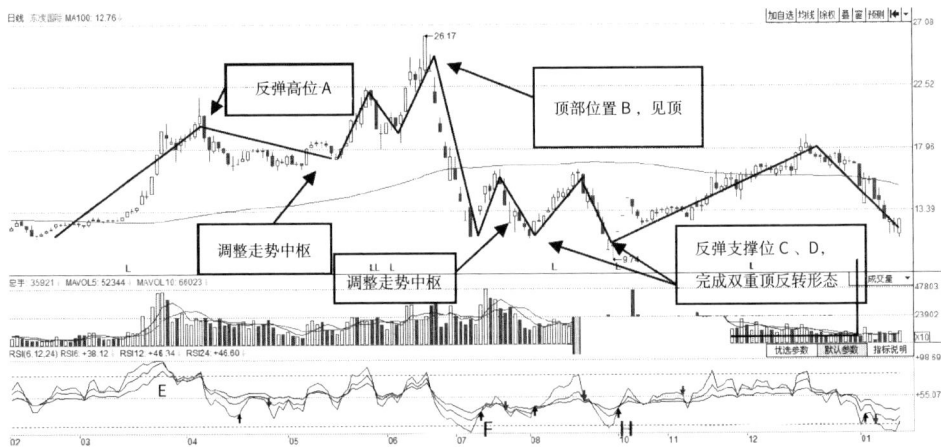

图3-18　东凌国际日K线图

操作总结：在实战中，当股价仍处于调整状态时，投资者要耐心持股等待调整结束，很多投资者都缺少耐心，而早早地将持有的股票抛出，错失股票资产增值的机会。

3.4 / 走势完美的形态

在缠论中有个非常重要的理念，该理念贯穿缠论的始终，即"走势终完美"。缠中说禅认为就像线段、笔、分型等终会完结那样，任何形式的走势也终会完结。这是缠论的精华所在，而并非笔、线段、走势中枢等，因为后者只是用来判断走势的工具。

走势终完美和走势中枢都是缠论中至关重要的理论。

走势终完美是其他理论的基础，也是核心，缠论中的其他理念、定义等都是从这一理论中延伸出来的，并为这一理论服务。走势中枢则是用来判断走势形态、分析走势倾向的，以便从中找出第一、二、三类买卖点。

> **缠论走势分解定理**
>
> 　任何级别的任何走势，都可以分解为同级别的盘整、上涨、下跌3种走势类型的连接。

我们可以从两个角度来理解"走势终完美"，其一，无论是上涨走势、下跌走势，还是盘整走势，在图形上最终都会完结；其二，某种走势完结后，则会出现其他走势，如上涨走势完结后，则会出现下跌走势或者盘整走势。

缠论技术分析基本原理一：任何级别的走势终究都要结束。

根据这一原理，不管是上涨走势、下跌走势，还是盘整走势都要结束。上涨走势要结束，下跌走势要结束，盘整走势也要结束，从这一点来说，投资者准确判断下跌走势和盘整走势，静候上涨走势的到来，顺势而为，就能从中获利。下跌走势和盘整走势都不是理想的投资时机。

按照探究失败案例以及发散思维的原则，不要特意去研究上涨走势（实际上，人们对上涨走势过于热衷，如趋势、杠杆、发现大热点、换股、等候下一个大牛市等），而是要研究下跌走势和盘整走势，在"走势终完美"理念的指导下，下跌走势和盘整走势结束后，则较易出现上涨走势。

如知道下跌走势何时结束，则需分析以后出现的是盘整走势还是上涨走势，对多头来说，后两者都能获得收益，区别在于获得收益的时间快慢、数额大小。

从趋势的角度来说，两个依次出现且同向的走势中枢，其趋势随时可能会完美结束，当然也可能继续延伸下去，形成更多级别的走势中枢。

如图3-19所示，A中枢和B中枢依次出现且同向的，其趋势可能随时结束，完成"走势终完美"，但也可能继续向下延伸，形成更多走势中枢。图3-19中的C中枢就是延伸形成的走势中枢。

"走势类型的延伸"，如盘整走势。出现3个部分重叠的连续次级别走势类型后，盘整走势随时可能结束，与缠论中的"走势终完美"规律相符，但盘整走势也可能暂时不结束，而是围绕走势中枢不断地延伸下去，直到无穷都是有可能的。

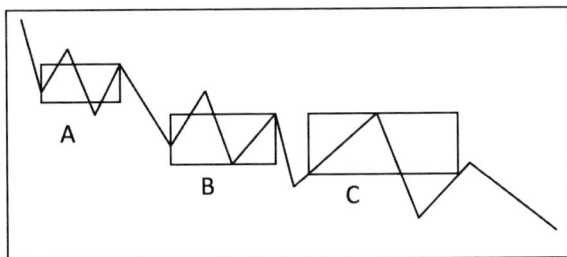

图3-19　走势中枢

如图3-20所示，A中枢产生后，其走势可能随时结束，实现"走势终完美"，但也可能不结束，而是围绕A中枢上下波动且延伸下去，如出现B中枢，当然也可能继续延伸下去，出现C中枢、D中枢、E中枢等。

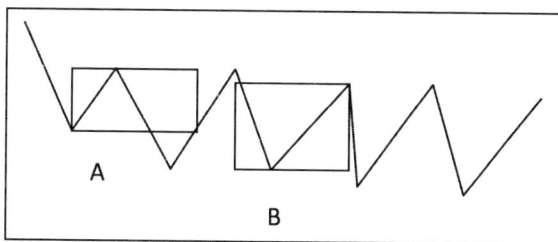

图3-20　走势类型的延伸

要判断走势类型是否结束，则需先弄明白，走势类型延伸中所谓的"延伸"是指同级别的同向"走势中枢"在不断产生；若在盘整走势中，则意味着无法产生新的"走势中枢"。延伸则表明当下走势类型是可随时终结的，换句话说，就是走势类型是明确的。

因此，可以将是否产生新的走势中枢作为判断走势类型延伸是否结束的依据。上涨走势和下跌走势至少包括两个走势中枢，而盘整走势则只有一个走势中枢，因此，判断趋势和盘整时可从是否产生新的"走势中枢"入手。

缠论技术分析基本原理二：任何级别的任何完成的走势类型，必然包含一个以上走势中枢。

在图3-21中，左侧图为上涨的走势类型，在上涨过程中出现了两个走势中枢；而右侧图则不属于走势中枢，严格来说是类走势中枢。

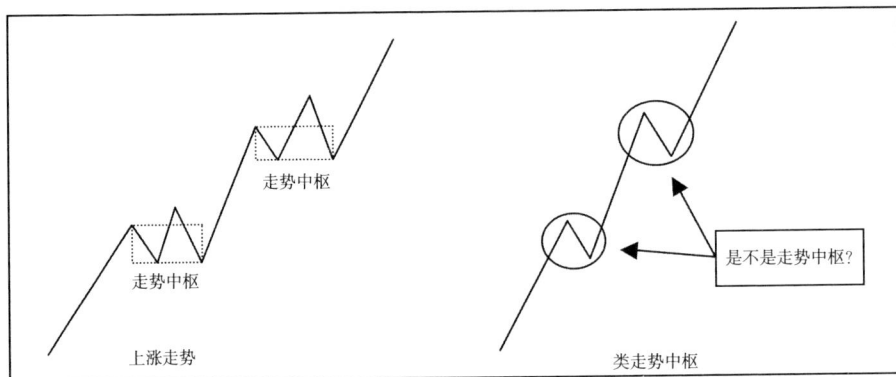

图3-21 走势中枢和类走势中枢

如果单独考察类走势中枢，就会理解达到标准走势中枢的要求，该走势也就不能说是完成走势，但在具体走势中，我们在某些时候是可以将其视为一个完成的走势类型的，两者并不矛盾。缠论中认为三段次级别走势是形成走势中枢的必备条件，三段次级别走势结束后，则可将第四段次级别走势当作走势中枢的完成段。此形态可看成在"a+A+b"走势类型中，b未出现的情况，即可将第四段次级别走势视为两部分：一部分构成标准走势中枢，另一部分则成为连接下一个走势中枢的"桥梁"。

事实上，趋势或者盘整的完成，本身就代表着走势终完美。如图3-22所示，走势终完美的要素包括走势中枢、级别、背驰、买卖点以及它们之间的关联。走势是否终完美，取决于这4个要素间的相互影响。

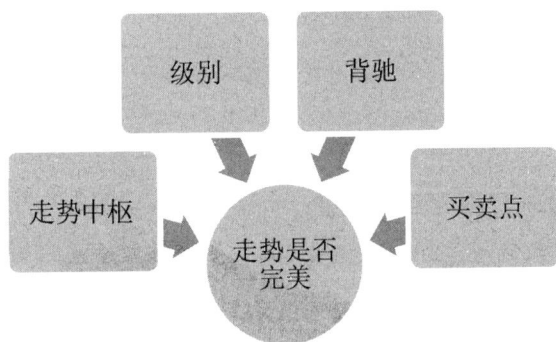

图3-22 决定走势是否终完美的4个要素

走势终完美展示出了股票市场的基本规律。价格通常是由价值所决定的，并在价值附近上下波动，因而形成上涨、盘整、下跌走势。

走势已终结的，则体现出了静态的完美；对此，我们能准确进行分析，并解读其走势。而走势尚在进行的，则表现出了动态的完美，虽然其最后必然会转化为某种走势类型，但因为其是动态的，所以给我们判断走势类型增加了难度。不过我们可以根据走势已终结所具有的静态完美，并结合背驰来分析市场。

走势终完美的意义在于通过判断某一走势类型结束时的可能信号（或者某一走势类型结束时的必然信号），我们能够当机立断，果断出手操作。通过走势终完美理论可知，信号是必然存在的，背驰是不以人的意志为转移的，重要的是我们能否找出信号。

第4章
缠论：分型

　　分型是缠论中的K线系统的一个最基本的定位工具，分为顶分型和底分型两种。在缠论中，笔是由分型发展而来的概念，而线段又是在笔的基础上形成的，线段是走势中枢的重要组成部分，而走势中枢又与走势类型密切相关，由此可以看出分型的重要性。

　　虽然在缠论中分型、笔、线段都是最基础的概念，但只有掌握了这些基础的概念，我们才能进一步学习走势中枢、背驰等概念，唯有掌握分型，我们才能清楚当下的局势以及个股走势，明白我们下一步该如何操作。

本/章/精/彩/导/读

分型与分形
顶分型和底分型
分型的强弱区分

4.1 / 分型与分形

缠论的精髓在于能够对市场走势进行完全分类，也就是说，市场所有的波动，都可以运用缠论来解析。可将走势粗略分为向上和向下两种类型，向上延伸会形成向上一笔，向下延伸则会形成向下一笔（在后面的章节中会讲到）。分型是连接两个最基本走势的结点，确定分型后，才能确定市场将来的走势，准确判断行情。因此，分型是学习缠论的基础。

分型是缠论中用来准确定位、分析的工具，而分形则是指具有以非整数维形式充填空间的形态特征。因此，分型和分形只是相似，但并不相同，而且两者之间差别很大。缠中说禅讲过："分型不是分形，分形理论，是数学的一个分支，而本ID的理论皆来自市场走势本身。至于现实的市场逻辑显现出数学理论的结构，则属于另一回事。"我们这里简单介绍下两者的区别，因为市场图形也属于分形思想的一种表达或者呈现。

4.1.1 分型的相关概念

在缠论中，分型是由相邻的3根K线构成的，中间的K线在顶分型时其高点与低点都是最高的，而底分型时其高点与低点都是最低的。

由概念可知，分型是由相邻的3根K线组成的，而非包含关系的3根K线的组合只有4种，即上升K线、下降K线、顶分型和底分型，如图4-1所示。

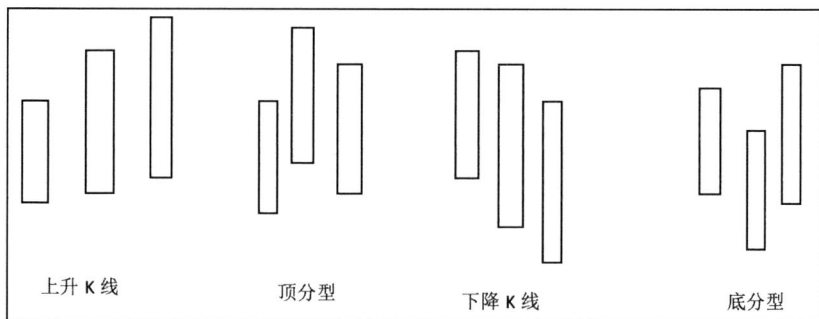

图4-1 非包含关系的3条K线的组合

需要注意的是，分型的定义中的K线，是经过包含关系处理后的K线。图4-1中的顶分型和底分型就是分型的表现形式。

在实战中，如果想获得分型，首先，就要处理K线图中的K线间的包含关系，就是一根K线的高低点全在另一条K线的高低点范围里。在这种情况下，可以这样处理：在向上时，把两条K线的最高点当高点，而两条K线低点中的较高者当低点，这样就把两条K线合并成一根新的K线；当向下时，把两条K线的最低点当低点，而两条K线高点中的较低者当高点，这样就把两条K线合并成一条新的K线。经过这样的处理，可将所有K线图都处理成K线间没有包含关系的图形。

其次，如果图中存在多个分型，则相邻的两个分型间，要满足两个条件：顶分型形态中的中间K线的最低点不能低于底分型形态中的中间K线的低点；底分型形态中的中间K线的最高点不能高于顶分型形态中的中间K线的高点。

在K线图中，走势的转折点通常都是由分型构成的，因此，分型是判断转折的重要依据，投资者应密切关注。

4.1.2 分型与分形的区别

分形是指具有以非整数维形式充填空间的形态特征，通常被定义为"一个粗糙或者散乱的几何形状，能将之分为多个部分，且每一个部分都与整体缩小后的形状相似或者非常相似，即具有自相似性"。分形一词在1973年由本华·曼德博首次提出。

而分型是个股票术语，分为顶分型和底分型。在分型形态出现后，股价走势通常会发生转折。分型是我们用来判断行情的工具之一。比如，顶分型被视为股价见顶的信号，因此，顶分型出现后，投资者应及时抛出股票，实现高位获利，以免在股价下跌后遭受亏损。

分型和分形是两个不同的概念，分形理论是非线性科学的主要分支之一，而分型是股市交易行为的一个特征，是我们用来分析股市行情的重要工具。虽然在缠论体系中，分型并不占据核心地位，只是一种辅助工具，但在学习缠论、分析股市行情时却是必不可少的。

4.2/ 顶分型和底分型

顶分型和底分型是缠论中的基础理论，是掌握其他复杂理论的基础，也是我们运用缠论进行操作的基础，所以要想掌握缠论的精髓，就要从掌握这些最基础的概念开始。

如果不掌握分型，就不能了解笔和线段，就无法分析股市当下的走势。接下来，我们就详细介绍两种分型的表现形式。

4.2.1 顶分型解析

顶分型一般被当作股价见顶的信号，即出现顶分型形态后，股价通常会见顶回落。顶分型是重要的反转信号。其定义为：在经过彻底的包含关系处理后的

K线图中的相邻3条K线中，如果中间K线的高点为三者中最高的，中间K线的低点也是三者中最高的，即为顶分型形态。

在图4-2中的A图中，第2条K线的高点为3条K线中最高的，低点为3条K线中最高的，是典型的顶分型形态。在B图中，第2条K线的高点也为3条K线中的最高点，低点也为3条K线中的最高点，是顶分型。

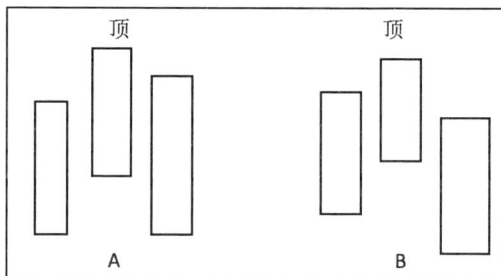

图4-2　顶分型

我们来分析一下顶分型：作为典型的股价见顶信号，顶分型多出现在高位，只有处于高位时，股价才有下跌的空间。第2条K线的最高点为最高的，至少比其左右的两条K线的高点要高；第2条K线的最低点也为3条K线中最高的。由此可知，第2条K线的高低点在3条K线中都相对要高些，这样才能形成顶分型形态。

像图1这种，第二K线高点是相邻三K线高点中最高的，而低点也是相邻三K线低点中最高的，本ID给一个定义叫顶分型；图2这种叫底分型，第二K线低点是相邻三K线低点中最低的，而高点也是相邻三K线高点中最低的。

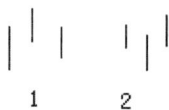

——缠中说禅"教你炒股票"62课

顶分型的最高点叫作该顶分型的顶，由于底分型的顶是没有意义的，所以顶分型的顶可以简称为顶。

显然，一个顶分型之所以成立，是卖的分力最终战胜了买的分力，而其中，买的分力有三次的努力，而卖的分力，有三次的阻击。用最标准的已经过包含处理的三K线模型：第一根K线的高点，被卖分力阻击后，出现回落，这个回落，出现在第一根K线的上影部分或者第二根K线的下影部分，而在第二根K线，出现一个更高的高点，但这个高点，显然与第一根K线的高点中出现的买的分力，一定在小级别上出现力度背驰，从而至少制造了第二根K线的上影部分。最后，第三根K线，会再次继续一次买的分力的攻击，但这个攻击，完全被卖的分力击败，从而不能成为一个新高点，在小级别上，大致出现一种第二类卖点的走势。

由上可见，一个分型结构的出现，如同中枢，都是经过一个三次的反复心理较量过程，只是中枢用的是三个次级别。所谓"一鼓作气，再而衰，三而竭"，所以一个顶分型就这样出现了，而底分型的情况，反过来就是。

——缠中说禅"教你炒股票"82课

顶分型是最基础的形态之一，顶分型的出现意味着股价即将见顶，是减仓的信号。如果股价在持续上涨过程中，并未出现顶分型，则可继续持有。

操作提示：在图4-3中，该股出现了两段上涨行情。不过确认股价走势反转并不难，在前一段上涨行情中出现了顶分型形态，且出现了阴线，意味着股价即将见顶回落，投资者应卖出股票，落袋为安。

图4-3 新华制药日K线图

操作总结： 在实战中，顶分型的出现多意味着空方力量强于多方力量，且空方力量还在逐渐变强。顶分型意味着多方动用力量与空方一战，但此战失败后，多方已没有力量阻止空方，股价下跌已是必然。

4.2.2 底分型解析

底分型为股价跌至低位即将反弹的形态，是重要的抄底机会，即出现底分型形态后，股价通常会见底反弹。从形态上来看，组成底分型的3条K线中，中间K线的高低点相对于其他两根K线的高低点来说要低一些，这也使得股价反弹有了低位基础。

缠论中底分型的定义为：在经过彻底的包含关系处理后的K线图中的相邻3根条K线中，如果中间K线的高点为三者中最低的，中间K线的低点也是三者中最低的，即为底分型形态。

在图4-4中，左侧A图中的第2条K线的高点为3条K线中最低的，低点也为3条K线中最低的，是典型的底分型形态。在右侧的B图中，第2条K线的高点为3

条K线中最低的，低点也为3条K线中最低的，这种形态也为底分型。

我们来分析一下底分型：底分型多出现在股价低点，即股价持续下跌接近尾声时，为股价在低位反弹提供了基础，底分型是股市由空头行情转为多头行情的起点。从股价高位点来看，中间K线的低点为3条K线中最低的，中间K线的高点相对于其他两根K线的高点来说，通常也是最低的，因此形成底分型形态。

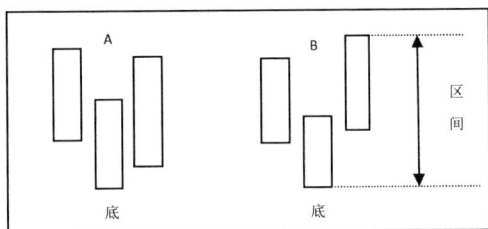

图4-4　底分型

像图1这种，第2条K线高点是相邻3条K线高点中最高的，而低点也是相邻3条K线低点中最高的，本ID给一个定义叫顶分型；图2这种叫底分型，第2条K线低点是相邻3条K线低点中最低的，而高点也是相邻3条K线高点中最低的。

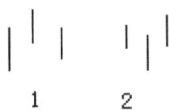

——缠中说禅"教你炒股票"62课

底分型的最低点叫作该底分型的底，由于顶分型的底是没有意义的，所以底分型的底就可以简称为底。

底分型也是最基础的形态之一，底分型出现意味着股价即将见底，是建仓的重要信号。如果股价在持续下跌过程中，并未出现底分型形态，则可继续观望。

操作提示1: 在图4-5中，该股出现了两段下跌行情。在前一段下跌行情中，出现了多次底分型形态，但前几次底分型形态并不强烈，属于中继底分型，而最后一次底分型形态较为强烈，股价出现阳线反弹，且两边K线的低点明显高于中间K线的低点，我们可以确认图中已出现底分型形态，表明股价即将见底反弹，此时是很好的建仓时机。

操作提示2: 而在后一段下跌行情中，并未出现底分型形态，投资者可继续观望，待出现底分型形态时建仓也不迟。

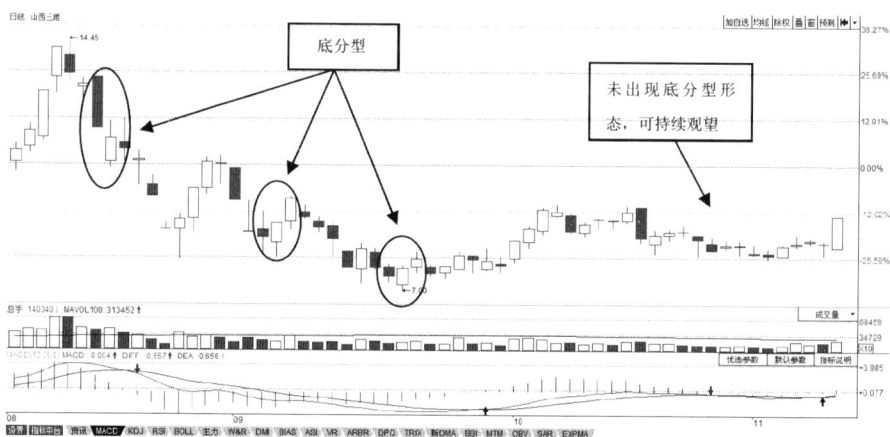

图4-5　山西三维日K线图

操作总结: 我们可以根据底分型的形态特征来确认图中是否出现底分型形态，如果中间K线的低点明显不是3条K线中最低的，则不属于底分型形态，股价尚未进入企稳阶段，此时买入风险较高；另外可以借助成交量状态、MACD指标等辅助判断。如果在下跌行情中，出现了多次底分型形态，当底分型形态较为强烈时，表明股价将反弹上涨，投资者应及时建仓。

4.3/ 分型的强弱区分

分型有强弱之分，其强弱会影响股价的走势，也给我们带来了很大的困扰。在实际操作中，有时日K线图中出现了分型状态，但股价却并未出现相应的走势，则表明该分型状态较弱，可能是中继型分型状态。唯有当分型状态较为强烈时，股价出现相应走势的可能性才较高。

因此，掌握区分分型的强弱的办法就显得至关重要。

4.3.1 顶分型的强弱分析

顶分型虽然被视为股价见顶信号，但如果其形态不强烈，则股价可能不会见顶回落，还会持续上涨，这是因为此时的顶分型可能是中继顶分型，所以行情不会转变。因此，我们有必要掌握分析顶分型强弱的技巧，以帮助我们准确判断当前出现的顶分型是否为股价见顶信号。

缠论中关于顶分型的强弱分析，主要聚焦于以下5个方面。

（1）一个完全没有包含关系的分型结构，意味着市场双方在操作时都直截了当，没有太多犹豫，如图4-6所示。包含关系（只要不是大阴线把阳线"吃掉"）意味着一种犹豫、一种不确定的观望态度，一般在小级别走势中枢上，都会出现走势中枢的延伸、扩展等。

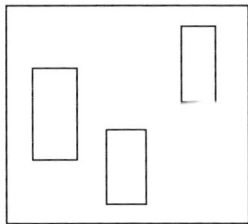

图4-6 不含包含关系的底分型

（2）还是以没有包含关系的顶分型为例。如果第1条K线是一条大阳线，而第2、3条K线是小阴线、小阳线，那么这个分型结构的意义就不大了，在小级别上，一定显现出小级别中枢上移后小级别新中枢的形成，一般来说，这种顶分型成为真正的顶分型的可能性很小，绝大多数都是中继顶分型，如图4-7所示。

（3）如果第2条K线有长上影线或者就是大阴线，而第3条K线不能以阳线收在第2条K线区间的一半之上，那么该顶分型的力度就比较大，最终延续成笔的可能性极大，如图4-8所示。

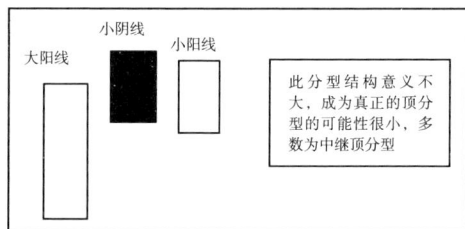

图4-7　不含包含关系的顶分型

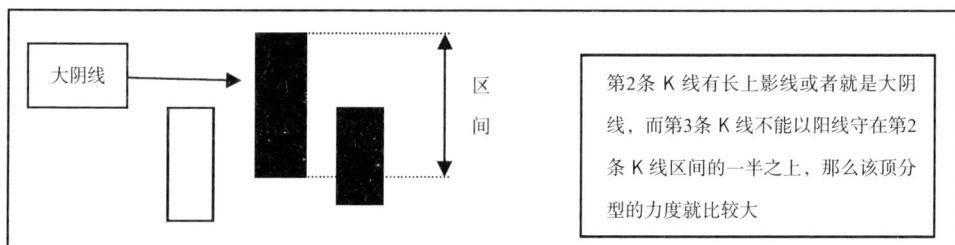

图4-8　顶分型力度较大

（4）如果第2条K线和第3条K线为包含关系，而第3条K线为大阴线（直接把为阳线的第2条K线"吃掉"），这是最坏的一种包含关系，如图4-9所示。

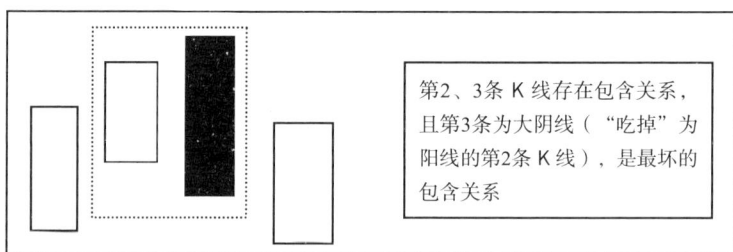

图4-9　最坏的包含关系

（5）一般来说，在经过包含关系处理后的K线图中的顶分型中，第3条K线如果跌破第1条K线的底而且不能高于第1条K线区间的一半之上，则属于较弱的一种，如图4-10所示，也就是说这种顶分型出现后股价见顶的可能性不大。

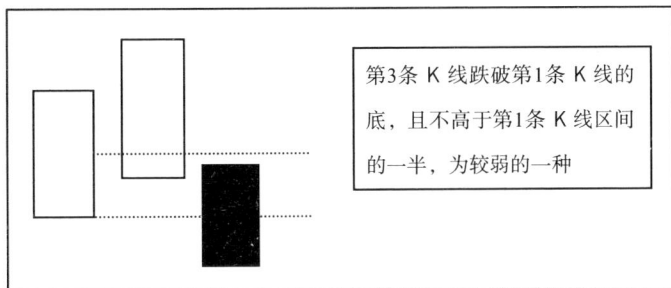

第3条 K 线跌破第1条 K 线的底，且不高于第1条 K 线区间的一半，为较弱的一种

图4-10　较弱的顶分型

操作提示1： 在图4-11中，该股上涨行情中出现多次顶分型形态，不过分型形态多不强烈，其后股价波动较小，但在位置A处的顶分型形态较为强烈，股价虽然陷入小幅调整状态中，但随后必然呈下跌走势。

操作提示2： 位置A处组成顶分型的3条K线中，第1条K线为长阳线，第2条K线为大阴线，而第3条K线不能以阳线收在第2条K线的区间的一半之上，表明该顶分型力度较大，延续成笔的可能性较高。

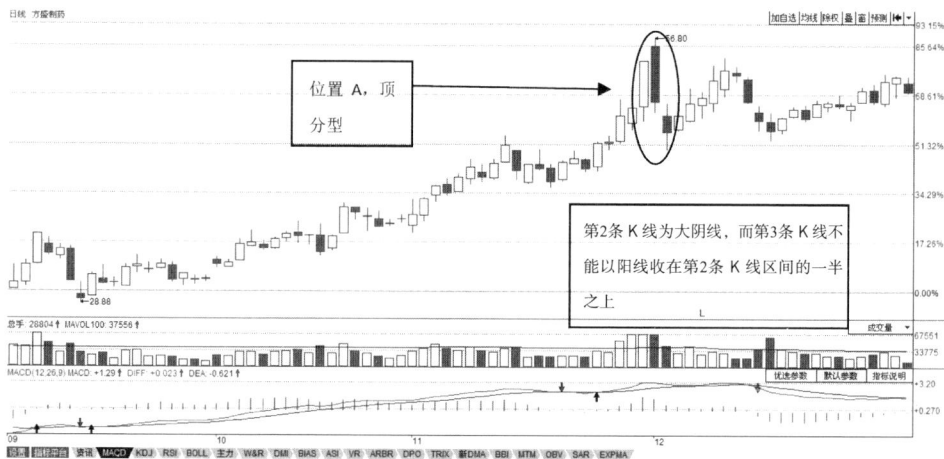

图4-11　方盛制药日K线图

操作总结： 这属于前面所说的第（3）种情况，在分析中，要注意第3条K线是否在第2条K线区间的一半之上。

操作提示1： 在图4-12中，该股上涨行情中出现两次顶分型形态，不过第1次出现顶分型时，分型形态不强烈，而第2次形成的顶分型形态较为强烈，且存在包含关系。在分析第2次顶分型前，我们应先处理包含关系，由于包含关系的第1条K线比前面的K线要低，应进行向下处理。

操作提示2： 第2次顶分型形态中，第2条K线和第3条K线为包含关系，而第3条K线为大阴线，是最坏的一种包含关系。进行包含关系处理后，可以看到该分型的力度较大。

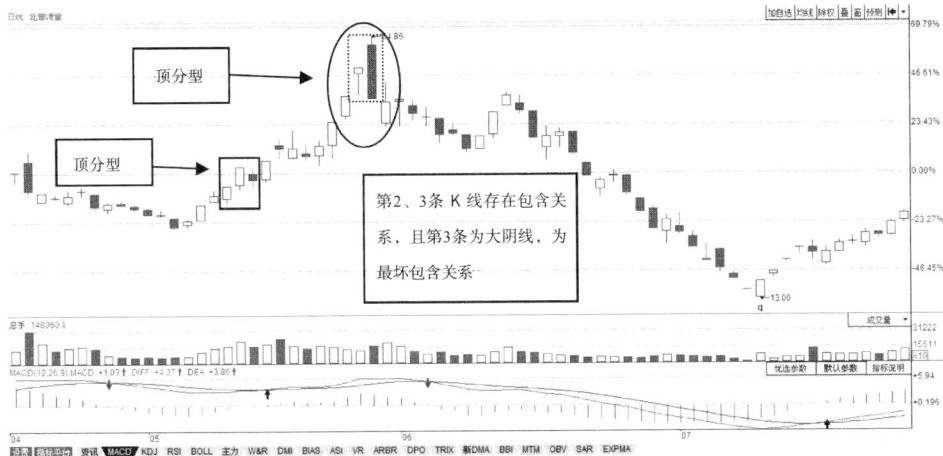

图4-12　北部湾旅日K线图

操作总结： 在分析顶分型时要注意期中K线是否存在包含关系，如果存在，应先处理包含关系，然后再进行分析。由于顶分型的强弱与股价走势的联系很大，是判断买卖点的重要依据，也是我们进行下一步操作的依据，因此，必须予以足够的重视，谨慎判断。

4.3.2　底分型的强弱分析

在空头行情中较易出现底分型，其是股价即将见底的信号，如果处于下跌行情的个股出现底分型形态，则股价触底反弹的可能性很高。因此，当股价持续下跌时，如果没有出现底分型形态，投资者则应继续观望，不要过早买入；当底分型形态出现时，投资者则要判断分型形态的强弱，由此来决定是否买入。

个股下跌行情中首次出现底分型时，要注意其形态是否强烈，如果不强烈，则多为中继底分型，个股行情不会出现太大变化，这是因为底分型较弱。如果底分型形态强烈，则应注意股价见底反弹的可能性很大。

因此，底分型虽为明显的股价见底信号，但我们在分析时应考虑其强弱，唯有分型形态强烈的底分型，后续股价才会反弹。

缠论中关于底分型的强弱分析，主要聚焦于以下4个方面。

（1）底分型中，若第3条K线的高点远高于第1条K线的高点，即位于底分型的上边沿，则上攻走势延续成笔的可能性较大，为较强的走势，如图4-13所示。

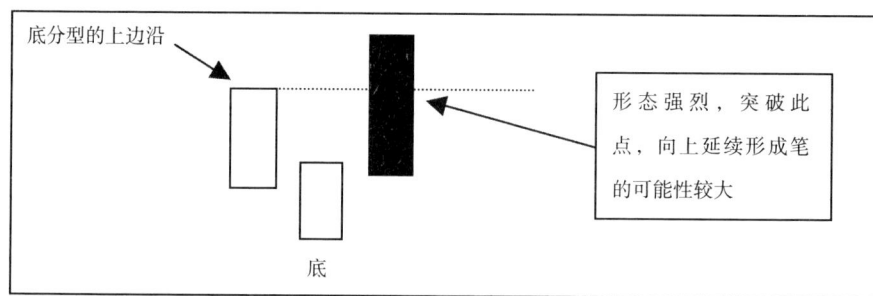

底分型的上边沿

形态强烈，突破此点，向上延续形成笔的可能性较大

底

图4-13　第3条K线较高

（2）底分型中，如果第3条K线的高点正好是第1根K线的高点，或者略微高于底分型的上边沿，则表明走势较一般，上攻走势延续成笔的可能性较小。通常来说，这种底分型为中继底分型的可能性较大，如图4-14所示。

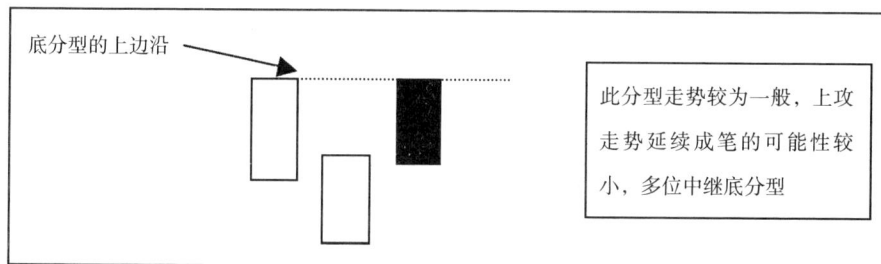

底分型的上边沿

此分型走势较为一般，上攻走势延续成笔的可能性较小，多位中继底分型

图4-14　高点相同

（3）底分型中，如果第3条K线的高点低于第1条K线的高点，或者说第3条

K线的高点低于底分型的上边沿，则表明走势较弱，上攻走势延续成笔的可能性
非常小。通常来说，这种底分型表明多方力量较弱，多数为中继底分型，如图
4-15所示。

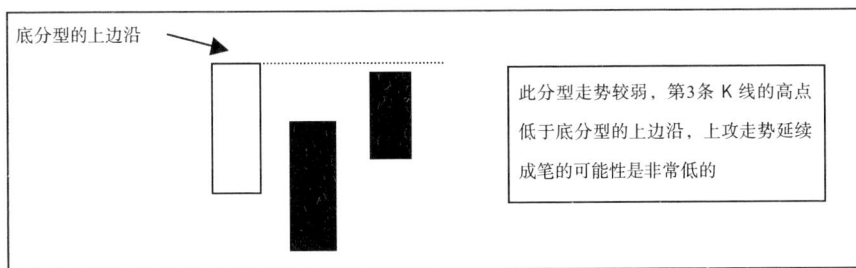

图4-15　第1条K线最高

（4）出现底分型，并不代表上攻走势就会延续成笔，关键还要看其后第1
条K线的低点是否高于底分型的上边沿，这是我们判断底分型强弱的重要依据，
如图4-16所示。

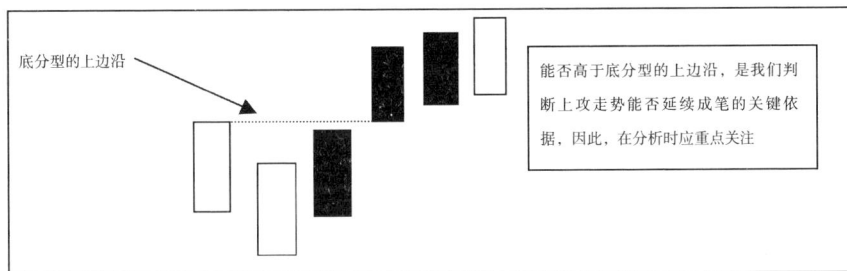

图4-16　能否高于分型的上边沿

操作提示1：在图4-17中，多次出现底分型形态，从形态上分析，我们可以轻
易判断出图中所出现的第1个底分型走势较弱，属于前面所讲的第
（3）种情况。分型形态较弱，其后股价波动较小，因此，泰达股
份的股价进入盘整调整期。

操作提示2: 在底分型形态中，上攻走势能否延续成笔，主要看其后第1条K线低
点能否高于整个底分型的上边沿。比如，在第2个底分型中，该股
放量上涨，表明此底分型力度较大，延续成笔的可能性非常大。

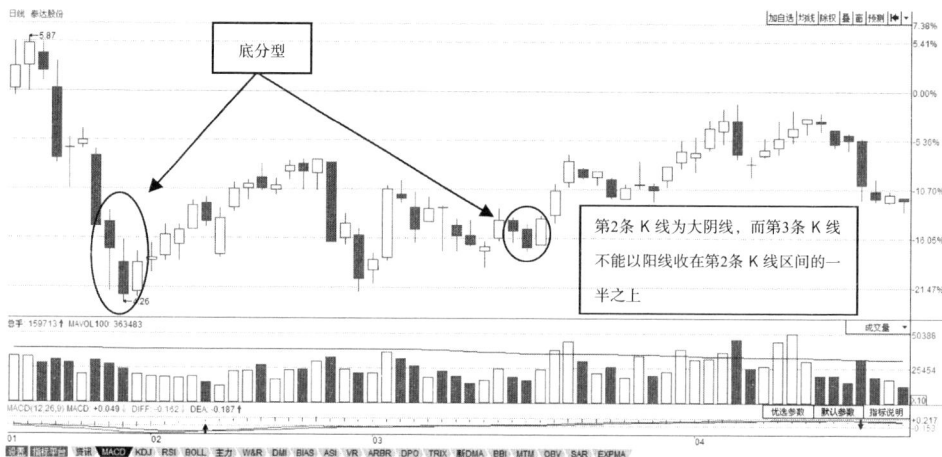

图4-17　泰达股份日K线图

操作总结：通过观察可知，如果底分型后第1条K线的低点高于整个底分型的
上边沿，则上攻走势强烈，延续成笔的可能性很大，那么股价反转形态便会
形成，这个时候我们可以考虑建仓。

4.3.3　分型的操作依据

分型形成后，无非两种结构：成为中继型，最终不延续成笔；延续成
笔。后一种情况是最理想的，如在日线上操作完以后，就等到相反的分型出
现后再进行操作了，中间可以去关注别的股票，这是效率最高的。而对于第
一种情况，前面说过，可以看是否有效突破5周期的均线，例如，日线上的顶分型
是否有效跌破5日均线，就是一个判断顶分型出现后走势能否扭转的很好的依据。

不过，还有更简单精确的，就是在分型所对应的小级别走势中枢里，是否

出现第三类买卖点，而且其后是否出现走势中枢移动。例如，对于一个顶分型，该顶分型形成后，在该分型区间所对应的小级别走势中枢，选择最大的一个走势中枢，如日顶分型成立后，可以找到相应的5分钟、1分钟走势中枢，一般最大的就是5分钟走势中枢，30分钟走势中枢不可能形成，因为时间不够。如果在该5分钟走势中枢或1分钟走势中枢出现第三类卖点，并且该卖点不形成走势中枢扩张的情形，那么几乎百分之百可以肯定，在日线上将要出现笔了。

可以百分之百肯定，如果不出现笔并最终有效破坏该顶分型，那就一定会出现某级别的第三类买点，否则，就算股价在短时间内不断创新高，也一定是假突破。所以结合小级别的走势中枢判断，顶分型是否延伸为笔，在当下是可以一目了然的。

一般来说，可以把分型与小级别走势类型结合起来进行操作。如果在一个小级别的走势中枢震荡中连日K线图中都没出现顶分型结构，那么，在这个走势中枢震荡中就没必要卖出了，就算进行短线投资也要控制好数量，因为没有分型，就意味着走势没结束，随时会创新高。而一旦顶分型成立，必然对应着小级别走势中枢的第一、二类卖点，其后，关键看新形成的走势中枢的第三类卖点的问题：一般情况下，如果是中继顶分型，那么在第三类卖点后会形成走势中枢扩展，也就是有一个绝妙的盘整背驰让你重新买入。这样，利用分型搞了一次美妙的短线操作，又不浪费其后的走势，这就是比较好的操作了。

注意，利用分型，如顶分型，卖了以后一定要注意是否要回补，如果一旦确认是中继顶分型，就应该回补，否则就等笔完成后再说。

但一定要注意，中继顶分型后，如果其后的走势在相应的小级别走势中枢里出现背驰或盘整背驰，那么下一分型是中继顶分型的可能性将大幅度减小。中继型分型，有点类似刹车，一次不一定完全刹住，但第一次刹车后如果车速已明显减慢，证明刹车系统是有效的，那么第二次刹住的可能性就会很大。

第5章
缠论：笔

　　缠论中的笔是由分型发展而来的，是构成线段的最基本的构件。走势终完美是缠论的核心内容，其他概念、理论等都是围绕走势终完美而产生的，而走势最小的基础计量单位就是笔。

　　笔是缠论的基础中的基础，也是我们掌握其他复杂理论的基础，如线段划分。无论是1分钟图还是年线图，都是由笔构成的，而不是很多条K线，用笔和线段来代替K线是缠中说禅的一大创新。学习和掌握笔的结合律、新笔、当下的一笔等概念对我们学习缠论很有帮助。

本/章/精/彩/导/读

缠论中笔的定义

缠论中笔的划分

新笔和旧笔

缠论中笔的用途

5.1／ 缠论中笔的定义

笔是由分型发展而来的，是由缠论中的顶分型、底分型以及连接它们的K线组成的，也就是说，当K线图中出现了顶分型、底分型时，如果两者中有K线将其连接起来，就出现了缠论中的"笔"形态。

笔是缠论中最基本也非常重要的概念，是线段和走势中枢的基本结构，因此，掌握缠论技术，应先从掌握笔开始。

5.1.1 缠论基础——笔

缠论中对笔的定义是：两个相邻的顶分型和底分型顶底之间的连线，即为笔。

由定义可知，笔的组成部分为顶分型、K线、底分型，K线起连接作用。将相邻的顶和底连接起来，底分型与顶分型中间的K线数量可以是一条，也可以是多条，其中只有一条K线为笔的最简单形态。而复杂形态，则是顶底之间有多条K线，顶底间的K线越是复杂，则笔的形态也越为复杂。

如图5-1所示，1为顶分型，2为底分型，AB是将顶分型的顶和底分型的底连接起来而形成的一条连线，即缠论中的笔。

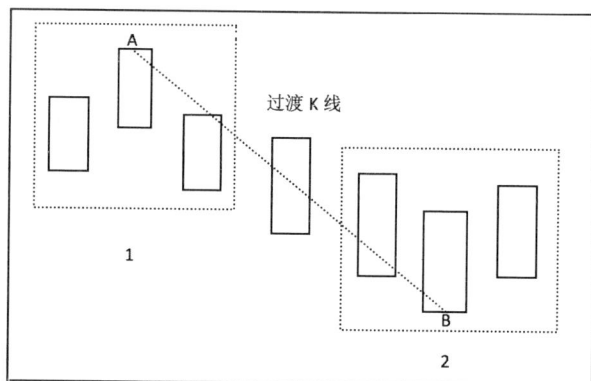

图5-1　缠论中的笔

如图5-2所示，3为底分型，4为顶分型，CD是将顶分型的顶和底分型的底连接起来而形成的一条连线，即缠论中的笔。

缠论中对笔的要求有4项。

（1）笔必须是由相邻的底分型和顶分型组成。

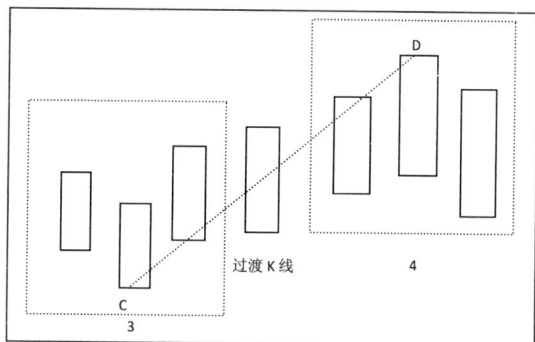

图5-2　以底分型为起点的笔

（2）笔必须是由顶分型的顶和底分型的底连接而成，而并非顶顶连接或者底底连接。

如图5-3所示，1、2都为顶分型，两者间的连线AB无法构成一笔；3和4都

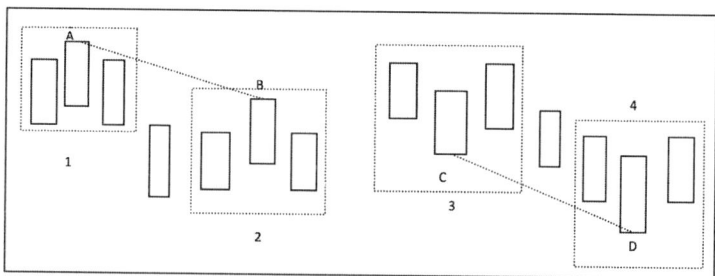

图5-3　不能构成笔的两种情况

为底分型，两者间的连线CD并不是缠论中所说的笔。

（3）笔是由顶分型、底分型以及K线3个部分组成的，缺一不可。"顶、底间必须存在一根K线"，即顶分型和底分型间至少存在1根独立的K线，才会出现笔。因为顶分型和底分型是由经过包含关系处理的3根K线组成的，由此可推断，最简单的笔形态应至少包括7条K线（顶分型3条，底分型3条，独立K线1条）。事实上，K线可以有无数根，是不设上限的，这也是笔结构简单，但形态却复杂的原因。

如图5-4所示，1为顶分型，2为底分型，但两者间缺少独立的K线，无法满足笔的形成条件；3为底分型，

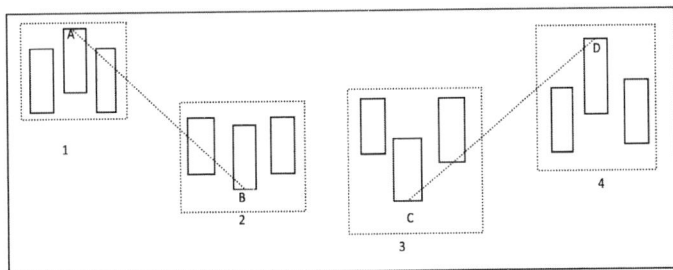

图5-4　缺少独立K线

4为顶分型，但两者间缺少独立的K线，无法满足笔的形成条件，故而无法形成笔。

如图5-5所示，虚线部分为笔，但前一笔中底、顶两者间的K线数量较少，而后一笔中顶、底两者间的K线数量则较多，但都不妨碍形成缠论中的笔。

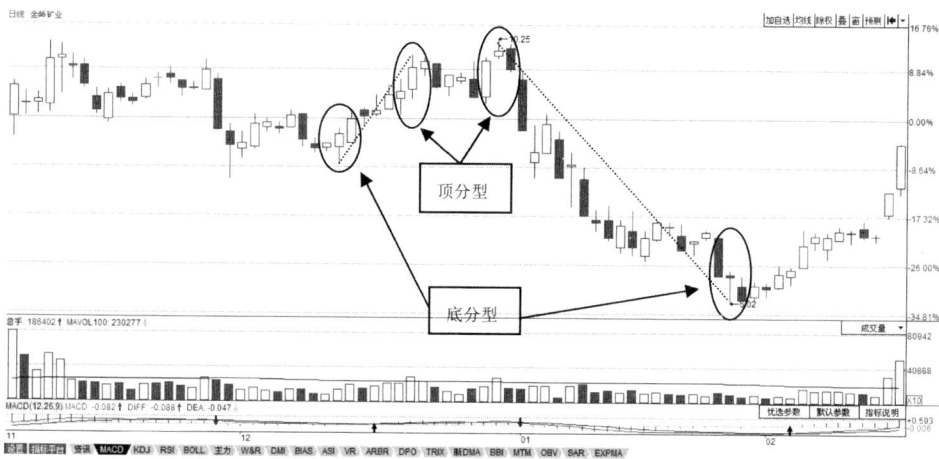

图5-5　金岭矿业日K线图

（4）笔是将顶分型的顶和底分型的底连接起来而形成的，如果出现相同高度的顶或者底，则遵循先后原则，取先出现的那个。

如图5-6
所示，1为顶分
型，但第2条K
线和第3条K
线的高点处于相
同高度。在选
择时，应选择

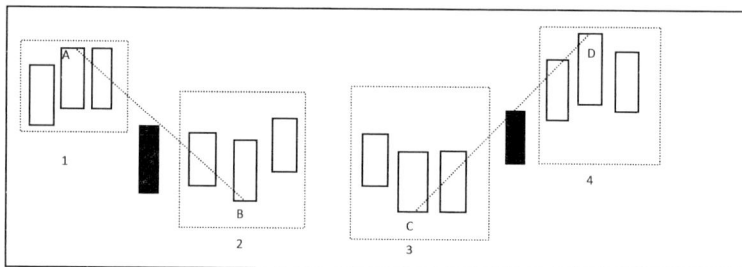

图5-6　先后原则

第2条K线的高点，如图所示，AB为笔；3为底分型，但第2条K线和第3条K线的低点处于相同高度，在选择时，应选择第2条K线的低点，如图所示，CD为按照先后原则处理后所形成的笔。

5.1.2　上升笔

缠论中根据笔的方向，可将笔分为上升笔和下降笔。上升笔是指笔从底分型开始，但到了顶分型就结束。上升笔是由底分型、K线和顶分型3部分组成的。

如图5-7所示，1为底

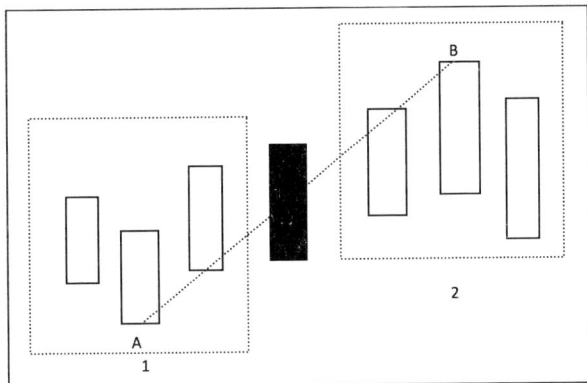

图5-7　上升笔

分型，2为顶分型，AB是连接底分型的底和顶分型的顶的连线，即缠论中的笔，为上升笔。当笔的形态符合"底分型+K线+顶分型"时，则为上升笔。这里的K线既可以是一根，也可以是多根。上升笔通常出现在股价持续下跌的尾声，股价企稳时。

我们来解析一下上升笔：当股价持续下跌至出现底分型形态时，意味着股价触底出现反弹，此时股价已下跌至低位，为明显的建仓信号。投资者可用较少的资金获得较多的筹码，待股价反弹后卖出就能实现盈利。

底分型形态出现后，股价开始上涨，出现一根或者多根上涨K线，从K线图中我们可以得知，多方力量逐渐占据优势，股价从下跌走势转变为上涨走势，确认了低点的有效性，股价将大幅上涨。

股价在持续上涨过程中，如果出现顶分型形态，且形态强烈，则表明股价已涨至尽头，即将见顶回落，此时卖点出现，投资者可高位卖出，实现盈利。

操作提示1：从图5-8所示的日K线图来分析，该股在价格持续下跌过程中出现了底分型形态，表明股价继续下跌的空间有限，股价跌至低点的可能性很高，如果我们在此时建仓，则能用较少的资金获得较多的筹码。而且底分型出现后，多根K线相继出现，且多数为阳线，这期间出现过涨停现象，足以证明了股价低点的有效性，股价确实已触底回升。

操作提示2：股价涨至高位后回落，形成小阴线，此时我们可以轻易发现该股出现了顶分型形态，表明股价上涨动力不足，继续回落的可能性较大。因此，我们确认底分型、多根上涨K线、顶分型三者组成了上升笔。

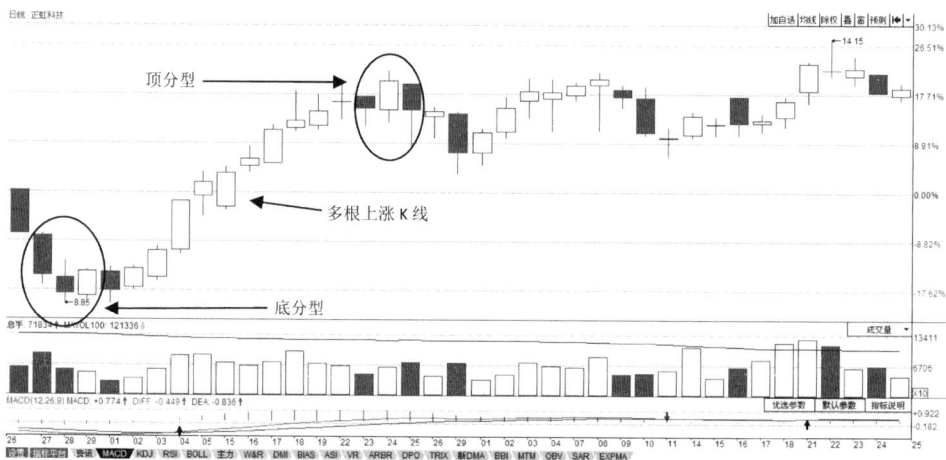

图5-8　正虹科技日K线图

操作总结：上升笔多出现在股价结束下跌走势转为上涨走势的过程中，意味着股价由低到高，多方力量逐渐占据优势，因此，上升笔的起点为理想的建仓点；随着股价反弹至高位，空方力量逐渐占据优势，此时出现顶分型形态，意味着股价见顶，是理想的减仓点。如果能顺应趋势、低吸高抛，就能获得可观的收益。

5.1.3 下降笔

下降笔和上升笔是缠论中相对应的两个概念，是缠论的基础。下降笔是从顶分型开始到底分型结束的笔，是由顶分型、K线、底分型组成的，如图5-9所示。

如图5-9所示，1为顶分型，2为底分型，CD是连接顶分型的顶和底分型的底的连线，即缠论中的笔，为下降笔。当笔的形态符合"顶分型+K线+底分型"时，则为下降笔。这里的K线既可以是一根，也可以是

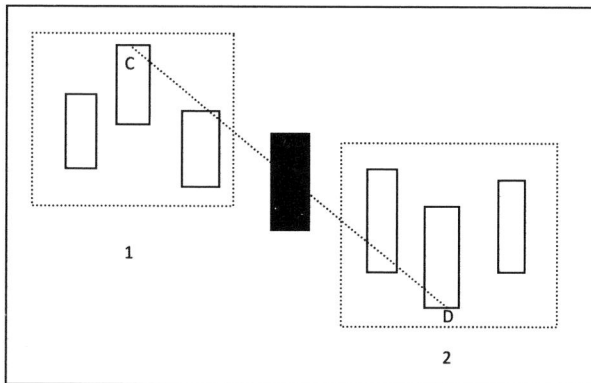

图5-9　下降笔

多根。下降笔通常出现在股价持续上涨的尾声，股价即将回落时。

我们来解析一下下降笔：当股价在持续上涨的过程中出现顶分型形态时，表明空方力量由弱变强，且占据优势地位，股价触顶回落的可能性很大，此时价格已经涨至最高位，这是明显的减仓信号。投资者可将手中持有的股票卖出，实现高位止盈。顶分型是我们用来判断股价见顶的重要形态，应予以重视。

顶分型形态出现后，股价见顶回落，出现一条或者多条上涨K线，确认了高点的有效性。由于空方力量逐渐变强，股价也大幅下跌，投资者应持币观望，不可盲目买入，避免因股价下跌产生不必要的亏损。

股价下跌至低位时，出现底分型形态，则表明股价下跌趋势结束，将迎来反弹。此时股价较低，为理想的建仓点，投资者可低价买进。

操作提示1: 在图5-10中，该股在价格上涨过程中出现了顶分型形态，随后股价便转为下跌走势，因此顶分型成为股价下跌的起点。股价跌至低位后，出现了底分型形态，表明股价见底，将迎来反弹股价。下跌期间出现了多根K线，且多数为阴线，表明下跌趋势强劲，直至底分型形态出现，股价下跌走势结束。

操作提示2: 从MACD指标来看，顶分型出现后，图中DEA曲线和DIF曲线相交，即死亡交叉，为卖出信号，表明股价上涨走势已经结束，投资者应及时卖出。另外从成交量来分析，成交量达到天量时，股价也涨至高位，随后量能逐步萎缩，股价也一步步下跌，待成交量缩至地量时，股价也跌至最低位，下降笔形成，此时投资者可建仓。

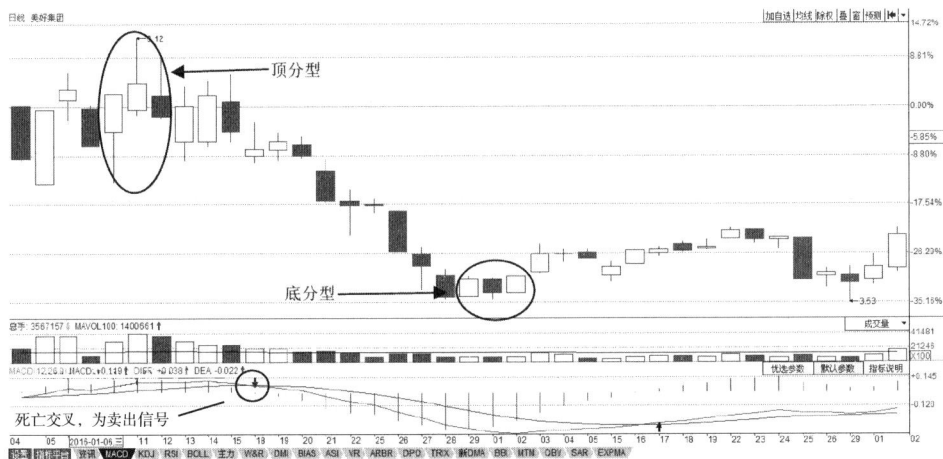

图5-10　美好集团日K线图

操作总结: 下降笔多出现在空头趋势中，以顶分型为起点，以底分型为终点，能够很好地帮助我们掌握买卖点，顶分型出现时为理想的卖点，底分型出现时为理想的买点。下降笔和上升笔是缠论中形态较为简单的，是我们进一步掌握线段的基础，而线段是构成走势中枢的要素，因此，掌握上升笔和下降笔就显得至关重要。

5.2 / 缠论中笔的划分

笔，必须满足一顶一底原则，如果底出现后没有出现顶反而出现另一个更低的底，则表明笔未形成；先出现底后出现顶，构成上升笔；先出现顶后出现底，构成下降笔。

在缠论中，笔和线段都是基础，如果不掌握基础，是很难理解缠论的。虽然相对于走势类型和级别，笔在判断股价走势中只能起到辅助作用，但在实战中笔的划分同样具有非常重要的作用，尤其是走势类型的前3笔。

由于笔是由最低级别的次级别以下的级别组成的，因此笔的划分相对简单，但正确地划分笔，是我们进行分析的第一步。我们应掌握笔的划分原则、步骤，笔的延续、结束等。

5.2.1 笔的划分原则

由于笔的划分对后续的分析有重要的作用，因此划分笔时必须坚持相应的原则，否则，划分得不准确，就会导致分析结果南辕北辙，带来不必要的亏损。

通常来说，在划分笔的时候应坚持下面两个原则。

①包含关系的处理

在进行分型前，首先要处理K线间存在的包含关系，唯有在经过包含关系处理的3条K线中，我们才能准确进行分型。在处理笔时同样如此。我们知道根据笔的方向可以将其分为上升笔和下降笔，所以在划分时，也要考虑到这两种方向不同的笔所对应的包含关系处理方法。

上升的一笔，由结合律，就一定是底分型+上升K线+顶分型；下降的一笔，就是顶分型+下降K线+底分型。

——缠中说禅"教你炒股票"62课

在上升K线组中，对于所存在的包含关系应进行向上处理，直至顶分型出现，如图5-11所示。

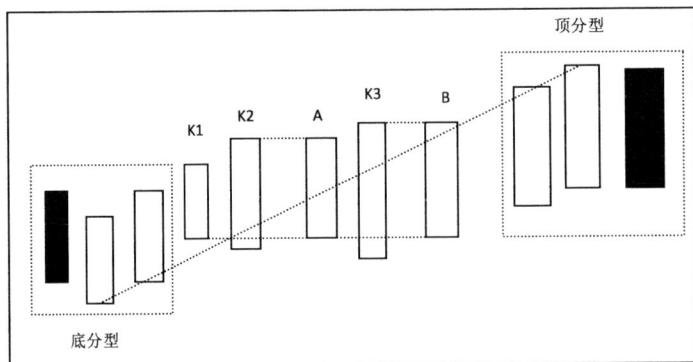

图5-11 向上处理

在图5-11中，底分型和顶分型之间存在具有包含关系的上升K线组，应先处理包含关系，按照包含关系的处理原则，先处理前面的K线。由于是上升K线组，因此应向上处理，即先处理K1和K2间的包含关系，处理后形成新K线A，A与K3比较，仍存在包含关系，需要进一步处理，形成新K线B。经过处理后，只余下"底分型+K线B+顶分型"，如图5-12所示。

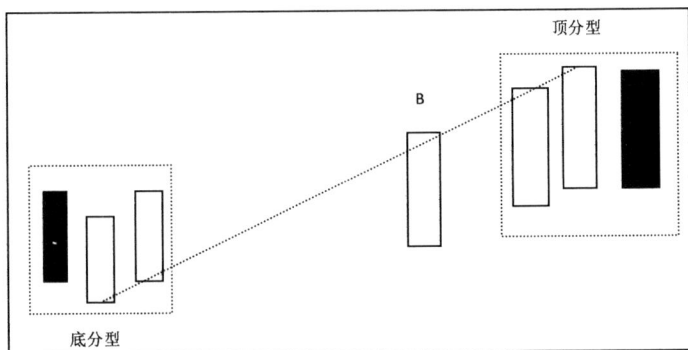

图5-12 向上处理后

在下降K线组中，对于所存在的包含关系应进行向下处理，直至底分型出

现，如图5-13所示。

在图5-13中，
顶分型和底分型间存
在具有包含关系的下
降K线组，应先处理
包含关系，由于是下
降K线组，因此应取
向下处理，即先处理
K1和K2间的包含关

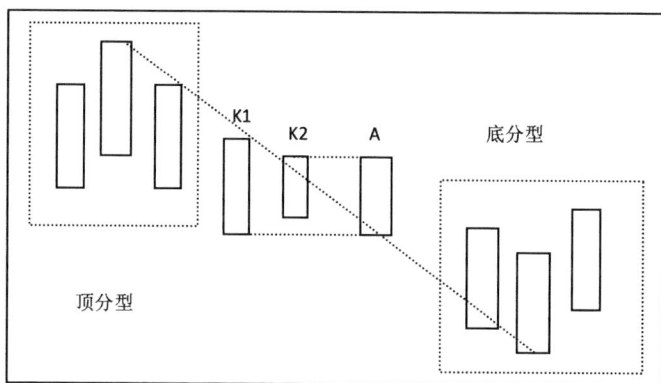

图5-13　向下处理

系，形成新K线A。经过处理后，只余下"顶分型+K线A+底分型"，如图5-14

所示。

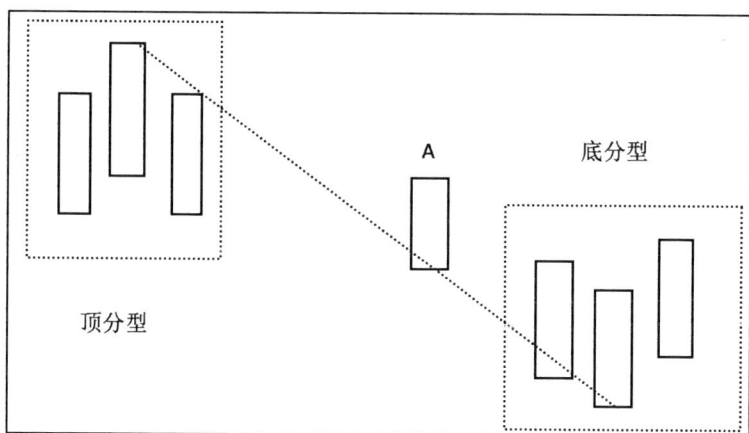

图5-14　向下处理后

②笔不成立

在划分笔时，要注意是否存在笔成立条件不充分的情况，如顶分型和底分

型间没有独立的K线，或者顶和底互相包含了。

严格的划分笔的标准如下。1.在经过包含关系处理后，顶和底间至少存在一根独立的K线，既不属于顶分型，也不属于底分型，是独立于两种分型之外的。2.顶分型应高于底分型K线（处理包含关系后底所在的K线）的最高点，也就是顶分型要比底分型高，否则笔不成立；底分型的底应低于顶分型K线（处理包含关系后顶所在的K线）的最低点，也就是底分型要比顶分型低，否则笔不成立。

笔，必须是一顶一底，而且顶和底之间至少有一个K线不属于顶分型与底分型。当然，还有一个最显然的，就是在同一笔中，顶分型中最高那K线的区间至少要有一部分高于底分型中最低那K线的区间，如果这条都不满足，也就是顶都在底的范围内或顶比底还低，这显然是不可接受的。

——缠中说禅"教你炒股票"77课

因此，在确定笔的过程中，必须要满足上面的条件，这样可以唯一确定出笔的划分。这个划分的唯一性很容易证明，假设有两个都满足条件的划分，这两个划分要有所不同，必然是两个划分从第N-1笔以前都是相同的，从第N笔开始出现第一个不同，这个N可以等于1，这样就是从一开始就不同。那么第N-1笔结束的位置的分型，显然对于两个划分的性质是一样的，都是顶或底。对于是顶的情况，那么第N笔，其底对于两个划分必然对应不同的底分型，否则这笔对两个划分就是相同的，这显然矛盾。由于分型的划分是唯一的，因此，这两种不同的划分里在第N笔对应的底分型，在顺序上必然有前后高低之分，而且在这两个底之间不可能还存在一个顶，否则这里就不是一笔了。

——缠中说禅"教你炒股票"77课

在图5-15中，由于顶分型和底分型间缺少独立的K线，形成笔的条件不充分，所以无法形成笔。

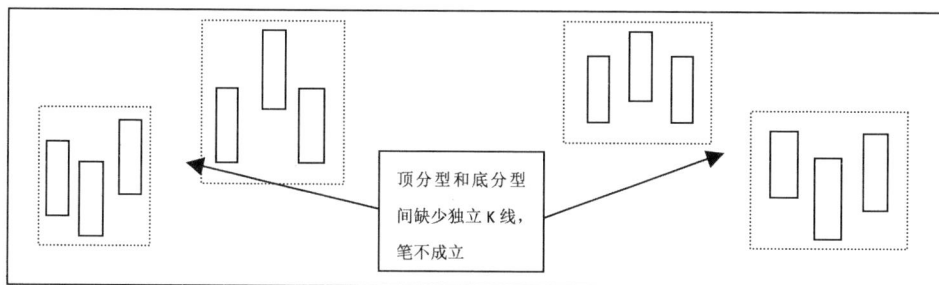

图5-15　笔不成立的两种情况

在图5-16中，顶分型和底分型间虽然存在独立的K线，但由于顶分型的顶在底分型下，或底分型的底在顶分型上，因此，形成笔的条件不充分，无法形成笔。

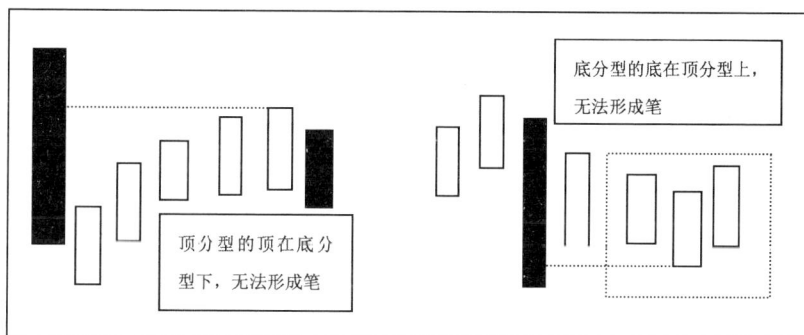

图5-16　无法形成笔的两种情况

在任何走势中，在对符合条件的顶分型、底分型、过渡K线进行包含关系处理时，都可以将其当作是一根K线来处理。

5.2.2　笔的划分步骤

明白了笔的划分原则，我们就可以来划分笔，从而更好地将其用于分析。缠论中，笔的划分分为3个步骤。

①确定所有符合标准的分型

对选择的K线图中的K线进行包含关系处理，然后进行分型，找出图中所存在的顶分型和底分型。

②确定分型的性质

如果前后两分型是同一性质的，对于顶分型，如果前面的顶分型的高点低于后面的，则在处理时只保留后面的，可忽略掉前面的；对于底分型，如果前面的底分型的低点高于后面的，则在处理时只保留后面的，可忽略掉前面的。对于不满足上述两种状态的，如相等的，则需比较实体边沿。

在划分向上一笔时，首先应处理K线间的包含关系，在图5-17中，K线间不存在未处理的包含关系。先找出底分型A，然后向上找顶分型，我们可以看到在

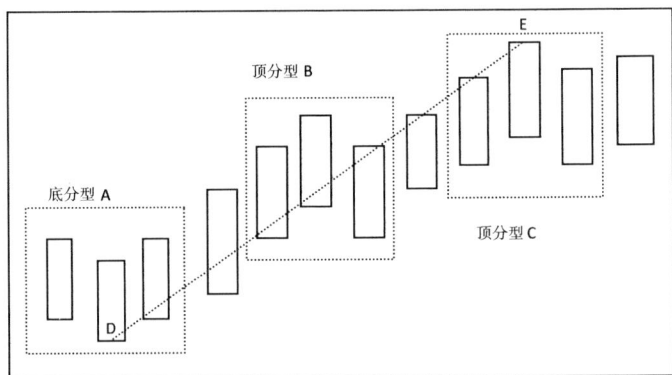

图5-17　上升笔的划分

图中存在两个顶分型B与C，由于顶分型B的高点低于顶分型C的高点，因此在处理时，我们应保留顶分型C，而忽略顶分型B，只保留最高的顶。然后便可画出上升笔DE。

事实上，这种被忽略的顶分型通常为中继顶分型，对股价走势影响不大，

分析价值也不高，因此在划分向上一笔时，如果后面有更高的顶，则可将其忽略。

在划分向下一笔时，首先应处理K线间的包含关系，在图5-18中存在未处理的包含关系，在下降K线组中应向下处理，形成新K线M。然后先找出顶分型，再向下找底分型，我们可以看到在图中存在两个底分型A与B，由于底分型A的低点要高于底分型B的低点，因此在处理时，我们应保留底分型B，而忽略底分型A，只保留最低的底。然后便可画出下降笔CD。

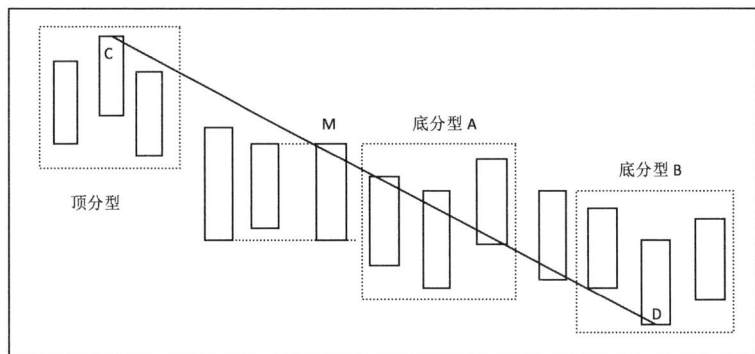

图5-18　下降笔的划分

同图5-17中的顶分型B类似，这种被忽略的底分型通常为中继底分型，对预测股价走势作用不大，不具有很高的分析价值。因此，在划分向下一笔时，如果后面有更低的顶，常对其进行忽略处理。

③分析余下的分型

经过前面两个步骤的处理后，我们还要继续分析余下的分型，如果相邻的分型分别为顶分型和底分型，将顶分型的最高点和底分型的最低点连接起来，就构成了一笔。

如果余下的分型为同一性质的分型，如都是顶分型或者都是底分型，则无法构成笔。

在图5-19中，经过前两个步骤的处理后，余下的分型为同性质的分型，则无法构成笔。

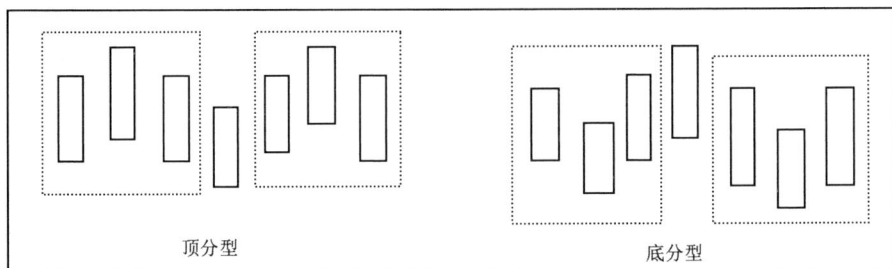

图5-19　余下的分型的性质相同

不过在实战中，如果前顶不低于后顶，则在连续多次出现顶后，必然会出现底，将首个顶和底连接起来，就构成新的一笔，中间出现的顶都可以忽略；如果前底不高于后底，则在连续多次出现底后，必然会出现顶，将首个底和顶连接起来，构成新的一笔，中间出现的底都可以忽略。

如果出现相同高度的顶或者底，则笔的起点和终点取K线实体较长的或者较短的K线，如果K线实体长度相同，则取首次出现的K线。

5.2.3　笔的延伸、结束及确认

分析笔有助于我们找到股价在某个时期的高低点，根据高低点买进和卖出，能增大盈利空间和提高盈利水平，同时还有助于划分线段。因此，分析笔对实际操作很有帮助，其具体内容包括分析笔的延伸、结束，以及如何确认当下的一笔。

①笔的延伸和结束

在顶和底间如果存在过渡K线，将顶和底连接起来，就可以构成笔。笔形成后可以继续延伸，也可结束，通常当新笔形成后，则意味着原先的一笔结束；未出现新笔，而是出现同性质的分型，如向上的一笔中出现多个顶分型，且股价创新高，则原先的一笔就会延伸，在向下一笔中同样如此。

在图5-20中，顶分型A和底分型B间构成向下一笔AB，但该笔走势尚未结束，股价继续创新低，形成新的底分型C，构成新的向下一笔AC，则笔AC为原笔AB的延伸。在向上一笔中同样如此。

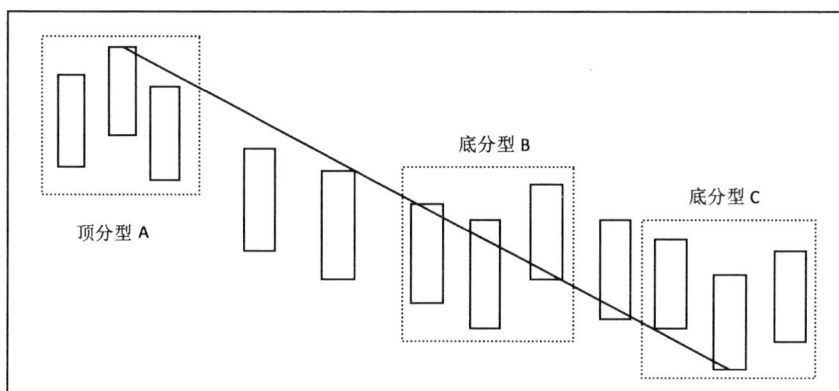

图5-20　笔的延伸

当出现新的一笔时，原先的一笔即结束，如图5-21所示。

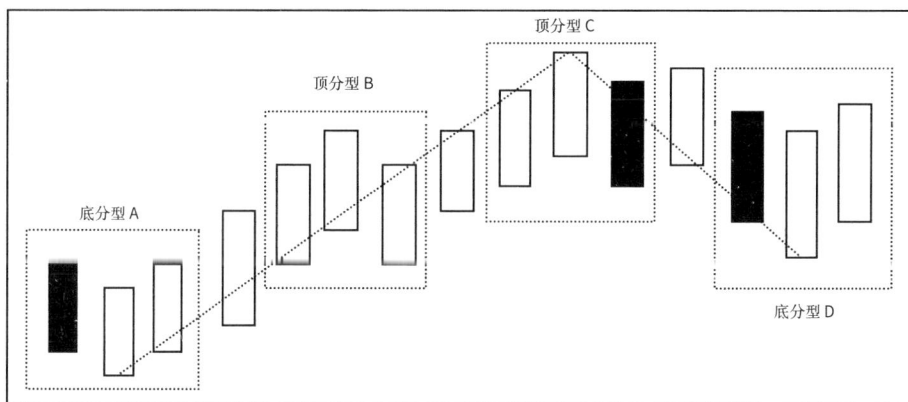

图5-21　笔的结束

在图5-21中，底分型A、顶分型B和过渡K线构成向上的一笔AB，但该笔走势尚未结束，价格不断创新高，出现新的顶分型C，构成向上一笔AC，笔AC为原笔AB的延伸。股价在C点创新高后，随即呈下跌走势，出现底分型D。顶分型C、过渡K线、底分型D满足笔形成的条件，形成新的向下一笔CD，表明原向上一笔AC结束。

在图5-22中，顶分型A、底分型B和过渡K线构成向下的一笔AB，但该笔走势尚未结束，价格不断创新低，出现新的底分型C，构成向下一笔AC，笔AC为原笔AB的延伸。股价在C点创新低后，随即呈上涨走势，出现顶分型D。底分型C、过渡K线、顶分型D满足笔形成的条件，形成新的向上一笔CD，表明原向下一笔AC结束。

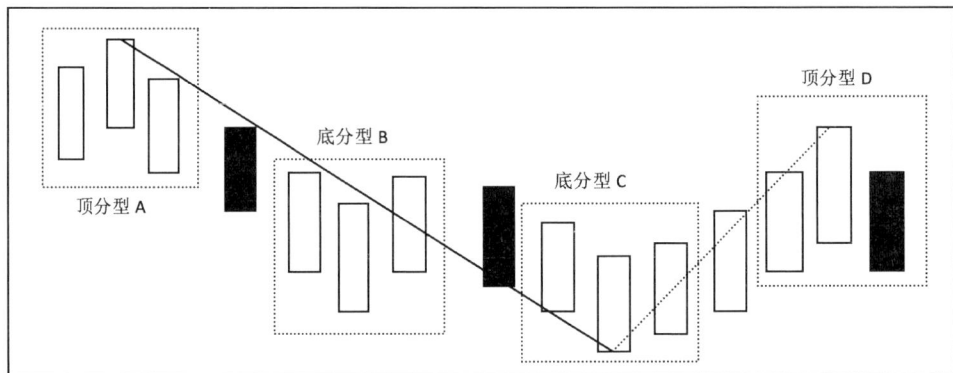

图5-22　笔的延伸和结束

②如何确认当下的一笔

当我们掌握了缠论中笔的概念、起点和终点、延伸、结束，就能将其用于实际分析中，任何K线图中的走势都能被我们简单划分为笔与笔间的连接，帮助我们了解个股的价格走势。不过在实战中，分析过去的笔或者结束的笔意义不大，对实战意义重大的为当下的一笔，也就是我们要通过当下的一笔分析个股的价格走势。

当下的一笔指刚刚形成的且会持续形成的一笔，而在此前，原来的一笔已经结束，而当下的一笔仍会继续形成。

缠中说禅笔定理：任何的当下，在任何时间周期的K线图中，走势必然落在一确定的具有明确方向的笔当中（向上笔或向下笔），而在笔当中的位置，必然只有两种情况：一、在分型构造中；二、分型构造确认后延伸为笔的过程中。

根据这个定理，对于任何的当下走势，在任何一个时间周期里，我们都可以用两个变量构成的数组精确地定义当下的走势。第一个变量，只有两个取值，不妨用1代表向上的笔，−1代表向下的笔；第二个变量也只有两个取值，0代表分型构造中，1代表分型确认后延伸为笔的过程中。

——缠中说禅"教你炒股票"91课

5.3 / 新笔和旧笔

缠论中提出笔的概念，对进一步分析线段、走势中枢等具有很重要的意义，不过在实际操作中，却遇到了很多种无法划分笔的情况，这给操作增加了难度，尤其是关键性的操作。为了解决这一问题，缠中说禅中对旧笔的定义进行了修正，即后来出现的新笔。

掌握旧笔和新笔，才能灵活运用笔这一分析工具，准确分析线段。笔和线段都是缠论的基础中的基础，差之毫厘，就会谬以千里。

5.3.1 新笔的定义

新笔是相对于旧笔而提出的，是对旧笔的补充和完善。新笔的形成必须满足两个条件。

（1）顶分型与底分型经过包含关系处理后，不允许共用K线，也就是不能有任何一根K线既属于顶分型又属于底分型，这一条件和原来是一样的，绝对不能忽略，只有这样，才能保证足够的能量力度。

（2）在满足1的前提下，顶分型的最高K线和底分型的最低K线之间（不包括这两根K线），不考虑包含关系，至少存在3条（包括3条）以上K线。比原来的分型间必须存在独立K线的条件，稍微放松了一点。

从形成新笔的两个条件来看，该条件明显比形成旧笔的条件宽松了很多，我们通过下图来具体分析新笔和旧笔的区别。

本ID想了想，计算了一下能量力度，觉得以后可以把笔的成立条件略微放松一下，就是一笔必须满足以下两个条件：1.顶分型与底分型经过包含处理后，不允许共用K线，也就是不能有一K线分别属于顶分型与底分型，这条件和原来是一样的，这一点绝对不能放松，因为只有这样，才能保证足够的能量力度；2.在满足1的前提下，顶分型中最高K线和底分型的最低K线之间（不包括这两K线），不考虑包含关系，至少有三根（包括三根）以上K线。显然，第二个条件，比原来分型间必须有独立K线的一条，要稍微放松了一点。

——《忽闻台风可休市，聊赋七律说〈风灾〉》

在图5-23中，虽然顶分型的最高K线和底分型的最低K线之间存在3条K线，但经过K线间的包含关系处理后，顶、底分型共用1条K线，不符合新笔形成的第1个条件，因而无法构成笔。

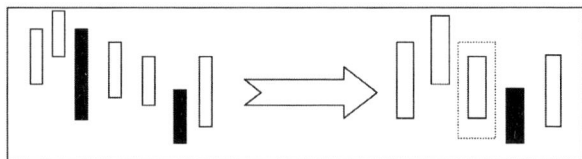

图5-23　顶、底共用K线

在图5-24中，顶、底间存在具有包含关系的K线组，如果按照旧笔的定义进行包含关系处理，则顶、底分型间不存在过渡K线，即不能构成笔。而根据新笔的定义，则可构成笔。这是因为如果不进行包含关系处理的话，则顶分型的最高K线和底分型的最低K线间存在3条K线，满足形成新笔的条件。

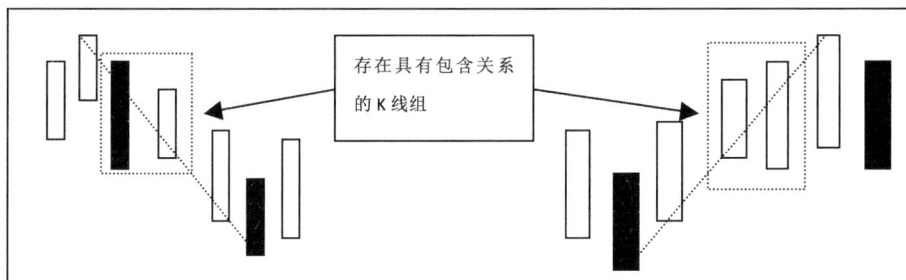

图5-24　新笔的定义

因此，判断新笔是否出现时，首先处理具有包含关系的顶、底分型，从两端点的高低点开始，从左到右处理具有包含关系的顶、底分型。处理后，进一步判断顶、底分型间是否存在过渡K线，如果存在，则能构成笔；如果不存在，则无法构成笔。也就是说，顶分型的最高K线和底分型的最低K线间至少要存在3条K线。

在图5-25中，左侧图中顶分型和底分型共用K线，无法构成笔；在右侧图中，顶分型的最高K线和底分型的最低K线间只有2条K线，无法满足形成新笔的

第2个条件，所以无法构成笔。

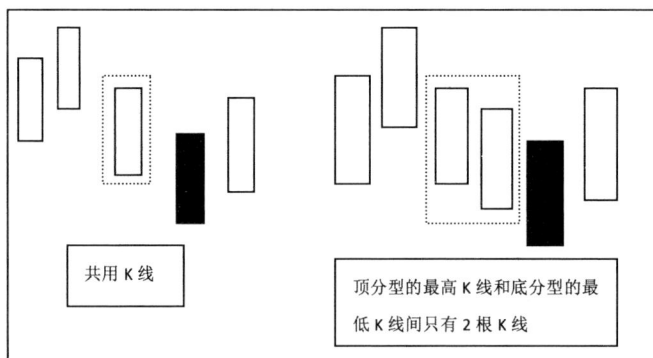

图5-25　无法构成新笔的两种情况

5.3.2　新笔、旧笔的区别

从新笔和旧笔的定义可以看出，两者之间既有相同点，又有不同点，具体如下。

（1）相同点：新笔和旧笔都要对顶分型和底分型进行包含关系处理，则至少存在一根共用K线。

（2）差异点：新笔在对顶分型和底分型进行包含关系处理后，顶分型的最高K线和底分型的最低K线之间可不用考虑包含关系；而旧笔在对顶、底分型进行包含关系处理后，仍需考虑包含关系。

在实际分析中，我们既可以采用旧笔，也可以采用新笔，主要看哪种方式能帮助我们更好地分析走势。

在图5-26中，按照旧笔的定义，进行包含关系处理后，顶、底分型间至少存在一条过渡K线，只有当顶、底分型间存在没有包含关系的过渡K线时，才能构成笔。其中，"底分型+过渡K线+顶分型"为上升笔；"顶分型+过渡K线+底分型"为下降笔。

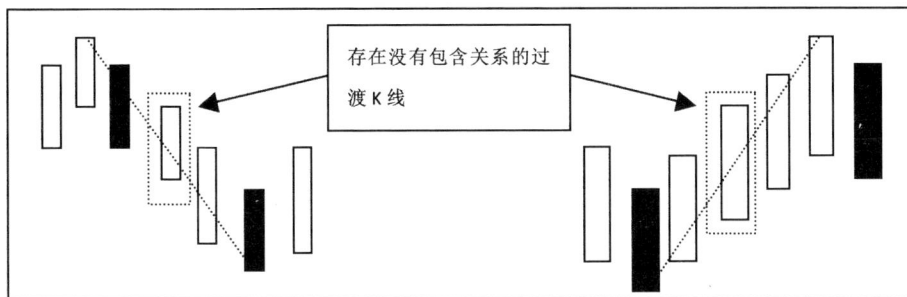

存在没有包含关系的过
渡K线

图5-26　旧笔的定义

在图5-27中，顶底间存在具有包含关系的K线组，如果按照旧笔的定义进行包含关系处理，则顶底间不存在过渡K线，即不能构成笔。而根据新笔的定义，则可构成笔。这是因为如果不进行包含关系处理的话，则顶分型的最高K线和底分型的最低K线间存在3根K线，满足形成新笔的条件。

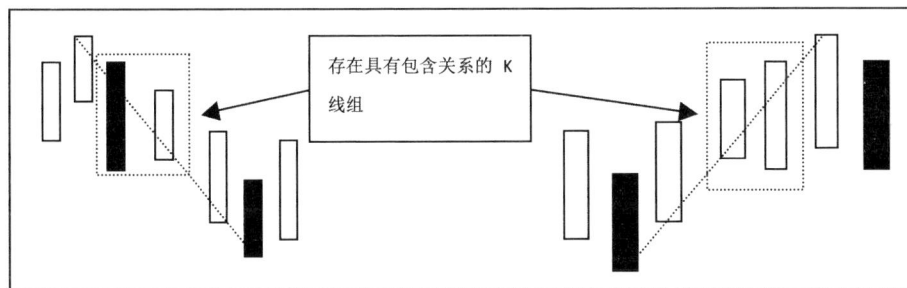

存在具有包含关系的 K
线组

图5-27　新笔的定义

在图5-28中，顶分型和底分型中的K线都存在包含关系，则需进行包含关系处理，不管是新笔还是旧笔，都要处理顶、底分型中的K线的包含关系。

图5-28　顶分型和底分型中K线存在包含关系

由上文可知，新笔和旧笔的区别很明显，在实战中，要根据实际情况来选择更能反映走势的笔。无论是新笔还是旧笔，只要能帮助我们分析股价走势的，就是有用的工具。

5.4 / 缠论中笔的用途

笔和分型都是学习缠论的基础，也是运用缠论分析股市的基础。虽然只是基础，但是笔的作用不可小觑，线段是在笔的基础上划分而来的，而线段是组成走势中枢的要素，因此，只有掌握了笔的定义、形成条件和意义，才能更好地掌握缠论。

我们从分型与笔、走势终完美和笔、买卖点和笔3个角度来探讨笔的用途。

5.4.1　分型与笔

相邻的3根K线中，如果中间K线的最高点为3条K线的最高，最低点也为3条K线的最高，我们就称之为顶分型；如果中间K线的最低点为3条K线的最低，最高点也为3条K线中最低，则称之为底分型。

　　而笔则指相邻两个顶分型和底分型间的连线，也就是说分型是形成笔的必要条件，没有分型，则无法构成笔。

　　（1）必须是相邻的底分型和顶分型。

　　（2）笔必须是由顶分型的顶和底分型的底连接而成的，而并非顶顶连接或者底底连接而成。

　　无论是新笔还是旧笔，我们都可以根据其形态，分为上升笔和下降笔。

　　（1）上升笔：价格触底回升。股价跌至低位后，为我们提供了很好的买点。随后股价反弹，我们可将其是否出现顶分型作为判断依据，出现顶分型时则将手中股票卖出，实现高位获利。

　　（2）下降笔：价格见顶回落。股价涨至高位后，为我们提供了很好的卖点。随后股价回落，我们可根据底分型来判断股价回落的终点，在底分型出现时，低价建仓，以较少的资金获得较多的筹码。

　　我们可以根据分型和笔来确认买卖点，实现低吸高抛，以获得理想的收益。

操作提示1：　在图5-29中，笔AB的起点为底分型，终点为顶分型，为上升笔。其中底分型A的最低点为买入信号，意味着股价将触底反弹。因此，在确认底分型形态后，我们便可买进。股价上涨至高位，出现了顶分型B，意味着从底分型A到顶分型B的上涨趋势即将结束，此时应进行减仓处理。

操作提示2：　上升笔中的买卖点很好判断，MACD指标和成交量都可作为辅助判断的依据。在图5-29中，当底分型形成时，MACD指标也出现买入信号；当顶分型形成时，成交量达到天量，之后逐渐萎缩，此时应卖出。

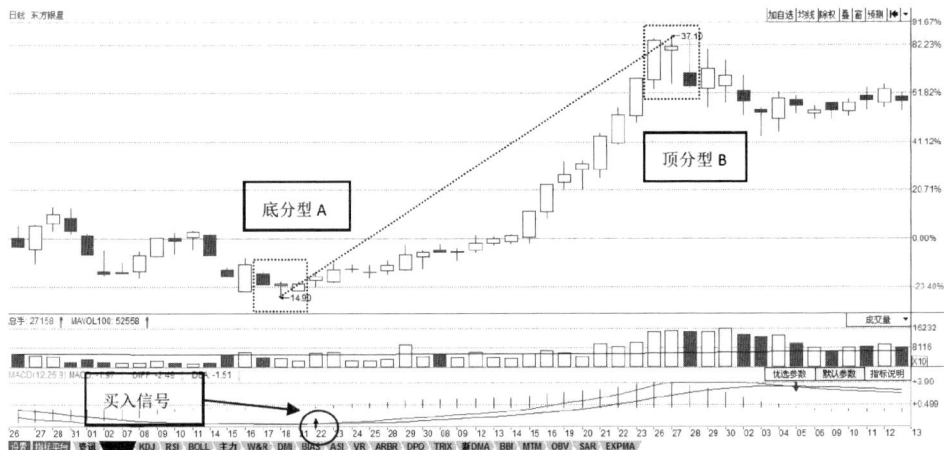

图5-29　东方银星日K线图

> **操作总结：**当底分型形态出现时，股价就步入上涨趋势中，我们可在确认底分型形态出现后，判断股价将会触底反弹，并低价建仓。而顶分型形态则是典型的反转信号，此时可在高位卖出。

操作提示1： 在图5-30中，笔AB的起点为顶分型，终点为底分型，为下降笔。其中顶分型A为卖出信号，意味着股价将见顶回落。因此，在确认顶分型形态后，我们便可高位卖出。股价持续下跌至低位，出现了底分型B，意味着从顶分型A到底分型B的下降趋势即将结束，此时可建仓。

操作提示2： 作为典型的反转信号，当顶分型出现时，通常意味着股价将见顶回落，我们应及时高抛，落袋为安。当股价跌至低位时，MACD指标出现买入信号，此时应低价买入。

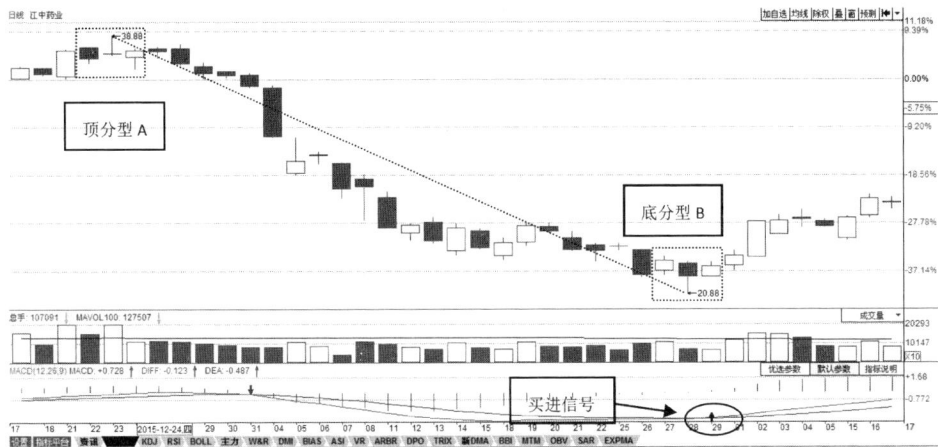

图5-30　江中药业日K线图

> **操作总结：** 我们可以通过顶分型状态轻松判断出股价的下跌走势，而底分型表明股价下跌走势已到尾声，下降笔结束，此时可建仓。从交易机会来看，股价见顶回落时是我们卖出的好时机，而股价跌至低位时则是我们跟进的好机会。

5.4.2　买卖点与笔

买卖点是我们买卖股票的依据，用来判断买卖点的方法很多，有时可根据笔的状态来判断买卖点。

根据笔的状态，我们可以将买卖点分为以下4种。

1.（1,1）

在图5-31中，底分型A出现后，股价触底回升，并不断创出新高，表明向上一笔在延伸中，用（1，1）来表示。

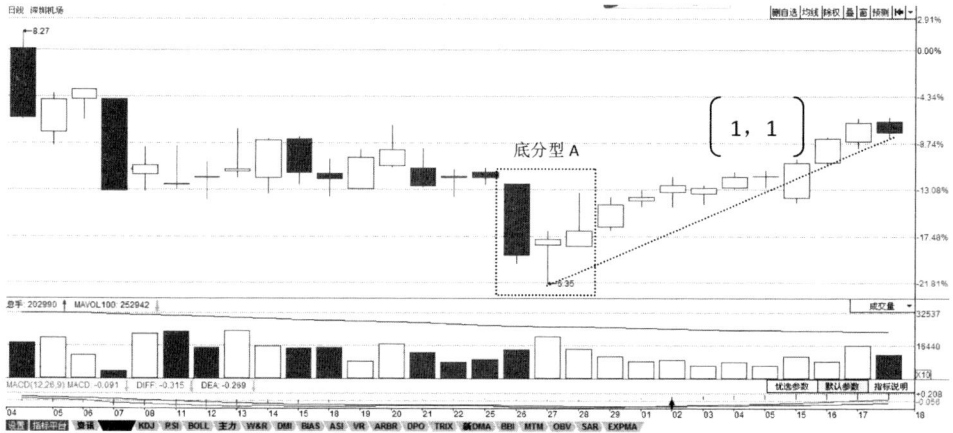

图5-31 深圳机场日K线图

2.（-1,1）

在图5-32中，顶分型出现后，股价见顶回落，并不断创出新低，表明向下一笔在延伸中，用（-1，1）来表示。

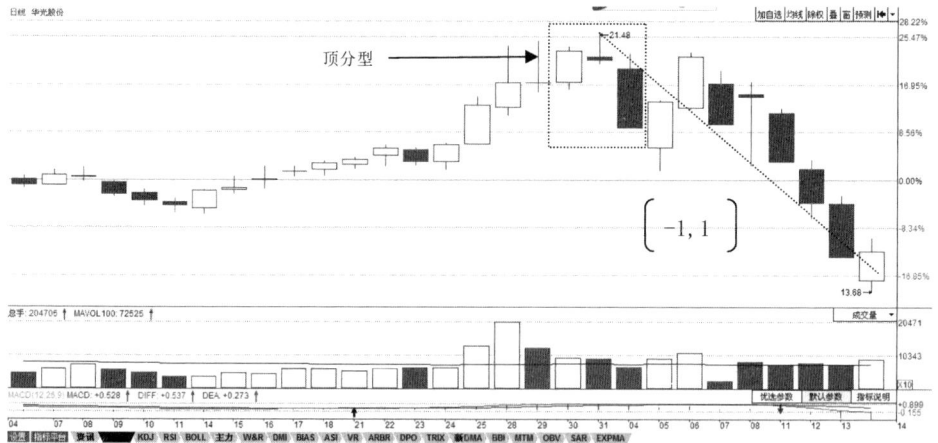

图5-32 华光股份日K线图

3.（1,0）

在图5-33中，底分型出现后，股价触底回升，并不断创出新高，直至顶分型出现，表明向上一笔形成，用（1，0）来表示。

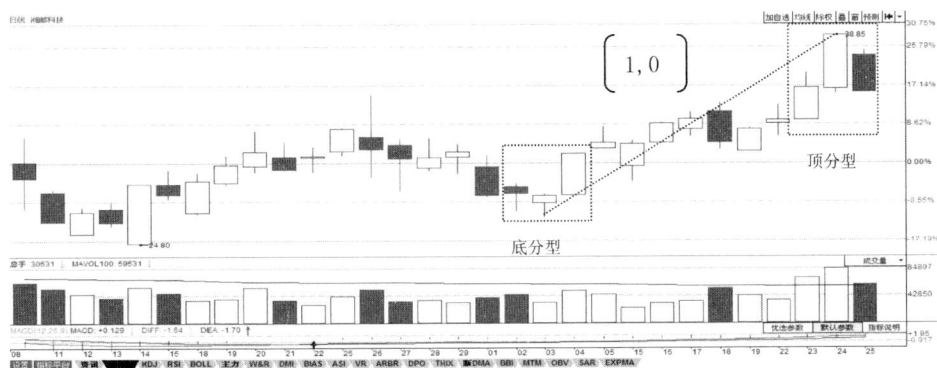

图5-33　湘邮科技日K线图

4.（-1,0）

在图5-34中，顶分型出现后，股价见顶回落，并不断创出新低，直至底分型出现，表明向下一笔形成，用（-1，0）来表示。

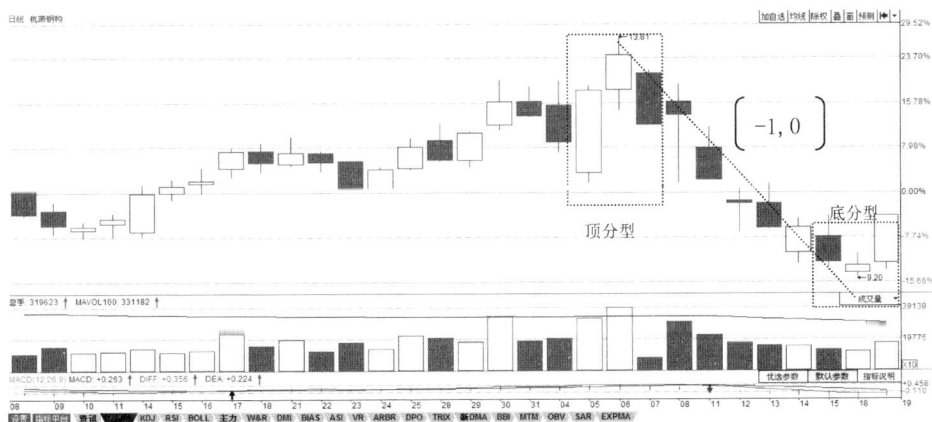

图5-34　杭萧钢构日K线图

在所有走势中，有且只有这4种状态，也就是这4种状态可以描述当下所有的走势。这4种状态虽然是可以相互连接的，但是要求较为严格，不能随便连接。

（1，1）绝不会与（-1，1）或者（-1，0）连接，只能跟（1，0）连接；相同地，（-1，1）只能跟（-1，0）连接，而不会跟（1，1）或者（1，0）连接。

（1，0）存在两种可能的连接，即（1，1）或者（-1，1）；相同地，（-1，0）也存在两种可能的连接，即（-1，1）或者（1，1）。

①（1，0）后的两种连接

在图5-35中，底分型出现后，股价触底回升，并不断创出新高，直至顶分型出现，表明向上一笔形成，用（1，0）来表示。股价不断上涨，这期间形成了几个中继顶分型，原笔仍在延伸，这种连接为"（1，0）+（1，1）"。

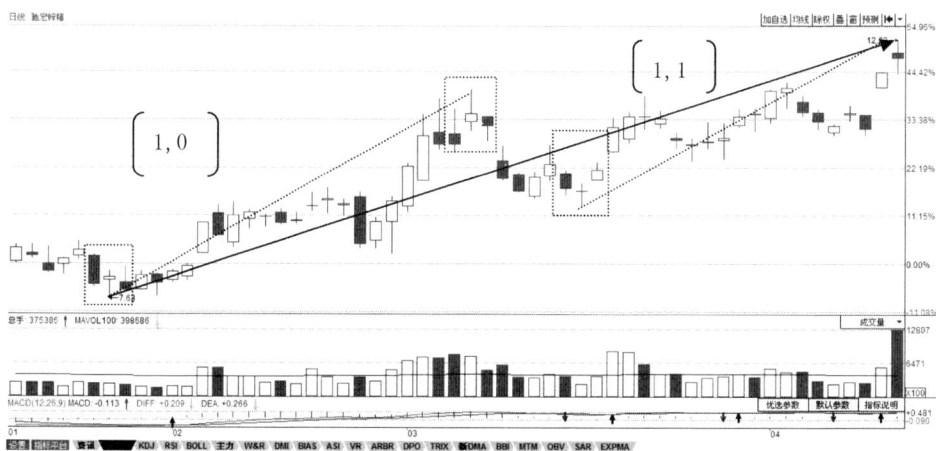

图5-35　驰宏锌储日K线图

在图5-36中，底分型出现后，股价触底回升，并不断创出新高，直至顶分型出现，表明向上一笔形成，用（1，0）来表示。股价冲高后回落，表明向下一笔的底分型形态在构造中，即新笔即将形成，原笔已经结束，用（-1，1）来表示，这种连接为"（1，0）+（-1，1）"。

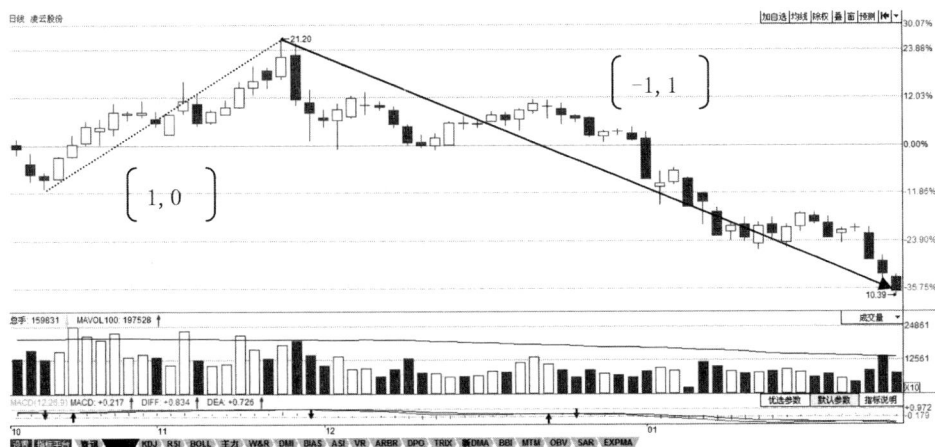

图5-36 凌云股份日K线图

②（-1，0）后的两种连接

在图5-37中，顶分型出现后，股价暂时进入调整状态，之后出现大幅下跌走势，股价不断创新低，直至底分型出现，表明向下一笔形成，用（-1，0）来表示。虚线框内的底分型为中继底分型，股价继续滑落，用（-1，1）来表示，这种连接为"（-1，0）+（-1，1）"。

图5-37　科达洁能日K线图

在图5-38中，成交量达到天量后，股价也涨至高位，形成顶分型形态，之后随着量能萎缩，股价也不断回落，并不断创出新低，直至底分型出现，表明向下一笔形成，用（-1，0）来表示。股价见底回升，表明向上一笔的顶分型形态在构造中，即新笔将要形成，原笔已经结束，用（1，1）来表示，这种连接为"（-1，0）+（1，1）"。

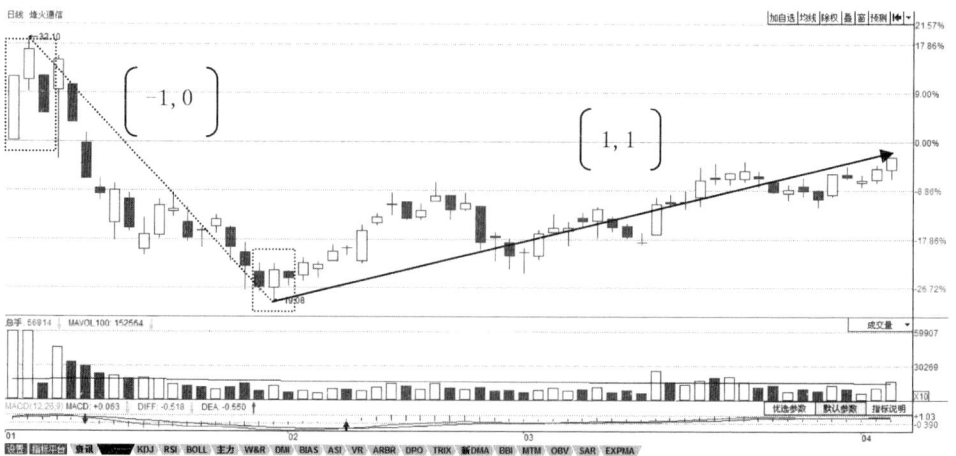

图5-38　烽火通信日K线图

5.4.3　实战解析

在任何当下的走势中，有且只有4种状态，即（1，1）、（-1，1）、（1，0）、（-1，0），也就是说，我们在分析K线图时，可用这4种状态来描述当下所有的走势，根据所处的不同状态，来决定建仓和减仓，以增大盈利空间和提高盈利水平。

当走势为（1，1）时，表明股价在持续上涨中，且最高位顶分型尚未形成，上涨仍会持续，应持股。

当走势为（-1，1）时，表明股价处于下跌行情中，且最低位底分型尚未出现，下跌仍会持续，应减仓。

当走势为（1，0）时，表明最高位顶分型将要形成，股价即将见顶回落，应减仓。

当走势为（-1，0）时，表明最低位底分型快要形成，股价即将触底回升，应建仓。

操作提示1：在图5-39中，底分型1为该股最初的底部形态，是股价见底反弹的信号。在股价上涨过程中，出现多个中继顶分型，其对我们分析股价走势意义不大，可以忽略掉。股价涨至高位后，出现了顶分型，表明上升笔完成。在这段时期，我们可于底分型出现时建仓，待顶分型出现后减仓，以获取可观的差额利润。

操作提示2：顶分型到底分型2为新一笔，不过底分型2为中继底分型，该分型形态不强烈，后续股价波动较小，股价不会改变下跌的趋势。股价持续下跌，向下一笔在延伸中，为（-1，1）状态，可待顶分型形态出现时建仓。

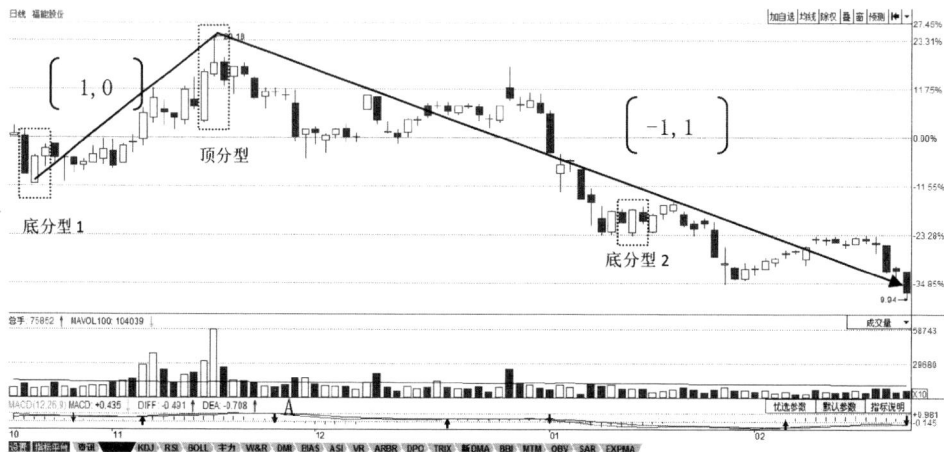

图5-39　福能股份日K线图

操作总结： MACD指标中的DIF曲线向下跌破DEA曲线时，形成死亡交叉，表明股价步入下跌趋势中。我们可以从笔的走势中确认（-1，1）状态已结束，新笔也就是向下一笔已出现，股价将会持续下跌。在下跌过程中出现了中继底分型，表明该股的空头力量仍强，股价的下降趋势将会延续，我们可待底分型出现时建仓，实现高抛低吸，提高盈利水平。

操作提示1： 在图5-40中，图中出现多个顶分型和底分型，是我们分析笔的起始点，A1到B1构成向上的一笔，A2到B2也构成了向上的一笔，B1、B2为股价见顶回落信号，可减仓；B1到A2构成向下的一笔，B3到A3也构成了向下的一笔，A2、A3为股价触底反弹信号，可建仓；A2到B3为上升笔A2到B2的延伸。

操作提示2： 从缠论中笔的划分来看，该形态是较为复杂的，这期间出现了多个顶、底分型，在分析时就要注意了。从RSI的完成形态来看，C1、C2和C3为3个底部形态，与之对应的为A1、A2、A3这3个底分型，此时可确认股价已经跌至底部，即将出现反转走势，可建仓。

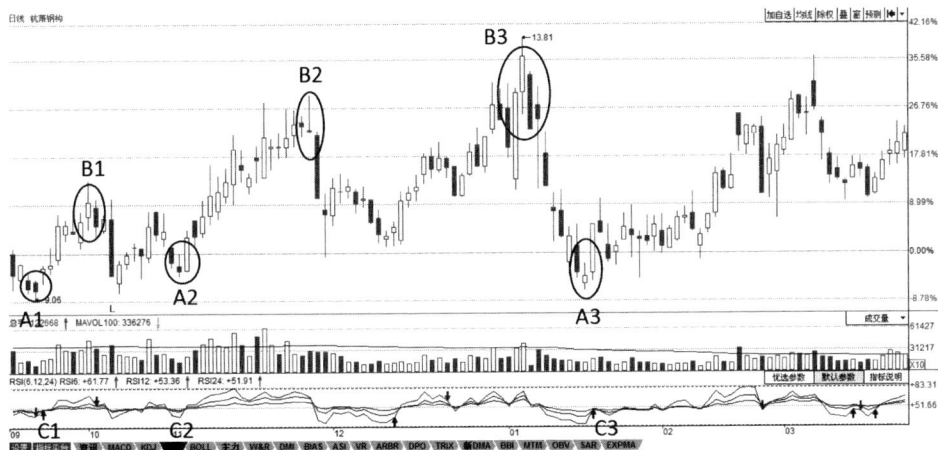

图5-40　杭萧钢构日K线图

操作总结：虽然笔的形态只有（1，1）、（-1，1）、（1，0）、（-1，0）4种，但股价走势是复杂多变的，也就造成了笔的形态的复杂。我们在分析时，也要结合其他指标来确认反转形态，这无形中增加了我们分析时的工作量。

第6章
缠论：线段

线段是在笔的基础上提出的另一个重要概念，是学习缠论技术分析的前提，而线段自身又包含了分型、笔，因此，线段结构具有很强的稳定性。

线段是构成走势中枢的重要因素，因此，学习和掌握线段的概念、线段划分的技巧就显得至关重要。

本/章/精/彩/导/读

什么是线段

线段的特征序列

线段被破坏

6.1／ 什么是线段

在缠论中，分型是形成笔的基础，笔是形成线段的基础，而线段是构成走势中枢的重要因素，因此，相对于分型和笔来说，线段的形态更多、结构更为稳定。掌握线段，也为我们下一步分析走势中枢打下了坚实的基础。

线段可被视为无内部结构的次级别走势，对我们判断股市行情有着十分重要的意义。缠论中曾提及："一切走势简化就是线段的连接。"因此，我们必须掌握线段这一基础的分析工具。

6.1.1　线段的定义

缠论中对线段的定义为：连续3笔间如果存在重叠部分，那么连接起点和终点的线就是线段。线段的前3笔必须存在重叠部分，这是形成线段的必备条件。

线段中最少的笔数为3笔，当然，5笔、7笔也可以构成线段。其中，3笔可构成最简单的线段，议是线段的最基本的形态。

线段方向由最开始的那一笔的方向决定，如果形成线段的第一笔为向上一笔，则线段就是"向上线段"；如果形成线段的第一笔为向下一笔，则线段就是"向下线段"。

由于构成线段的笔的数量为奇数，即3、5……，那么，如果线段是以向上一笔开始的，必然以向上一笔结束；如果线段是以向下一笔开始的，必然以向下一笔结束。

有了笔，那么线段就简单了，线段至少有三笔。线段无非有两种，从向上一笔开始的和从向下一笔开始的。

——缠中说禅"教你炒股票"65课

线段有一个最基本的前提，就是线段的前三笔必须有重叠的部分，这个前提在前面可能没有特别强调，这里必须特别强调一次。线段至少有三笔，但并不是连续的三笔就一定构成线段，这三笔必须有重叠的部分。缠中说禅线段分解定理：线段被破坏，当且仅当至少被有重叠部分的连续三笔的其中一笔破坏。而只要构成有重叠部分的前三笔，那么必然会形成一线段，换言之，线段破坏的充要条件，就是被另一个线段破坏。

——缠中说禅"教你炒股票"65课

从图6-1中可以看出，线段最简单的形态是由3笔构成的，且3笔间存在重叠部分。通过分析笔，我们就能判断线段，从而明确股价的走势。根据形成线段的第1笔的方向，就能判断线段的方向，如果形成线段的两笔都是向上的，则线段也是向上的，表明股价将迎来大幅上涨。

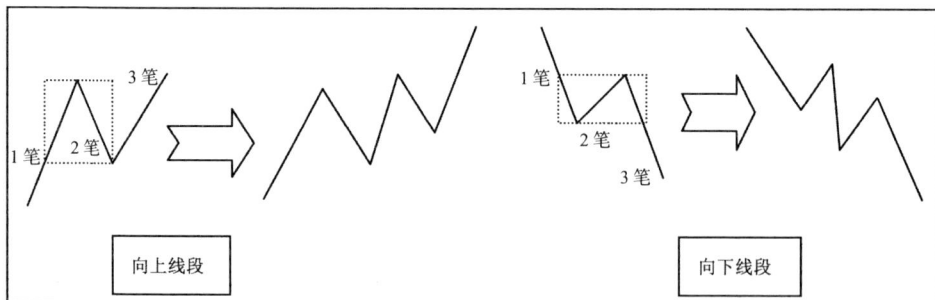

图6-1　线段的最基本形态

这里要注意，如果连续的3笔间不存在重叠部分，则无法形成线段。

1.向上线段

（1）在向上线段中存在2笔是向上的，1笔为短暂回落，3笔形成了最简单的向上线段。3笔中有向上的、有向下的，则表明股价有高有低，是我们进行短线操作的机会。

（2）股价整体上涨：在向上线段中，虽然股价有涨有跌，但整体呈上涨走势，也就是说，如果我们在向上线段出现时买进，在向上线段结束时卖出，则能从中获得可观的差额利润。如果错过了最初的建仓机会，股价回落中的一笔也是很好的建仓时机。

操作提示1：在图6-2中，AB、BC、CD为连续的3笔，且3笔间存在重叠的部分，因此AD连线就是线段。由于笔AB为向上一笔，所以线段AD为向上线段。

操作提示2：在线段AD中，第1个买点出现在位置A处，第2个买点则出现在股价回落时，即位置C处，而最佳卖点则为位置D处。

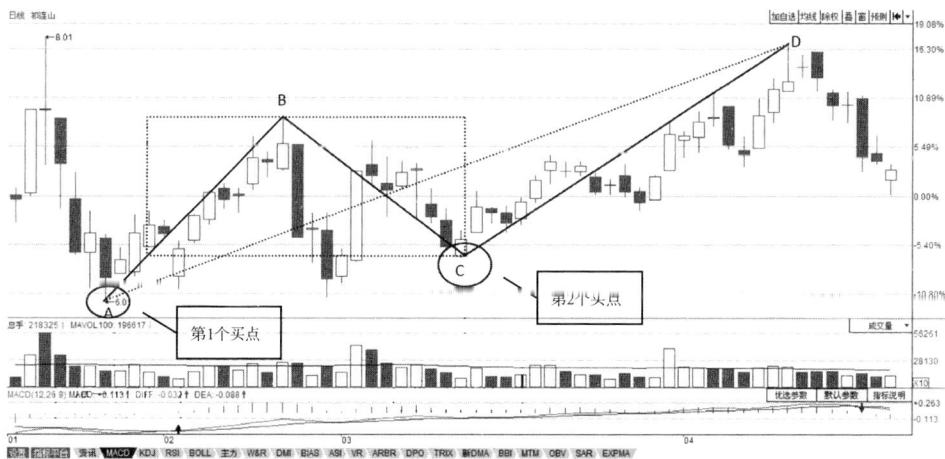

图6-2　祁连山日K线图

> **操作总结：** 由于向上线段最基本的形态是由连续的3笔形成的，所以必然存在股价高点和低点，而我们要做的就是根据向上线段的形态特征掌握买卖点，低位建仓、高位减仓。

2.向下线段

（1）在向下线段中存在2笔是向下的，1笔为短暂反弹，3笔形成了最简单的向下线段。3笔中有向上的、有向下的，表明股价有波动，而股价波动是短线交易的前提。

（2）股价整体下跌：在向下线段中，虽然这期间股价出现反弹，但整体仍呈下跌趋势，也就是说，如果我们应在向下线段出现时卖出，在向下线段结束时买进，则能从中获得可观的差额利润。如果错过了最初的卖出时机，股价反弹中形成的一笔的顶也是很好的减仓时机。

操作提示1： 在图6-3中，AB、BC、CD为连续的3笔，且3笔间存在重叠的部分，因此AD连线为线段。由于笔AB为向下一笔，所以线段AD为向下线段。

操作提示2： 在线段段AD中，第1个卖点出现在位置A处，第2个卖点则出现在股价反弹时，即位置C处，而最佳买点则出现在向下线段的终点，即位置D处。

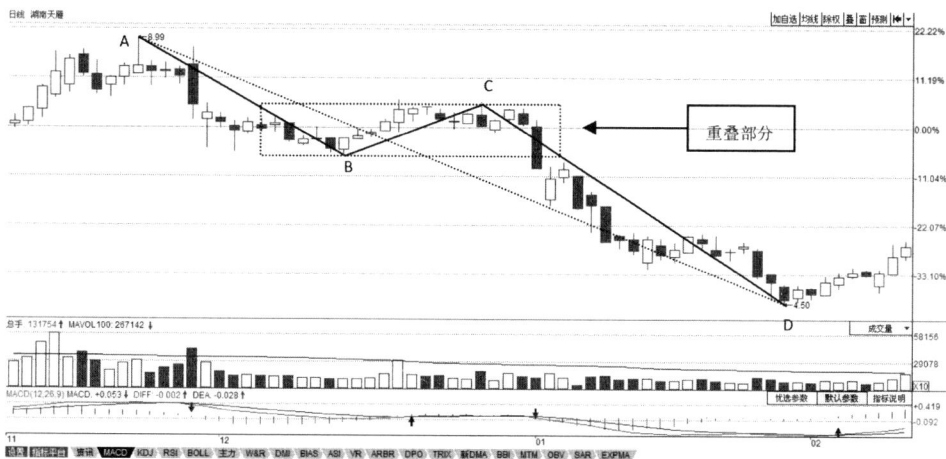

图6-3 湖南天雁日K线图

操作总结： 向下线段的买卖点是很明显的，如果在线段形成初期未能有效判断出卖点，则可在股价反弹时卖出；向下线段的整体特征为下跌趋势，可在股价跌至低位时建仓。

6.1.2 线段的复杂形态

线段最基本的形态是由3笔组成的，而实际上组成线段的笔数为奇数，可以远远大于3笔，如5笔、7笔，这就使线段变得复杂。而在实战中，我们经常会遇到形态复杂的线段，尤其是在股价双向波动幅度较大时，线段的形态会更为复杂。此时，按照线段最基本的形态进行处理会给分析带来很大的误差。

在面对形态复杂的线段时，我们通常将线段的第一笔和最后一笔，视为组成线段的两笔，而将这两笔间所存在的股价波动、复杂形态等都视为一笔，也就是将复杂形态简单化，以便我们分析个股行情、股价走势。

1.向上线段的复杂形态

（1）存在向上的两笔。不管线段形态有多复杂，向上线段必然存在向上的两笔，在向上的两笔间笔的数量不一定，可以只有一笔是向下的，构成线段最基本的形态；也可以有多笔，构成线段复杂的形态。

（2）股价虽有波动，但整体呈上涨趋势。向上线段最初的一笔为向上的一笔，是我们用来判断行情的重要工具，也是实战中的重要买点。由于股价整体是上涨的，因此，完成向上线段的过程再复杂，整体仍处于上升趋势，这对我们判断买卖点很有帮助。

操作提示1： 在图6-4中，底分型1是向上线段的起点，为股价见底反弹的信号，可建仓。顶分型1是因股价反弹至首个高位而形成的。从底分型1到顶分型1表明向上的一笔完成。

操作提示2： 顶分型1到底分型2，是因股价下跌而形成的，为向下的一笔，是完成线段的第2笔。在该形态中，股价波动幅度不大，整体走势变化较小。第3笔为底分型2到顶分型2，为向上的一笔，是因股价反弹而形成的，底分型2也是短线建仓的好时机。第4笔为顶分型2到底分型3，是向下的一笔。底分型3到顶分型3是线段的最后一笔，为向上的一笔，也是构成线段的最后一笔，表明向上线段构造完成。

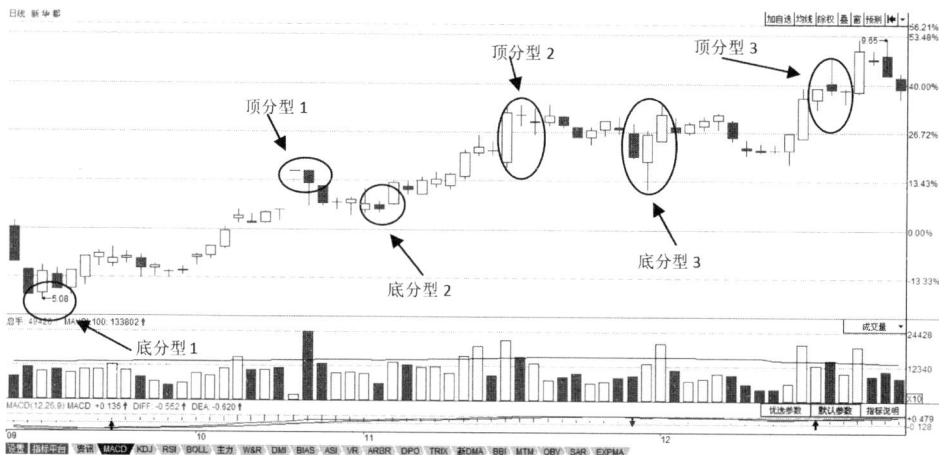

图6-4　新华都日K线图

操作总结：该图中的向上线段是由5笔构成的，最初的一笔和最后的一笔为向上的一笔，股价在5笔形成过程中呈整体上涨趋势。该向上线段的买点出现在第一个底分型形成时，如果未能把握机会，接下来股价回落形成的低点也是理想的买点。

2.向下线段的复杂形态

（1）存在向下的两笔。向下线段即使再复杂也必然会存在向下的两笔，在向下的两笔间笔的数量不固定，可以只有一笔是向上的，构成线段最基本的形态；也可以有多笔，构成线段复杂的形态。

（2）股价虽有波动，但整体呈下跌趋势。向下线段最初的一笔为向下的一笔，是我们分析行情的依据，也是实战中的重要卖点。由于股价整体是下跌的，因此，完成向下线段的过程再复杂，也无法摆脱这一大趋势，这对我们判断买卖点很有帮助。

操作提示1: 在图6-5中，该图中出现的向下线段并非最基本的形态，它不是由3笔构成的，而是由5笔构成的复杂形态。顶分型1到底分型1为向下的一笔，构成了向下线段最初的一笔，表明了线段的方向。

操作提示2: 底分型1、底分型2都是很好的建仓点，最佳卖点出现在顶分型1形成时，如果未能把握，则可在顶分型2、顶分型3形成时卖出。顶分型3到底分型3为向下的一笔，是构成向下线段的最后一笔。该向下线段是由5笔构成的，股价在5笔形成过程中呈整体下跌，也就是说，线段的复杂形态使下跌趋势能够延续下去。

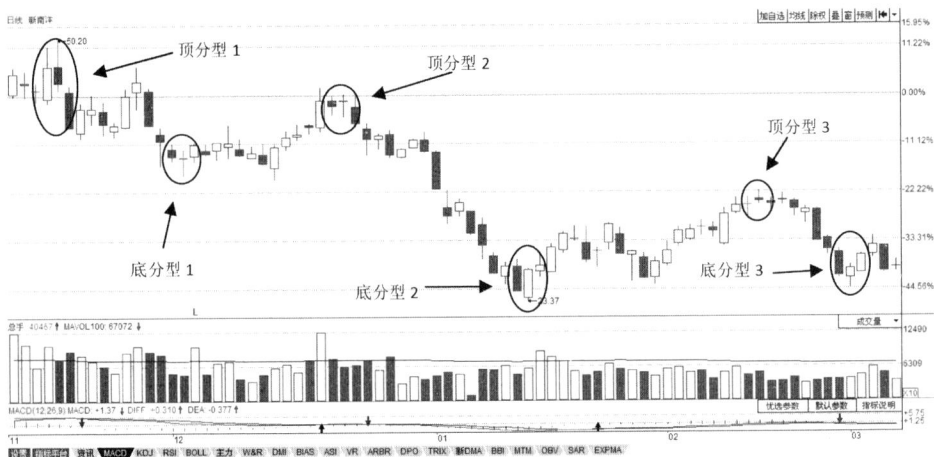

图6-5　新南洋日K线图

操作总结: 向下线段的最佳卖点无疑出现在顶分型形成时，而最佳买点则出现在底分型形成时。不过在实战中，股价双向波动幅度通常较大，短时间内股价可能多变，不过在向下线段中股价整体呈下跌趋势，这一点在分析时要格外注意，不要被眼前的股价波动所迷惑。

6.1.3　线段的延伸和结束

线段和笔都是缠论的基础，是我们分析股市必须掌握的工具，和笔一样，线段也存在延伸和结束。掌握线段的延伸、结束对我们分析股市行情、股价走势有着极大的帮助。

1.线段的延伸

线段是由3笔或者多笔组成的，线段形成后，可以延伸，也可以结束。通常在线段形成后，如果并未出现反方向的新线段，新线段和原线段的方向相同，我们可以称之为线段的延伸。

在图6-6中，AB、BC、CD 3笔构成了线段AD，由于笔AB为向上的一笔，所以AD为向上线段。向上线段AD形成后，走势并未结束，继续沿着原线段方向运行，形成新线段AH。我们可以看到线段AD后并未有反方向的新线段出现，而是出现同方向的新线段，我们可以称之为线段AD的延伸。

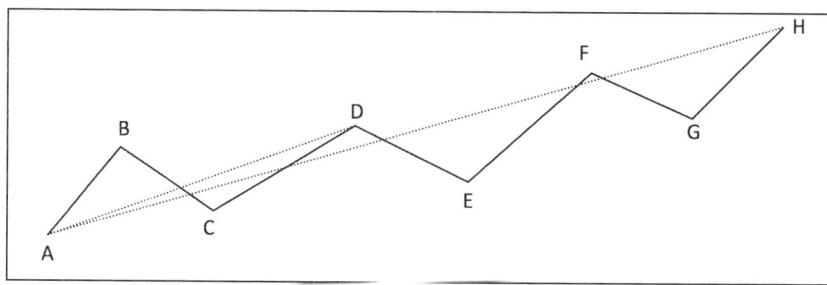

图6-6　向上线段的延伸

在图6-7中，AD为向上线段，3笔构成线段AB后走势并未停止，而是朝着相同方向运行，直至运行到位置C，形成新线段，我们称之为线段AB的延伸。

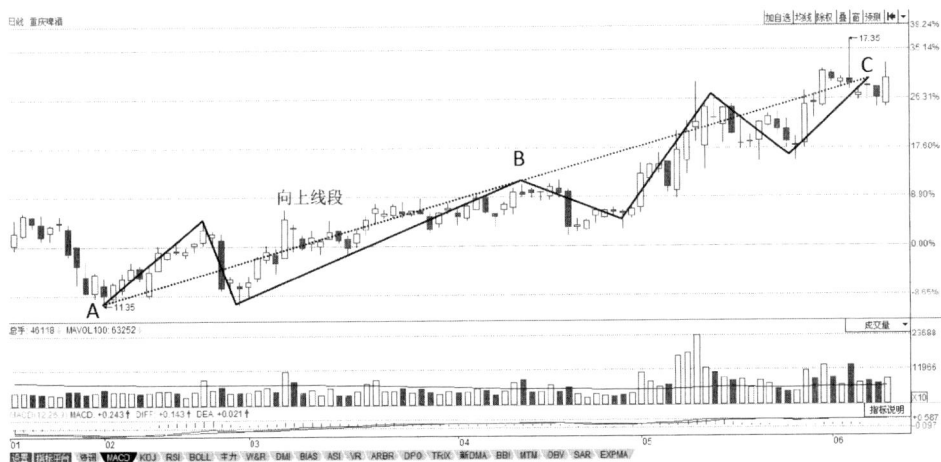

图6-7　重庆啤酒日K线图

在图6-8中，AB、BC、CD 3笔构成了线段AD，由于笔AB为向下的一笔，所以AD为向下线段。向下线段AD形成后，走势并未结束，继续沿着原线段方向运行，形成新线段AH。我们可以看到线段AD后并未有反方向的新线段出现，而是出现同方向的新线段，我们可以称之为线段AD的延伸。

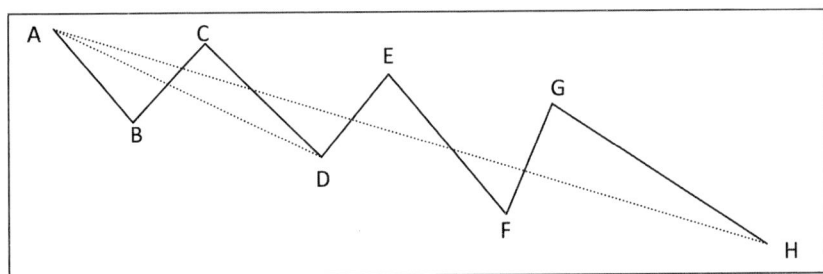

图6-8　向下线段的延伸

在图6-9中，AB为向下线段，3笔构成线段AB后走势并未停止，而是朝着相同方向运行，直至运行到位置C，形成新线段，也是向下线段，我们称之为线段AB的延伸。

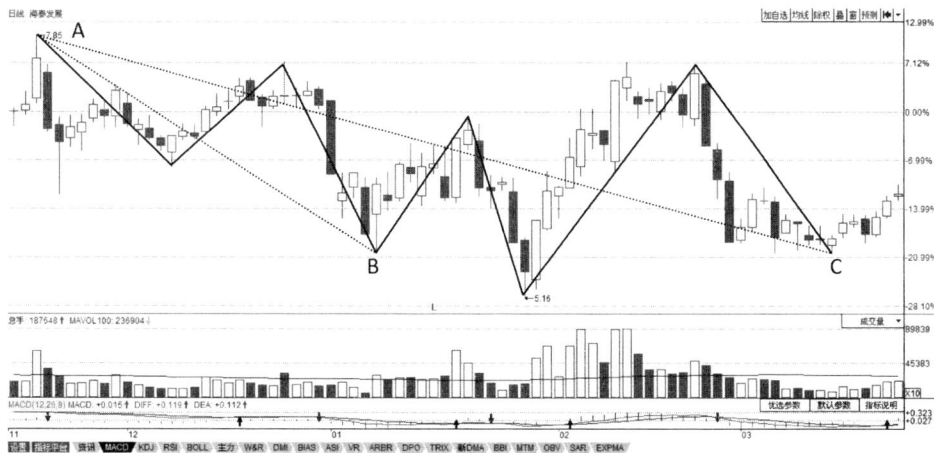

图6-9　海泰发展日K线图

2.线段的结束

当线段形成后，如果继续运行形成新线段，但新线段的方向和原线段的方向相反，则表明原线段结束，也可以说线段被线段破坏。

在图6-10中，AB、BC、CD 3笔构成了线段AD，由于笔AB为向上的一笔

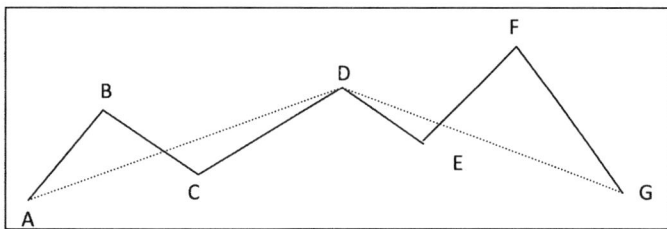

图6-10　向上线段的结束

所以AD为向上线段。向上线段AD形成后，走势并未结束，而是继续运行，构成新线段DG，我们可以看到线段DG和线段AD并不在同一方向上，表明线段AD已经结束。

在图6-11中，AB、BC、CD 3笔构成了线段AD，由于笔AB为向下的一笔，所以AD为向下线段。向下线段AD形成后，走势并未结束，而是继续运行，

构成新线段DG，我们可以看到线段AD与线段DG并不在同一方向上，表明线段AD已结束。

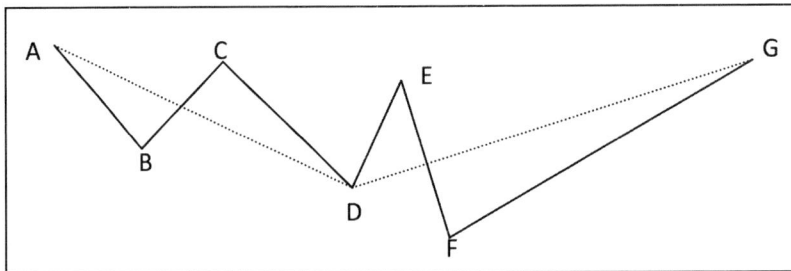

图6-11　向下线段的结束

6.2/ 线段的特征序列

在划分线段时，我们通常是按照定义去划分的，不过使用这种划分方法就如同用高、低点来分析趋势、盘整，不够严谨，且由于线段里都存在着"类似小级别转大级别"的现象，因此，这种方法的精准度较低。

为了更精准地分析线段，缠论中引入了线段的特征序列这一概念，特征序列能够帮助我们快速、精准地划分线段。有了特征序列后，就不用担心线段里会出现"类似小级别转大级别"的现象了。

6.2.1　找出线段的特征序列

特征序列，可以有效地帮助我们划分线段，判断线段是否完成、线段的终点在哪里，从而找到行情中的买卖点，增大盈利空间并提高盈利水平。

我们知道，笔分为向上的笔和向下的笔，用S代表向上的笔（S为汉字"上"的拼音的首字母），X代表向下的笔（X为汉字"下"的拼音的首字母）。而线段是由笔组成的，且分为两种，一种是由向上的笔开始的，为向上线段；另一种是由向下的笔开始的，为向下线段。

序列X1X2···Xn为以向上的笔开始的线段的特征序列；序列S1S2···Sn为以向下的笔开始的线段的特征序列。如果特征序列中的两相邻元素间没有重合区间，则称该特征序列存在一个缺口。

构成向上线段的最初的一笔为向上的笔。对于任意向上线段，用笔的序列可将其表示为：S1X1S2X2S3X3···Sn。如图6-12所示，用笔的序列可将此向上线段表示为S1X1S2X2S3X3S4，其中X1X2X3为特征序列。

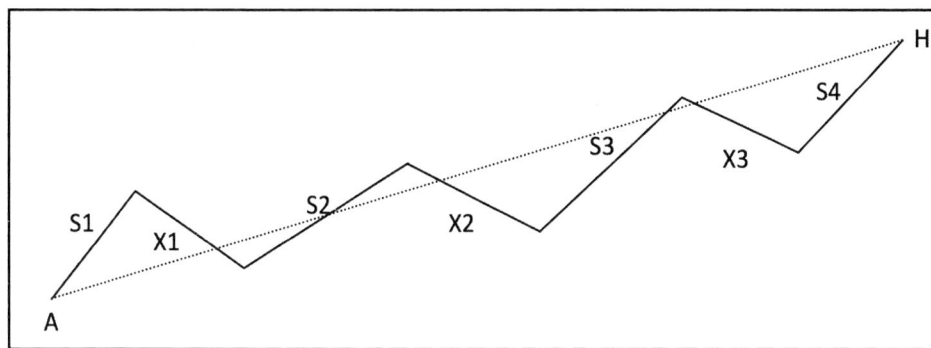

图6-12　向上线段的特征序列

构成向下线段的最初的一笔为向下的笔。对于任意向下线段，用笔的序列可将其表示为：X1S1X2S2X3S3···Xn。图6-13所示为用笔的序列可将此向下线段表示为X1S1X2S2X3S3X4，其中S1S2S3为特征序列。

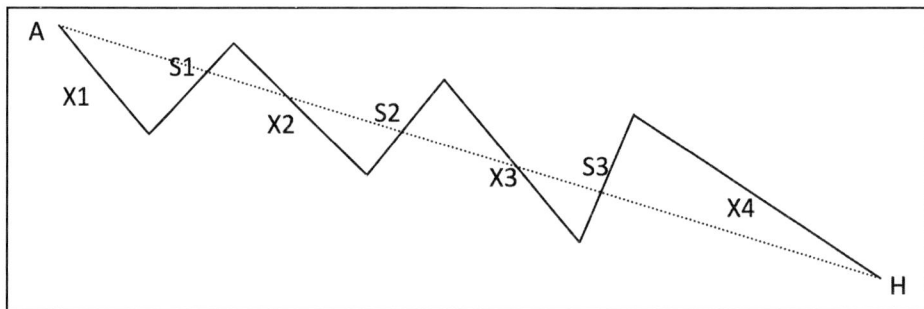

图6-13　向下线段的序列

如果特征序列的两个相邻元素间没有重合区间，则称该特征序列存在一个缺口。

在图6-14中，特征序列与线段运行趋势的方向相反，可将其视为对趋势的反抗，即线段内部的回调，从回调力度中可以查看线段运行的特征。

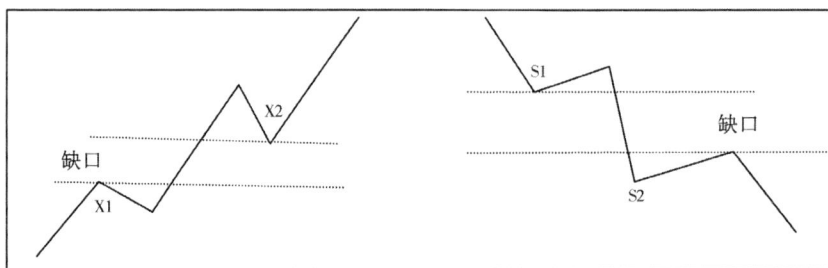

图6-14　特征序列缺口

向上线段的特征序列为X1X2X3X4…Xn，即在向上线段中，该线段的特征序列为向下的笔的序列。

向下线段的特征序列为S1S2S3S4…Sn，即在向下线段中，该线段的特征序列为向上的笔的序列。

6.2.2 特征序列元素的包含关系

1.特征序列的元素

如果将线段中特征序列的每一个元素都视为一条K线，那么这些元素之间也存在所谓的包含关系，也可以对此进行包含关系处理。经过包含关系处理的特征序列，为标准特征序列。

由上面这两句话可知元素并不等同于笔。元素的特征主要包括以下几点。

（1）在几何图形上，特征序列元素的长短和笔的高度是一样的。

（2）元素也是有方向的，其方向与其所对应的笔的方向是相同的，但与其所在线段的方向是相反的。比如，在向上线段中，线段的特征序列为向下的笔的序列，对应元素的方向向下；反之，对应元素的方向向上。

在特征序列的分型中，第一元素就是假设转折点前的线段的最后一个特征序列元素；第二元素，就是从这个转折点开始的第1笔，显然，这两者是同方向的。

在图6-15中，第一元素为转折点前的线段的最后一个特征序列元素；第二元素为转折点之后的第1笔；第三元素为转折点之后的第3笔，但这里有个前提，即第三元

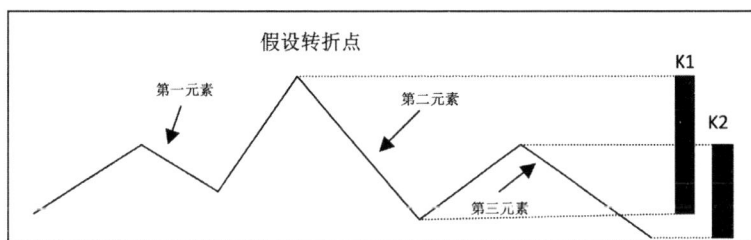

图6-15　特征序列分型

素和第二元素间不存在包含关系。如图6-15所示，K1和K2间不存在包含关系。

在图6-16中，第一元素为转折点前的线段的最后一个特征序列元素；第二元素为转折点之后的第1笔；第三元素为转折点之后的第3笔，第二元素和第三元

素之间不存在包含关系，即K1和K2间不存在包含关系。

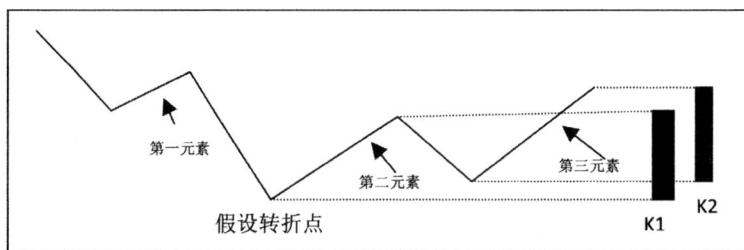

图6-16 特征序列分型的元素

2.特征序列元素的包含关系

将线段中特征序列的每一个元素都视为一根K线，如果在同一特征序列中的两个相邻元素符合K线的包含关系的相关条件，则此两元素之间存在包含关系。在探讨包含关系时，首先应明确各元素属于同一特征序列。

在处理包含关系时，特征序列元素之间所存在的包含关系必须要处理，非特征序列元素存在的包含关系可不用处理。

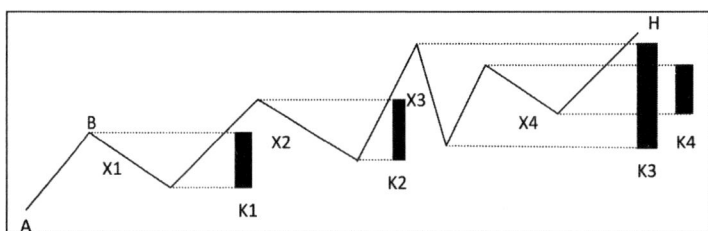

图6-17 特征序列元素的包含关系

在图6-17中，由于AB为向上的笔，因此线段AH为向上线段，X1X2X3X4为特征序列元素，方向与线段方向相反，即向下。X1对应的K线为K1，X2对应的K线为K2，X3对应的K线为K3，X4对应的K线为K4。

我们可以看到K3和K4之间存在包含关系，应进行处理。K3比K2最高点要

高，进行向上处理，即取两根K线的高点的较高者为高点，低点的较高者为低点，

将两根K线合并成新K线K5。

对特征序列元素包
含关系进行处理后，原先
的特征序列就变为标准特
征序列，即进行包含关系
处理后，元素之间不再存
在包含关系，如图6-18
所示。

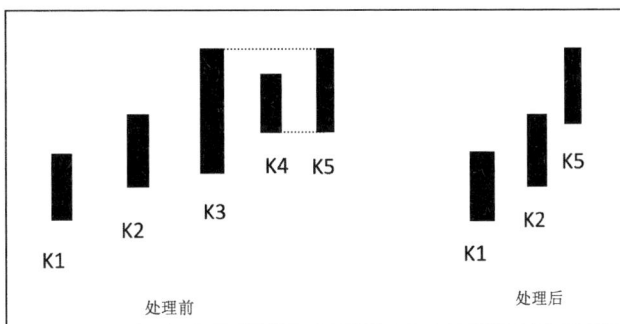

图6-18 特征序列元素包含关系的处理

6.2.3 特征序列元素包含关系处理

由于特征序列第一和第二元素间存在两种情况，即存在缺口和不存在缺
口，在处理特征序列元素之间的包含关系时也应将其分为两种情况来处理。

1.第一元素和第二元素之间不存在缺口

如果特征序列的第一元素和第二元素两者间不存在缺口，则线段在该顶分
型的高点结束，该高点为线段的终点；若为底分型，则线段在该底分型的低点结
束，该低点为线段的终点，如图6-19所示。

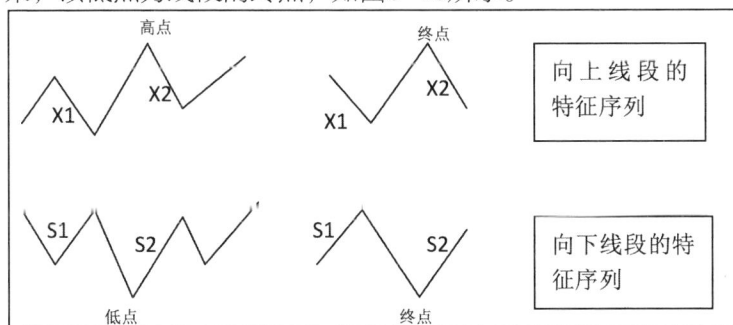

图6-19 不存在缺口

在 此 情 况
下，对于特征序
列的第一元素和
第二元素间的包
含关系，不予以
处理，但对于其

余特征序列元素间存在的包含关系要按照下面的规则处理：向上线段中的特征序列元素间的包含关系，应进行向上处理；向下线段中的特征序列元素间的包含关系，应进行向下处理。

图6-20看起来
很复杂，但我们在分
析时，只要找到其特
征序列就很好分析
了。笔0-1方向为向
下，因此线段0-3的
方向也为向下，属于

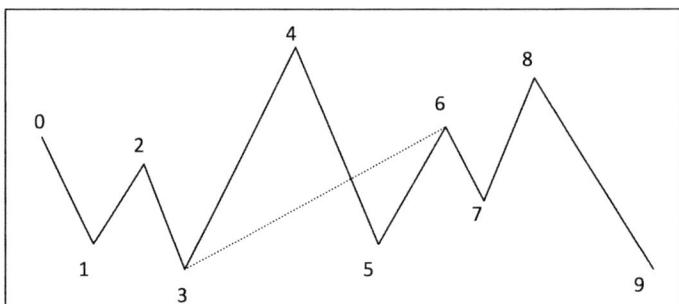

图6-20　处理特征序列元素间的包含关系

第一种情况的笔破坏。特征序列3-4、5-6之间存在包含关系，应进行包含关系处理，因线段0-3方向为向下，所以处理包含关系时应进行向下处理，合并为3-6。

因此，7-8明显和1-2、3-6构成底分型，为第一种情况的笔破坏后延伸出的标准特征序列分型，符合线段被破坏的条件。换句话说，在此图中至少存在两个线段。

我们往下分析，很明显8-9也属于第一种情况的笔破坏，在其后面也会延伸出特征序列分型，构成第3个线段，也就是说，此图中存在3个线段。

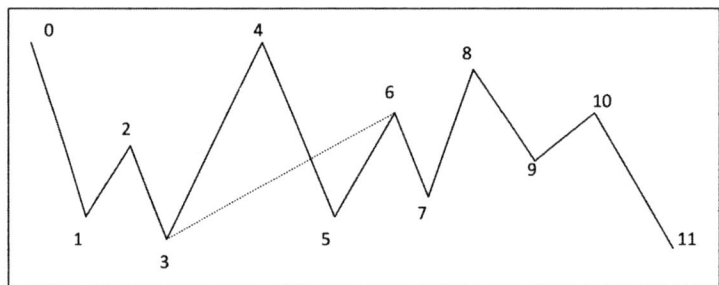

图6-21　特征序列包含关系的处理

在分析图6-21
时，我们首先找
到其特征序列。
1-2，3-4，5-6，
7-8，9-10为特征
序列。由于笔0-1

的方向为向下，因此线段0-3的方向也为向下，属于第一种情况的笔破坏。我们可以看到在3-4、5-6、7-8中，3-4、5-6之间存在包含关系，应进行包含关系处理，因线段0-3为向下，所以处理包含关系时应向下处理，合并为3-6。因此，7-8明显和1-2、3-6构成底分型，为第一种情况的笔破坏后延伸出的标准特征序列分型，符合线段被破坏的条件。换句话说，在此图中至少存在两个线段。我们往下分析，9-10和7-8属于包含关系，所以我们可以认为第2个线段延伸到了10，而在其后只有10-11一笔，因此，必须再看两笔才知道是否满足第一种类型后继续延伸出的特征序列分型的基本线段被破坏的要求，也就是该图尚未完成。如果位置9跌破位置7，而10的位置保持不变，则图中就会形成第3个线段。

2.第一元素和第二元素存在缺口

在特征序列的顶分型中，假设第一元素和第二元素存在缺口，那么从该分型最高点开始的向下的一笔，则为底分型的最初的一笔，意味着原线段在顶分型高点结束，顶分型高点为线段的终点，如图6-22所示。

在特征序列的底分型中，如果第一元素和第二元素存在缺口，那么从该分型的最低点开始的向上的一笔，则为顶分型的最初的一笔，意味着原线段在底分型低点结束，底分型的低点为线段的终点。

如果特征序列的第一元素和第二元素两者间存在缺口，特征序列间的包含关系应按照第1种情况处理。然后处理第2个线段的特征序列，第2个线段的特征序列元素中存在包含关系的，按照第2个线段

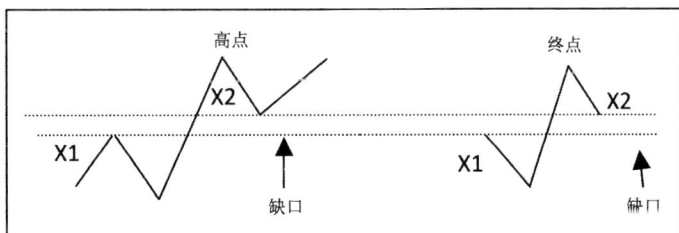

图6-22　存在缺口

135

的方向来决定进行向上或者向下处理。第2个线段的特征序列所在线段为向上线段，则应进行向上处理；第2个线段的特征序列所在线段为向下线段，则应进行向下处理。不过要注意的是，如果第2个线段的特征元素的第一元素和第二元素之间存在包含关系，也应先进行包含关系处理。

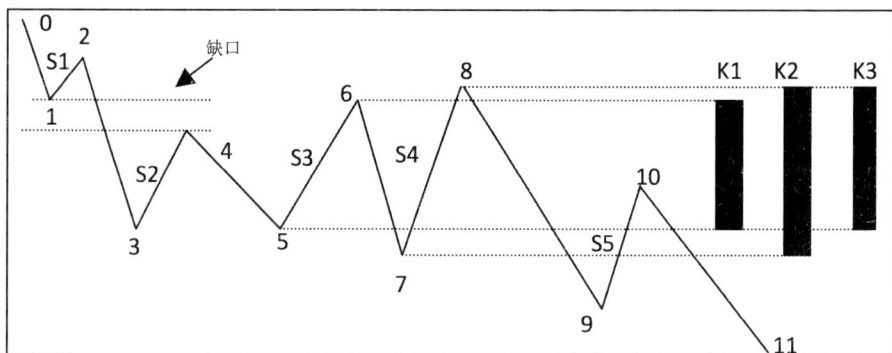

图6-23　特征序列元素间包含关系处理

在图6-23中，假设3为低点，由于S1和S2间存在特征序列的缺口，属于第2种情况，观察S3、S4、S5能否构成顶分型。由于笔0-1的方向为向下，所以线段0-3为向下线段。S3和S4为包含关系，应按照第2个线段的特征序列所在的线段方向进行包含关系处理，因S3和S4所在线段为向上线段，所以处理两者间的包含关系时应进行向上处理，即取两根K线高点的最高点为高点，取两根K线低点中的较高者为低点，合并处理。S3对应K线为K1，S4对应K线为K2，对K1和K2进行包含关系处理后形成新K线K3。

图6-24是一个较为复杂的图形，我们首先寻找该图形中的特征序列，假设3为顶点，由于X1和X2间存在特征序列的缺口，属于第2种情况，观察S3、S4、S5能否构成底分型。由于笔0-1的方向为向上，所以线段0-3为向上线段。

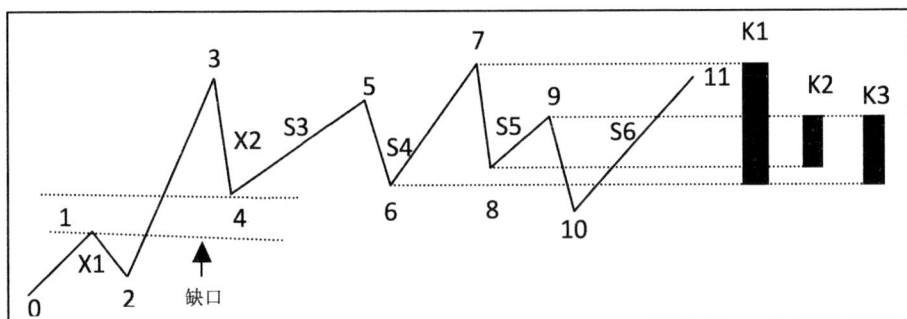

图6-24　特征序列元素间包含关系处理

我们可以看到S4和S5为包含关系，应按照第2个线段的特征序列所在的线段方向进行包含关系处理，因S4和S5所在线段为向下线段，所以处理两者间的包含关系时应进行向下处理，即取两根K线低点的最低点为低点，取两根K线高点中的较低者为高点，合并处理。S4对应K线为K1，S5对应K线为K2，对K1和K2进行包含关系处理后形成新K线K3。

6.2.4　特征序列与线段划分

线段划分通常有两个方法，方法一是线段的概念以及线段的破坏，这一方法我们将在6.3节中详细讲述；方法二是依靠特征序列来划分。

线段划分对我们分析股市行情很有帮助，然而在实战中很多人都无法准确划分线段，主要原因在于没有掌握特征序列，而线段划分的重点就是线段的特征序列元素间包含关系的处理，尤其是运用标准特征序列来划分线段。这种方法的使用是有前提的，即必须出现了标准特征序列的分型。不然，我们很难准确划分线段。

划分线段时首先要弄清楚该线段的特征序列，然后是进行包含关系处理后的标准特征序列，分辨标准特征序列的分型，最后确认分型的第一元素和第二元素是否存在特征序列的缺口，并按照对应的方式进行处理。

因此，找到线段的特征序列是我们进行线段划分的第1个步骤。

在图6-25中，线段1-6的特征序列明显属于第1种情况，即第一元素和第二元素间不存在特征序列的缺口，1-2为向上的一笔，因此线段1-6为向上线段，而6为线段的终点。同理，线段6-15的特征序列也属于第1种情况，15也为线段的终点。11-12和13-14为包含关系，其所属的线段属于向下线段，所以处理包含关系时应进行向下处理，即

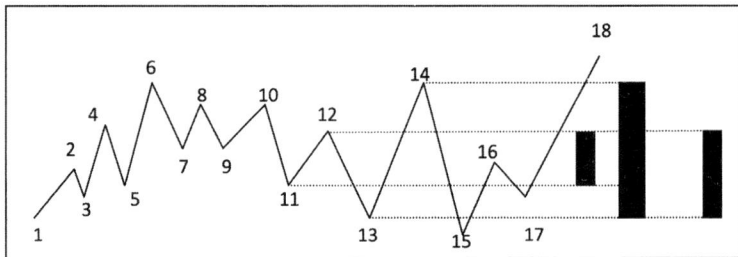

图6-25　特征序列与线段划分

取两根K线高点的较低者为高点，取两根K线低点的最低点为低点。因此，在图6-25中有3个线段，即1-6，6-15，15-18。

操作提示1： 在图6-26中，假设4为低点，由于S1和S2间存在特征序列的缺口，所以属于第2种情况。由于笔1-2的方向为向下，所以线段1-4为向下线段。

操作提示2： 向下线段1-4形成后，又朝着反方向运行，形成向上线段4-7，意味着原线段1-4结束，考虑到第2条线段的特征序列元素间不存在包含关系，因此不需进行包含关系处理。

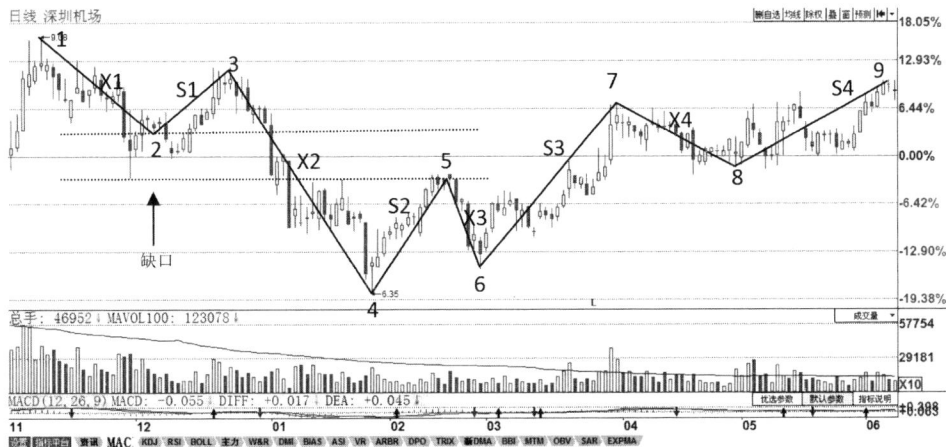

图6-26　深圳机场日K线图

> **操作总结：** 特征序列是我们划分线段的重要依据，特征序列并不难掌握，但要灵活运用，严格遵守缠论中的特征序列的要求，分辨特征序列第一元素和第二元素间是否存在缺口，然后分情况处理。对于特征序列元素间存在包含关系的，要严格按照包含关系处理原则来处理。

6.3 / 线段被破坏

　　线段可以作为对次级别走势的描述，而了解本级别通常从次级别开始，因此，分析线段就显得至关重要，尤其是线段划分。

　　线段划分是我们分析个股价格走势、股市行情的重要依据，不过在划分中经常会遇到线段被破坏的情况，严重干扰我们的判断。事实上，很多人之所以无法正确划分线段，主要是因为不了解线段的特征序列和线段被破坏，包括如何对特征序列元素间包含关系进行处理。划分线段的关键点通常在于发现线段的破坏点。

线段被破坏情况在K线图中经常可见，了解线段被破坏的情况，有助于我们掌握行情，找到买卖点，增大盈利空间并提高盈利水平。

6.3.1　线段被破坏的两种情况

1.线段被笔破坏

线段被笔破坏可分为两种情况，即向上线段被向下的笔破坏和向下线段被向上的笔破坏，具体如下。

第1种情况。对于向上线段（最初的一笔为向上一笔的线段），其中的分型构成这样的序列：d1g1d2g2d3g3…d_ig_i（其中d_i代表第i个底，g_i代表第i个顶）。如果存在i和j，且$j \geq i+2$，使得$d_j \leq g_i$，那么称向上线段被笔破坏。

第2种情况。对于向下线段（最初的一笔为向下一笔的线段），其中的分型构成这样的序列：g1d1g2d2…g_id_i（其中d_i代表第i个底，g_i代表第i个顶）。如果存在i和j，且$j \geq i+2$，使得$g_j \geq d_i$，那么称向下线段被笔破坏。

对于从向上一笔开始的，其中的分型构成这样的序列：d1g1d2g2d3g3…d_ig_i（其中d_i代表第i个底，g_i代表第i个顶）。如果找到i和j，$j \geq i+2$，使得$d_j \leq g_i$，那么称向上线段被笔破坏。

对于从向下一笔开始的，其中的分型构成这样的序列：g1d1g2d2…g_id_i（其中d_i代表第i个底，g_i代表第i个顶）。如果找到i和j，$j \geq i+2$，使得$g_j \geq d_i$，那么称向下线段被笔破坏。

——缠中说禅"教你炒股票"65课

在图6-27中，笔d1g1为向上的一笔，因此线段d1g2为向上线段；笔g2d3是以g2为起点的向下的一笔，且d3＜g1，表明原线段d1g2被破坏，属于第1种情况。

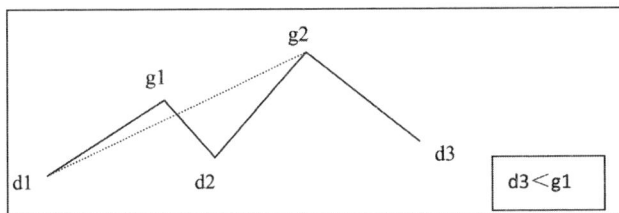

图6-27　向上线段被向下的笔破坏

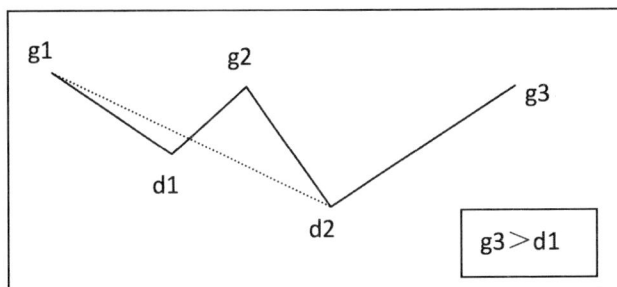

图6-28　向下线段被向上的笔破坏

在图6-28中，笔g1d1为向下的一笔，因此线段g1d2为向下线段；笔d2g3是以d2为起点的向上的一笔，且g3＞d1，表明原线段g1d2被破坏，属于第2种情况。

2.线段被线段破坏

线段被线段破坏有个前提条件：线段只能被相反方向的线段破坏，也就是向上线段只能被向下线段（最初的一笔为向下的一笔）破坏，向下线段只能被向上线段（最初的一笔为向上的一笔）破坏。也就是说，线段被线段破坏也分为两种情况：第1种情况为向上线段被向下线段破坏；第2种情况为向下线段被向上线段破坏。

在图6-29中，笔d1g1、g1d2、d2g2这3笔构成线段d1g2，由于笔d1g1为向上的一笔，因此线段d1g2为向上线段。笔g2d3、d3g3、g3d4这3笔构成线段g2d4，由于笔g2d3为向下的一笔，因此线段g2d4为向下线段，且d3＜g1，表明原线段d1g2被新线段g2d4破坏，属于第1种情况。

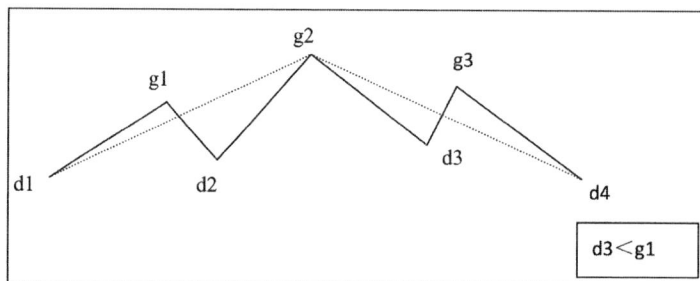

图6-29 向上线段被向下线段破坏

在图6-30中，笔g1d1、d1g2、g2d2这3笔构成线段g1d2，由于笔g1d1为向下的一笔，因此线段g1d2为向下线段。笔d2g3、g3d3、d3g4这3笔构成线段d2g4，由于笔d2g3为向上的一笔，因此线段d2g4为向上线段，且g3＞d1，表明原线段g1d2被新线段d2g4破坏，属于第2种情况。

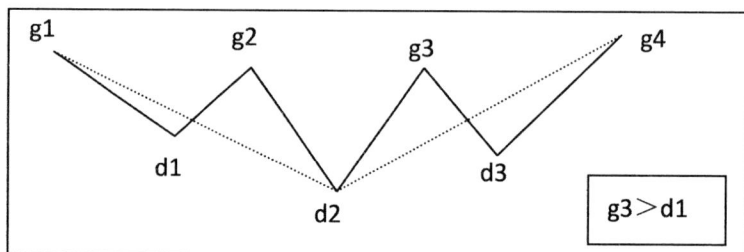

图6-30 向下线段被向上线段破坏

6.3.2 线段被破坏的判定标准

线段结束有个前提条件，即出现特征序列的分型。线段的结束必然伴随着特征序列的分型的出现，但反过来并不成立。

在判断线段时，应遵守以下原则。

对于向上线段（最初的一笔为向上一笔的线段）的特征序列，只分析顶分型即可。

对于向下线段（最初的一笔为向下一笔的线段）的特征序列，只分析底分型即可。

将某个转折点当作两条线段的分界点。在特征序列分型中，第一元素就是该假设转折点前的线段的最后一个特征序列元素；在特征序列分型中，第二元素就是从该转折点开始的第1笔。判断第一元素和第二元素两者间是否存在特征序列的缺口，然后将其分为两种情况来处理。

特征序列的分型中，第一元素就是该假设转折点前线段的最后一个特征元素，第二个元素，就是从这转折点开始的第一笔，显然，这两者之间是同方向的，因此，如果这两者之间有缺口，那么就是第二种情况，否则就是第一种，然后根据定义来考察就可以。

——缠中说禅"教你炒股票"71课

1.第1种情况：不存在特征序列的缺口

特征序列的分型分为顶分型和底分型两种，若第一元素和第二元素之间不存在特征序列的缺口，在进行处理时应分别注意以下情况。

如果出现特征序列的顶分型，且第一元素和第二元素之间不存在特征序列的缺口，则意味着原线段在顶分型的高点结束，高点即是原线段的终点；

如果出现特征序列的底分型，且第一元素和第二元素之间不存在特征序列的缺口，则意味着原线段在底分型的低点结束，低点即为原线段的终点。

在图6-31中，笔d1g1、g1d2、d2g2这3笔构成向上线段d1g2，笔g2d3、d3g3、g3d4这3笔构成向下线段g2d4。假设g2为转折点，则X1为第一元素，X2为第二元素，X3为第三元素，我们可以看到，在该图中出现了特征序列的顶分型，表明线段d1g2在g2处结束，且g2为线段d1g2的终点。

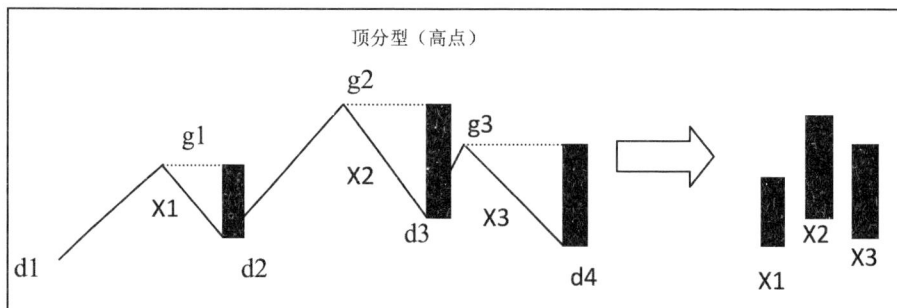

图6-31　向上线段只分析顶分型

在图6-32中，笔g1d1、d1g2、g2d2这3笔构成向下线段g1d2，笔d2g3、g3d3、d3g4这3笔构成向上线段d2g4。假设d2为转折点，则S1为第一元素，S2为第二元素，S3为第三元素，我们可以看到，在该图中出现了特征序列的底分型，表明线段g1d2，在d2处结束，且d2为线段g1d2的终点。

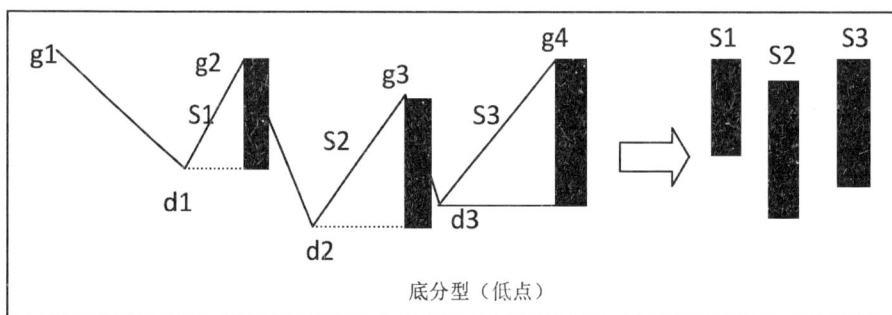

图6-32　向下线段只分析底分型

在找出特征序列后，我们通常会先处理特征序列元素间的包含关系，不过，若是分型中的第一元素和第二元素之间存在包含关系，可视为不存在包含关系，也就是不用将第一元素和第二元素处理为标准特征序列。

2.第2种情况：存在特征序列的缺口

如果在特征序列的分型中，第一元素和第二元素间存在特征序列的缺口，则属于第2种情况，在分析时要注意以下几点。

在特征序列的顶分型中，第一元素和第二元素之间存在特征序列的缺口，如果从该分型最高点开始的向下一笔开始的序列中的特征序列出现底分型，那么该线段在该顶分型的高点处结束，该高点是该线段的终点。

在特征序列的底分型中，第一元素和第二元素之间存在特征序列的缺口，如果从该分型最低点开始的向上一笔开始的序列中的特征序列出现顶分型，那么该线段在该底分型的低点处结束，该低点是该线段的终点。

特征序列的顶分型中，第一和第二元素间存在特征序列的缺口，如果从该分型最高点开始的向下一笔开始的序列的特征序列出现底分型，那么该线段在该顶分型的高点处结束，该高点是该线段的终点；特征序列的底分型中，第一和第二元素间存在特征序列的缺口，如果从该分型最低点开始的向上一笔开始的序列的特征序列出现顶分型，那么该线段在该底分型的低点处结束，该低点是该线段的终点。

——缠中说禅"教你炒股票"67课

在图6-33中，假设g2为转折点，则X1为第一元素，X2为第二元素，由于X1、X2间存在特征序列的缺口，所以为第2种情况。观察从该分型最高点g2开始的向下一笔开始的序列中的特征序列，也就是观察X2、X3、X4，我们发现特征序列出现了底分型，即X2、X3、X4构成了底分型，表明线段d1g2在g2处结束，高点g2为该线段的终点。

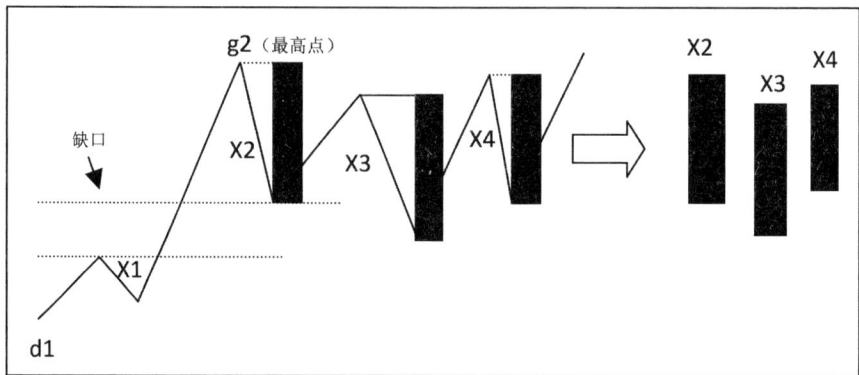

图6-33　出现底分型

在图6-34中，假设d2为转折点，则S1为第一元素，S2为第二元素，由于S1、S2间存在特征序列的缺口，属于第2种情况。观察从该分型最低点d2开始的向上一笔开始的序列中的特征序列，也就是观察S2、S3、S4，我们发现特征序列出现了顶分型，即S2、S3、S4构成了顶分型，表明线段g1d2在d2处结束，最低点d2为该线段的终点。

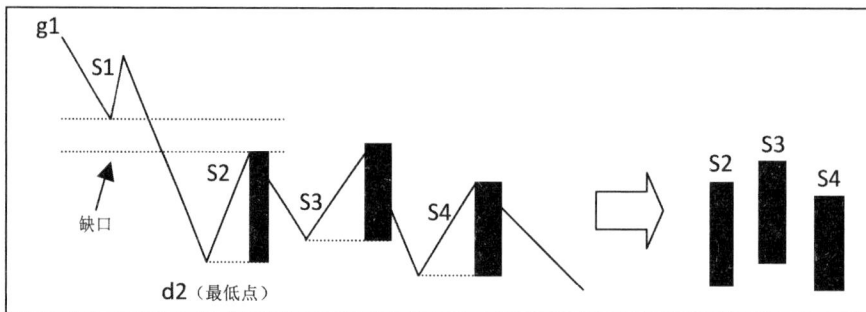

图6-34　出现顶分型

在分析时要注意：特征序列的第一元素和第二元素间如果存在包含关系，也应视作不含有包含关系，也就是不必将第一元素和第二元素处理为标准特征序列；不过在分析第2个线段的特征序列时，如果该序列的第一元素和第二元素之间存在包含关系，则应先进行包含关系的处理。在第2个线段的特征序列中，判断分型时不用再考虑是否存在特征序列的缺口，只需分析分型即可。

强调，在第二种情况下，后一特征序列不一定封闭前一特征序列相应的缺口，而且，第二个序列中的分型，不分第一、二种情况，只要有分型就可以。

——缠中说禅"教你炒股票"67课

另外也要注意，在第2种情况中，后面出现的特征序列不一定会封闭前面特征序列出现的缺口，形成未封闭缺口形态。

在图6-35中，假设g2为转折点，则X1为第一元素，X2为第二元素，由于X1、X2间存在特征序列的缺口，所以为第2种情况。观察从该分型最高点g2开始的向下一笔开始的序列中的特征序列，也就是观察X2、X3，我们发现图中存在缺口未封闭的情况。对于这种情况，我们要观察第二特征序列是否出现了底分型，如果出现，则表明原线段d1g2结束。

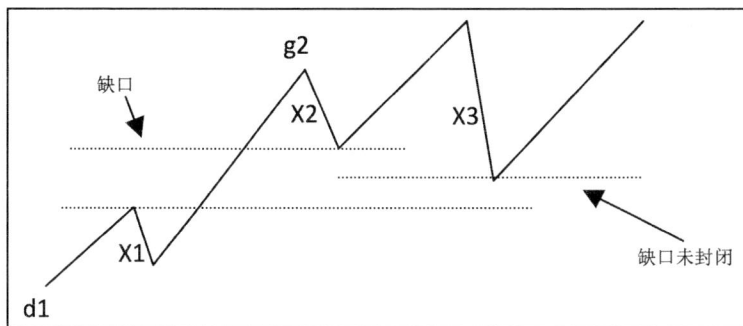

图6-35 缺口未封闭（1）

在图6-36中，假设d2为转折点，则S1为第一元素，S2为第二元素，由于S1、S2间存在特征序列的缺口，属于第2种情况。观察从该分型最低点d2开始的向上一笔开始的序列中的特征序列，我们发现出现了缺口未封闭的情况，但图中出现顶分型形态，表明原线段g1d2结束。也就是说，即使存在缺口未封闭的情况，但只要出现相应的分型，也意味着原线段结束。

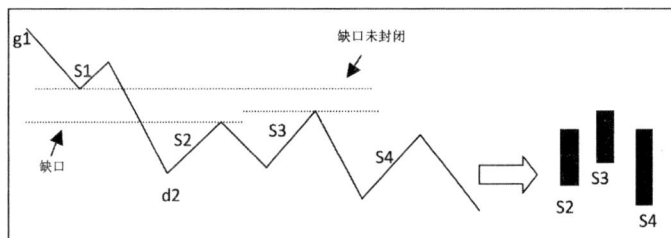

图6-36　缺口未封闭（2）

6.3.3　线段被笔或线段破坏

线段被破坏可以是由笔引起的，也可以是由线段引起的，但线段被笔破坏，并不代表线段被线段破坏；线段被线段破坏，则线段也不一定被笔破坏。这是线段被笔破坏和线段被线段破坏间的关系。

线段被笔破坏、线段被线段破坏之间的关系有以下3种。

1.线段被笔破坏，不代表被线段破坏

在图6-37中的左侧图中，由于g1d1为向下的一笔，因此线段g1d2为向下线段，但线段被向上的一笔d2g3破坏。线段虽被向上的一笔破坏，但仍继续延伸到d3，也就是线段g1d2并未遭到破坏。右侧图中，笔d1g1为向上的一笔，因此线段d1g2为向上线段，但线段被向下的一笔g2d3破坏。线段虽然被向下的一笔破坏，但仍继续延伸到g3，换句话说，线段d1g3并未被破坏。

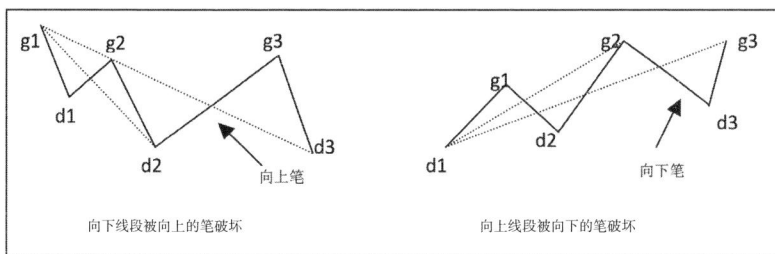

图6-37　线段被笔破坏

2.线段被线段破坏，但没有被笔破坏

在图6-38中，线段d1g2的最初的一笔d1g1为向上的一笔，因此该线段为向上线段；线段d1g2形成后，朝着反方向运行，形成

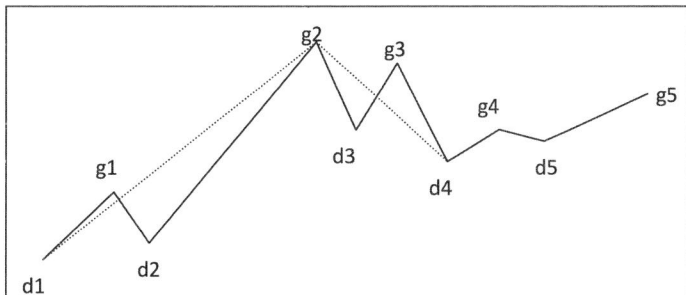

图6-38　向上线段被向下线段破坏

新线段g2d4，由于g2d4的最初的一笔g2d3为向下的一笔，因此该线段为向下线段，也就是线段d1g2被线段g2d4破坏，线段d1g2结束。不过向下的一笔g2d3和g3d4都未破坏线段d1g2。

在图6-39中，线段g1d2的最初的一笔g1d1为向下的一笔，因此该线段为向下线段；线段

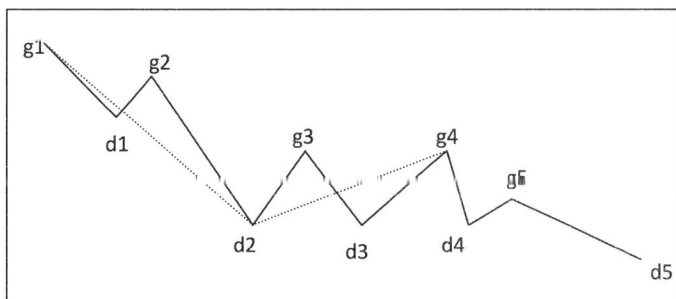

图6-39　向下线段被向上线段破坏

g1d2形成后，朝着反方向运行，形成新线段d2g4，由于d2g4的最初的一笔d2g3为向上的一笔，因此该线段为向上线段，也就是线段g1d2被线段d2g4破坏，线段g1d2结束。不过向上的一笔d2g3和d3g4都未破坏线段g1d2。

3.线段被线段破坏，同时被笔破坏

在图6-40中，笔d1g1为线段d1g2的最初的一笔，且为向上一笔，因此线段d1g2为向上线段；随后线段d1g2朝着反方向运行，形成新线段

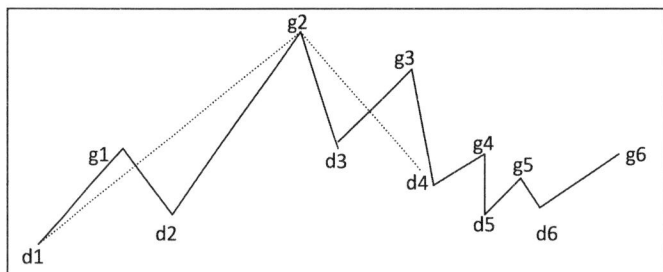

图6-40　向上线段被线段和笔破坏

g2d4，由于最初一笔g2d3为向下的一笔，所以线段g2d4为向下线段，即线段d1g2被线段g2d4破坏，同时，d4＜g1，线段d1g2被笔g3d4破坏。

在图6-41中，笔g1d1是线段g1d2的最初的一笔，且为向下一笔，因此线段g1d2为向下线段；随后朝着反方向运行，形成新线段d2g4，由于最初的一笔d2g3为向上的一笔，所以线段d2g4为向上线段，即线段g1d2被线段

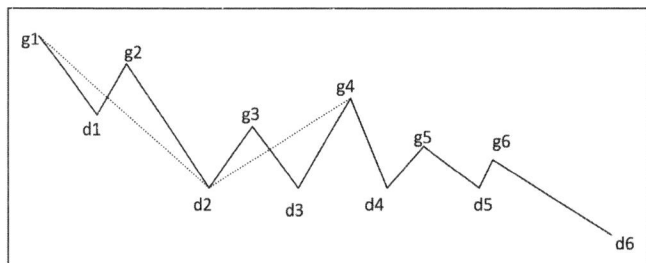

图6-41　向下线段被线段和笔破坏

d2g4破坏，同时，g4＞d1，线段g1d2被笔d3g4破坏。

6.3.4 实战解析

笔是缠论的基础，而线段是由笔组成的，可以说，在缠论中，线段是比笔更大的形态，更能表现出股价走势和行情。但解析线段的难度比解析笔的难度要高很多，尤其是线段被破坏，为方便读者更深入地理解这一理论，笔者从最简单的线段被破坏的实战案例，到特征序列处理的实战案例，逐一进行分析和讲解。

1.最简单的线段被破坏的实战案例

实战要点如下。

（1）找出构成线段的3笔。最简单的线段形态是由3笔构成的，也就是只有由3笔构成的线段，我们才能对其进行分析，寻找其中的最佳买卖点。构成线段的最初一笔为向上一笔，则线段为向上线段；构成线段的最初一笔为向下一笔，则线段为向下线段，判断线段方向对我们分析股价走势有极大的帮助。

（2）3笔间必须存在重叠部分。仅有3笔是无法构成线段的，还有个必备条件，即3笔间存在重叠部分。笔是缠论中最基础的分析单位，线段的形态大小至少是笔形态大小的3倍，从整体来说，线段比笔更能彰显出股价走势的本质。

操作提示1： 在图6-42中，当成交量达到天量时，空方力量逐渐减弱，股价随即创新高，见顶价格为13.16元，然后陷入单边下跌走势中。意味着股价在上涨过程中形成向上一笔，为"底分型+K线+顶分型"；而在单边下跌走势中形成向下一笔，为"顶分型+K线+底分型"；随后股价反弹形成向上一笔，线段由"向上一笔+向下一笔+向上一笔"构成，此线段为缠论中最简单的线段形态。

操作提示2： 从MACD指标走势来看，股价见顶回落后，MACD指标中的DIF曲线向上突破DEA曲线，形成黄金交叉，为买进信号，是建仓的好时机。在这一过程中，形成了缠论线段的第2笔。而股价反弹后，MACD指标走势与股价走势相对应，当DIF曲线跌破DEA曲线时，形成死亡交叉，为卖出信号，是高抛获利的好时机。在这个过程中，线段的最后一笔形成。

图6-42　信隆实业日K线图

操作总结：在线段形成的过程中，我们发现股价既会出现上涨走势，也会出现下跌走势，甚至在短时间内股价双向波动幅度很大，但这并不影响我们判断股价走势。实战中，线段通常能为我们提供多个买卖点，尤其利用好线段的第2笔所具有的特质，能帮我们实现短线获利。

2.线段的特征序列的处理

实战要点如下。

（1）找出线段的特征序列。如果只是依靠线段的定义来划分线段，是无法满足我们分析股价走势的需求的，因此我们需要找出线段的特征序列，这是缠论中提到的划分线段的最有效的方法。在这里尤其要注意线段的方向。

（2）处理特征序列元素间的包含关系。首先要判断特征序列的第一元素和第二元素间是否存在缺口，然后将其分为两种情况，不过通常不对其进行包含关系处理。但如果第2条线段的特征序列中的第一元素和第二元素之间存在包含关系，则需按包含关系处理的原则进行包含关系处理，使之成为标准特征序列。

操作提示1：假设g2为转折点，则X1为特征序列的第一元素，X2为特征序列的
　　　　　　第二元素，X1和X2间不存在特征序列的缺口，X1和X2存在包含关
　　　　　　系，但不需要进行包含关系处理。向上线段d1g2形成后，特征序列
　　　　　　并未出现底分型，意味着线段仍在延伸，延伸至g3点，线段d1g3为
　　　　　　线段d1g2的延伸。

　　　　　　在图6-43中，将g3点开始的向下一笔当成K线，观察向下一笔组成
　　　　　　的特征序列有无分型出现，特征序列元素X3对应的K线为K3，X4
　　　　　　对应的K线为K4，X5对应的K线为K5，在K3、K4、K5中，3根K线
　　　　　　间不存在包含关系，无须进行包含关系处理。我们可以看到K4的
　　　　　　高点为3根K线高点的最低点，K4的低点为3根K线低点的最低点，
　　　　　　也就是3根K线构成了底分型，表明线段d1g3被线段g3d6破坏，即原
　　　　　　线段d1g3在g3点结束，g3点为线段d1g3的终点。

操作提示2：d1为线段d1g3的起点，g3为该线段的终点，且由于该线段为向上线
　　　　　　段，因此，在线段形成的过程中，最佳买点出现在d1处，而最佳卖
　　　　　　点出现在g3处。

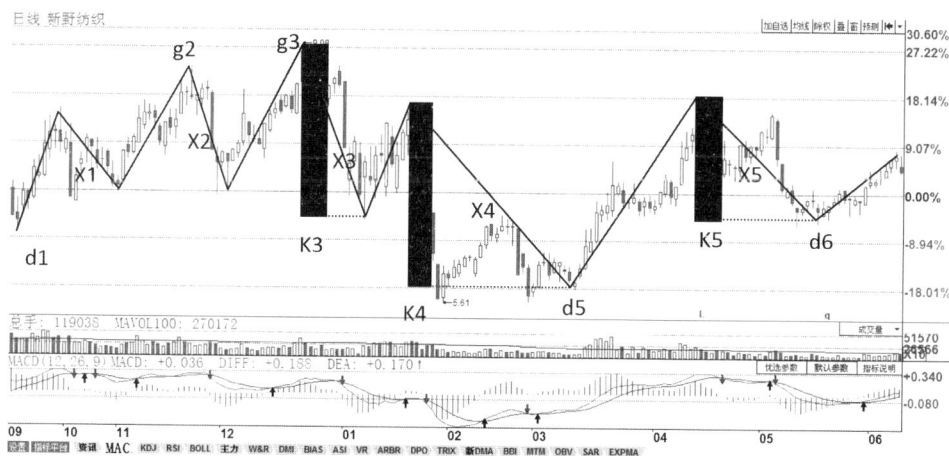

图6-43　新野纺织日K线图

操作总结：标准特征序列和线段的定义是我们划分线段的两个主要依据，但在实战中，我们更多地根据标准特征序列来划分线段，当特征序列出现相应的分型后，则表明原线段结束。因此，我们可以利用标准特征序列划分线段，以帮助我们寻找理想的买卖点，实现轻松盈利。

我们可以从这个案例中归纳出划分线段的步骤，具体如下。

①确认初始线段。

②找出线段的特征序列。

③处理特征序列元素间存在的包含关系（特征序列的第一元素和第二元素间存在包含关系，不需要对其进行处理；但第2条线段的特征序列的第一元素和第二元素之间存在包含关系，则应进行包含关系的处理）。

④根据第一元素和第二元素之间是否存在特征序列的缺口，将其分为两种情况进行处理，来判断是否存在分型。

⑤确认线段是否被破坏，包括被线段破坏和被笔破坏。

3.第一元素和第二元素之间存在缺口

实战要点如下。

（1）分析第2条线段的特征序列元素。当特征序列的第一元素和第二元素之间存在特征序列的缺口时，则要注意分析第2条线段的特征元素的包含关系，如果存在包含关系，包括第2条线段的特征序列的第一元素和第二元素，都要按照包含关系处理的原则进行处理，使之成为标准特征序列。

（2）按照两类情况寻找分型。按照上面所分的两种情况查看是否有相应的分型出现，如果有分型出现，则意味着原线段被破坏。线段只有被破坏才算结束，也就是线段完成了。当然，此时通常也意味着形成了新线段。

操作提示1： 在图6-44中，假设d2为转折点，则S1为特征序列的第一元素，S2为
特征序列的第二元素，S1和S2间存在特征序列的缺口，属于第2种
情况。向下线段g1d2形成后，接着由d2为起点向反方向运行，将d2
点后的每个特征序列元素都看作K线。

在图6-44中，特征序列元素S2对应的K线为K2，S3对应的K线为
K3，S4对应的K线为K4，S5对应的K线为K5，如同在K线图中寻找
包含关系一般来分析特征序列元素的包含关系。我们发现K4和K5
存在包含关系，由于第二特征序列元素所处的线段为向上线段，所
以K4和K5的包含关系应进行向上处理，即取K4K5高点的最高点为
高点，K4K5低点的较高点为低点，合并成新K线A。

K线K2、K3、A构成底分型，意味着原线段g1d2被线段d2g5破坏，
即原线段结束，d2点为原线段的终点。

操作提示2： K4和K5属于包含关系，所以我们可以认为第2个线段延伸到了K5，
而在其后只有g6d6一笔，因此，必须再看两笔才能知道是否有分型
出现，也就是该图未完成，即图中只有两个线段。

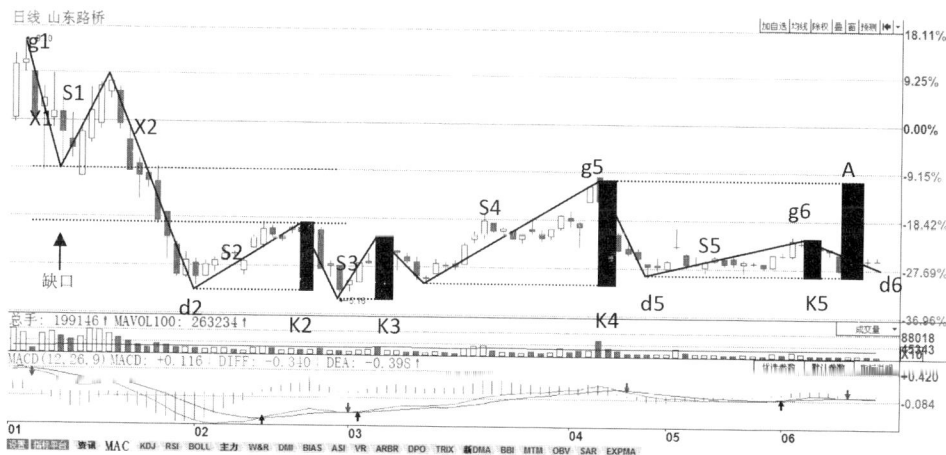

图6-44　山东路桥日K线图

操作总结： 线段作为次级别走势的概括，在本级别中可以将其视作无内部结构的形态，只需分析其起点和终点即可。因此，我们只要掌握线段被破坏、掌握关键破坏点，就能有效地分析线段的起点和终点。

注意，这里必须提醒一句，如果线段中，最高或最低点不是线段的端点，那么，在任何以线段为基础的分析中，例如以线段为基础构成最小级别的中枢等，都可以把该线段标准化为最高低点都在端点。因为，在以线段为基础的分析中，都把线段当成一个没有内部结构的基本部件，所以，只需要关心这线段的实际区间就可以，这样就可以只看其高低点。

经过标准化处理后，所有向上线段都是以最低点开始至最高点结束，向下线段都是以最高点开始至最低点结束，这样，线段的连接，就形成一条延续不断、首尾相连的折线，这样，复杂的图形，就会十分地标准化，也为后面的中枢、走势类型等分析提供了最标准且基础的部件。

——缠中说禅"教你炒股票" 78课

第7章
缠论：背驰

在股价走势分析中，将任何技术理论应用于实战，最关键的都是要找出买卖点，而转折必然是由背驰引起的，也就是说背驰与买卖点关系密切。可以说，背驰是判断买卖点最重要的依据，而缠论中的第一类买卖点都是由背驰构成的。

背驰是缠论动态学的重要内容，也是缠论中较为复杂和难懂的一个概念，但转折是由背驰引起的，唯有掌握背驰，才能掌握第一类买卖点，而第二、三类买卖点是由第一类买卖点派生出来的。因此，掌握背驰，是我们实战成功的关键因素。

本/章/精/彩/导/读

背驰的定义

背驰有哪些类型及程序逻辑

缠论背驰分析的要点

区间套操作

小背驰引发大转折

7.1 / 背驰的定义

缠论是由缠论形态学和缠论动力学两大部分组成的，其中形态学是根本，动力学为辅助，前面讲过，只要掌握形态学就能从中获得一套切实可行的操作系统。不过投资股票最重要的是找准买卖点，而形态学中没有背驰这一概念，也就无法利用形态学抓住第一类买卖点。因此，掌握动力学就显得至关重要，它能够有效扩大盈利空间并提升盈利水平。

走势中枢、走势、背驰等就属于动力学的内容，而在形态学中已多次详细介绍过走势中枢、走势。因此，本章就重点介绍背驰。

作为判断市场分界点的重要依据，背驰不仅会引起股价走势转折，而且背驰与缠论中的第一类买卖点紧密相关，可以说，不掌握背驰，就无法精准发现第一类买卖点，而第二类、第三类买卖点通常都是由第一类买卖点派生出来的，所以充分了解和熟练应用背驰是成为一名资深投资者所必须具备的能力，也是我们将缠论理论灵活运用于实战的关键。

7.1.1 什么是背驰

背驰是动力学中的理论内容，只要出现了背驰，股价走势就会出现转折，而有了转折，就意味着买卖点的出现。因此，背驰是种对比，包括力度、量能、结构、形态等的对比。没有对比，就无法形成背驰，背驰是相对于趋势而言的，因此，缠论中有"没有趋势就没有背驰"的说法。

缠中说禅背驰—转折定理：某级别趋势的背驰将导致该趋势最后一个中枢的级别扩展、该级别更大级别的盘整或该级别以上级别的反趋势。

——缠中说禅"教你炒股票"29课

也就是说，两个相邻的同向的趋势间，后者的趋势力度比前者的趋势力度要弱。换种方式理解，即趋势力度在衰竭（对于一段趋势来说，背驰只有一次）。

在图7-1的①中，C的趋势力度比A的趋势力度明显弱了很多，因此形成了背驰；在②中，C的趋势力度比A的趋势力度明显要强很多，因此没有形成背驰。

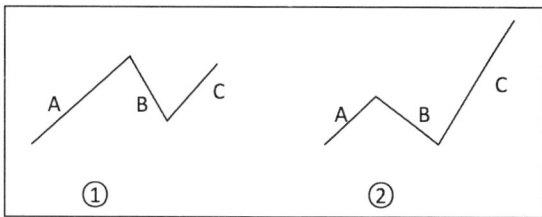

图7-1　背驰

在图7-2的①中，C的趋势力度比A的趋势力度明显要弱，形成背驰；在②中，C的趋势力度比A的趋势力度明显要强，所以没有形成背驰。

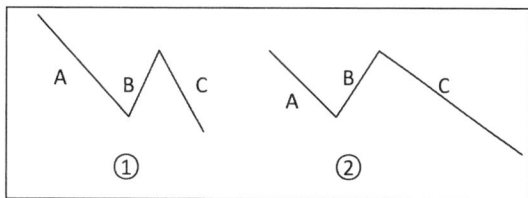

图7-2　形成背驰与未形成背驰

很明显，背驰与趋势力度有关，在走势中，如果趋势力度没有减弱，则不会形成背驰；趋势力度逐渐减弱是形成背驰的基础。

根据缠论，形成标准背驰是有前提条件的，即从技术指标来分析，MACD指标的DIF曲线、DEA曲线在零轴附近出现一次力度较大的反弹。

形成背驰前，必然会先形成一个走势中枢，这里以上涨为例来讲述标准背驰的形成过程。当走势中枢开始形成时，MACD指标走势与之相对应，表现为

DIF曲线和DEA曲线向上突破零轴，双双出现在零轴的上方且短暂停留，形成第1个走势中枢，此时买点出现在零轴位置附近。股价走强，MACD指标的DIF曲线和DEA曲线不断上扬，此时红色柱子的面积变大，为最有力度的时期。随后走势变弱，形成一个次级别背驰，上涨趋势结束，开始形成第2个走势中枢。

此时，DIF曲线和DEA曲线会不断下降，回降至零轴附近，随后DIF曲线和DEA曲线再次向上突破走势中枢，红色柱子的面积变大，但无法超过前面上涨时的红色柱子的面积，此时背驰形成，上涨趋势结束。

DIF曲线和DEA曲线回降至零轴时可以向下突破零轴，但不能过多，通常都位于零轴附近。在此过程中，如果DIF曲线和DEA曲线不能创新高或者创新低，或者红色柱子的面积变小了，这些都是背驰形成的信号。

小级别顶背驰引发大级别向下的必要条件是在该级别走势的最后一个次级别走势中枢中出现第三类卖点；小级别底背驰引发大级别向上的必要条件是在该级别走势的最后一个次级别走势中枢中出现第三类买点。

转折必然是由背驰导致的，但由背驰导致的转折并不一定是同一级别的。也就是说，某级别的背驰必然导致该级别原走势类型的终止，进而开始该级别或以上级别的另外一个走势类型。

操作提示1： 在图7-3中，股价自位置A到C处于上涨走势，在位置A之前已经形成一个走势中枢，股价在上涨过程中又形成另一个走势中枢。通过MACD指标也可以看出，DIF曲线和DEA曲线双双向上突破零轴，红色柱子的面积变大。股价涨至高价后快速回落，在这一过程中，DIF曲线和DEA曲线回落至零轴附近，随着股价走强，DIF曲线和DEA曲线向上扬升，红色柱子的面积逐渐增大，但很明显比第一次上涨时形成的红色柱子的面积小，表明背驰形成。

操作提示2： 股价在位置C处创新高，但与之相对应的MACD指标却显示红色柱子的面积并未随之增加，因此形成背驰。不过在分析时，不一定要等红色柱子的面积完全显示出来，可将已经出现的面积乘以2，并将乘积视为该段的面积，以此来进行分析，以免错失时机。

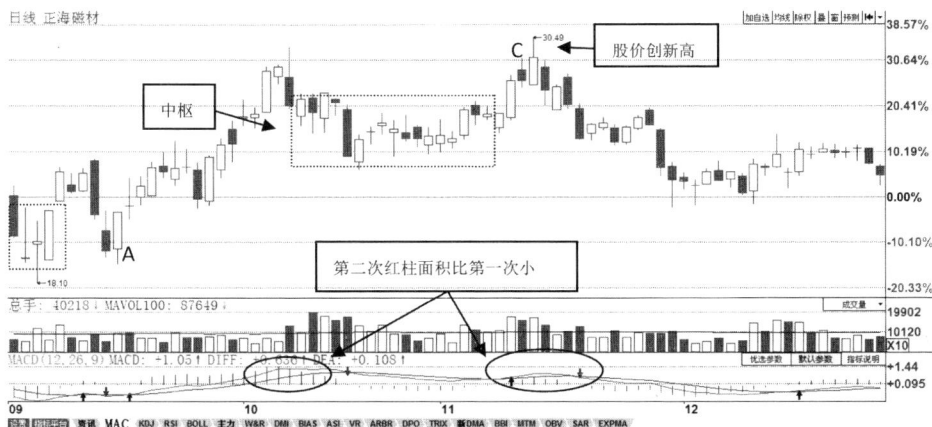

图7-3 正海磁材日K线图

注意，看MACD柱子的面积不需要全出来，一般柱子伸长的力度变慢时，把已经出现的面积乘以2，就可以当成是该段的面积。所以，实际操作中根本不用回跌后才发现背驰，在上涨或下跌的最后阶段，判断就出来了，一般都可以抛到最高价位和买在最低价位附近。

——缠中说禅"教你炒股票"24课

操作总结： 背驰通常导致股价出现转折，因此，判断背驰对我们掌握买卖点意义重大，如背驰点C就是理想的卖点。在操作中，一定要注意趋势至少包含两个走势中枢，背驰是无法发生在第一个走势中枢中的。

操作提示1： 在图7-4中，股价自位置A到C处于下跌走势，在位置A之前已经形成一个走势中枢，股价在下跌过程中又形成另一个走势中枢。通过

MACD指标也可以看出，DIF曲线和DEA曲线双双向下突破零轴，绿色柱子的面积增大。股价下跌至低位后反弹上涨，可以看出第2次绿色柱子的面积明显比第1次形成的绿色柱子的面积小，表明背驰形成。

操作提示2： 股价在位置C处创新低，但与之相对应的MACD指标却显示绿色柱子的面积并未随之增加，因此形成背驰。不过在分析时，不一定要等绿色柱子的面积完全显示出来，可将已经出现的面积乘以2，并将乘积视为该段的面积，以此来进行分析，以免错失时机。

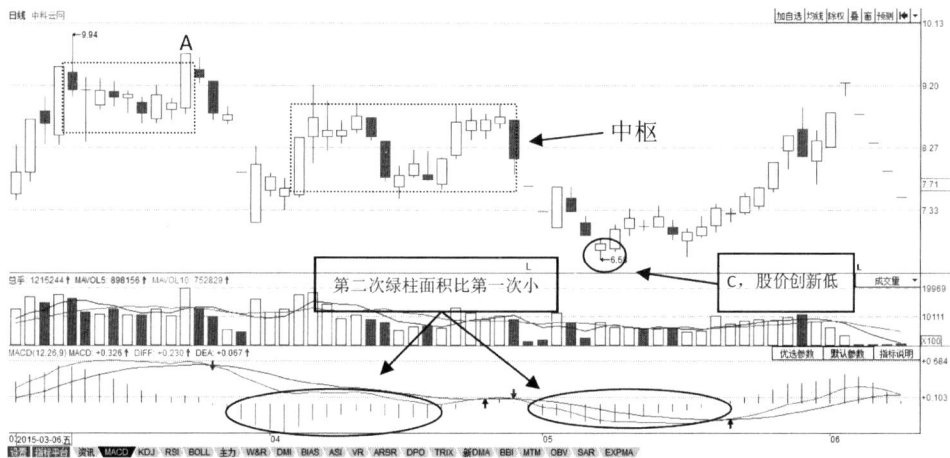

图7-4　中科云网日K线图

操作总结： 在下跌趋势中，背驰的出现往往意味着最佳买点的出现，投资者可重仓持股。背驰的出现，意味着股价走势将出现转折，是我们选择买卖点的最佳时刻，因此，我们一定要掌握背驰的生成原理、背驰的形态、背驰的终点，以及背驰的力度、级别等。

7.1.2　背驰的力度与级别

1.背驰的力度

背驰是有力度区别的，不同的背驰其力度不同，当然，我们在判断背驰的力度时多以最后形成的中枢为考察标准。中枢的特性是无论股价是向上扬升还是向下跌落，都具有回拉的作用，即如果向上扬升，则走势中枢会向下回拉；如果向下跌落，则中枢会向上回拉。

这里就引出了顶背驰和底背驰的概念。

顶背驰，指最后这个中枢，向上离开的力度比向下离开的力度弱，则中枢的回拉特性能将向上离开的拉回至中枢，也能将向下离开的拉回至走势中枢。

在图7-5中，在"A+B+C"中，C趋势的力度比A要弱，但中枢具有回拉作用，A趋势向下离

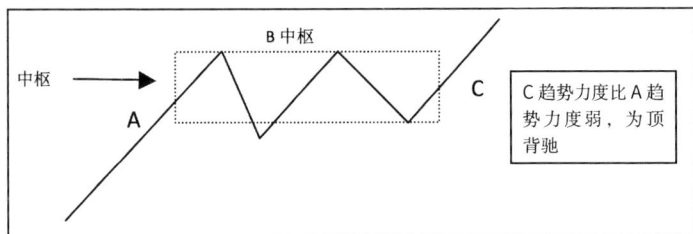

图7-5　顶背驰

开的力度那么大都能拉回来，则向上离开力度较小的C趋势也一样能拉回来。在这里，C为典型的顶背驰。

底背驰，指最后这个中枢，向下离开的力度明显比向上离开的力度要弱，而中枢具有回拉作用，即向上离开的力度那么大都能拉回来，则必然也能将向下离开的拉回来。

在图7-6中，在"A+B+C"中，C趋势的力度比A要弱，但中枢具有回拉作用，A趋势向上离开的力度那么大都能拉回来，那么向下离开力度较小的C趋势也一样能拉回来。在这里，C为典型的底背驰。

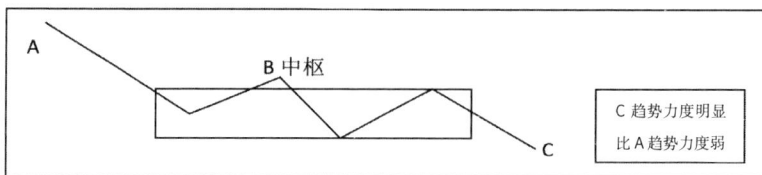

图7-6　底背驰

2.背驰的级别

我们利用背驰分析市场时，通常利用背驰的级别来判定股票后市出现的转折幅度的大小。通常大级别背驰所对应的幅度比小级别背驰所对应的幅度大，形成时间也较长。

举个例子，在一个30分钟的走势类型中，如果此时出现一个30分钟的背驰，则背驰会将该走势拉向该走势的最后一个走势中枢，在此过程中，股价走势必然会出现转折。当走势出现背驰后，无论其级别如何，最终都会出现转折的。

缠中说禅背驰—转折定理：某级别趋势的背驰将导致该趋势最后一个中枢的级别扩展、该级别更大级别的盘整或该级别以上级别的反趋势。

——缠中说禅"教你炒股票"29课

由于不允许出现"上涨+上涨""下跌+下跌"的情景，因此，在实战中，我们就能根据这个定理来进行市场预测，找出最佳的买卖点。比如，在背驰出现后，由于走势中枢的回拉作用，走势早晚会回到原来的走势中枢，这对我们了解行情、判断股价走势起到极其重要的指导作用。

一个背驰后，无论是盘整背驰还是趋势背驰，理论上只能保证将走势拉回原来的中枢。

——缠中说禅"教你炒股票"98课

在图7-7中，B中枢后形成背驰，走势继续朝着右上方运行，但由于走势中枢具有回拉作用，股价见顶回落，因此，我们可利用走势中枢的这一作用，在高位卖出股票。

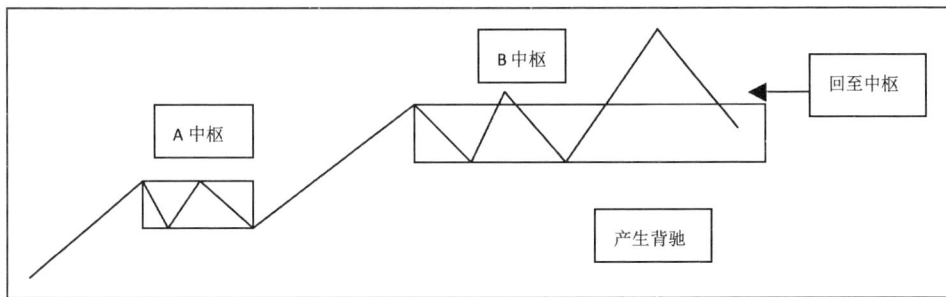

图7-7　走势中枢的回拉作用

转折必然由背驰导致，但背驰导致的转折并不一定是同一级别的。某级别的背驰必然导致该级别原走势类型的终止，进而开始该级别或以上级别的另外一个走势类型。

——缠中说禅"教你炒股票"43课

转折必然是由背驰导致的，但背驰导致的转折并不一定是同级别的，某些时候，小级别背驰可以引发大级别的转折，当然这是有条件的，即在该级别走势的最后一个次级别走势中枢中出现第三类买卖点。

该条件是大级别转折出现的必要条件，即有时即使满足该条件，背驰也不一定会导致大级别的转折，但如果不满足该条件，则大级别的转折必然不会出现。

7.1.3　背驰与股价走势

由于背驰出现必然导致股价走势转折，所以这也就将背驰和股价走势联系起来，我们可根据背驰来判断股价走势，进行正确的分析，找出最合适的买卖点，从而提高盈利水平。

操作提示1：　在图7-8中，股价处于震荡下跌走势，并多次见顶回落，但高点逐渐降低，且趋势力度也逐渐减弱，C趋势明显比B趋势弱了很多。同时MACD指标也显示，在C趋势结束、股价创新低时，绿色柱子的面积并未随之变小，表明下跌力度减弱，形成背驰形态。而这个股价低点就是我们寻找的买点，在此处建仓，能用较少的资金获得较多的筹码。

操作提示2：　从股价走势来看，最佳卖点出现在A趋势开始时，其次为相继反弹后的两个高点，即B、C趋势开始时；最佳买点则出现在C趋势结束时。如果我们不能把握这些买卖点，在实战中可能会遭受损失。

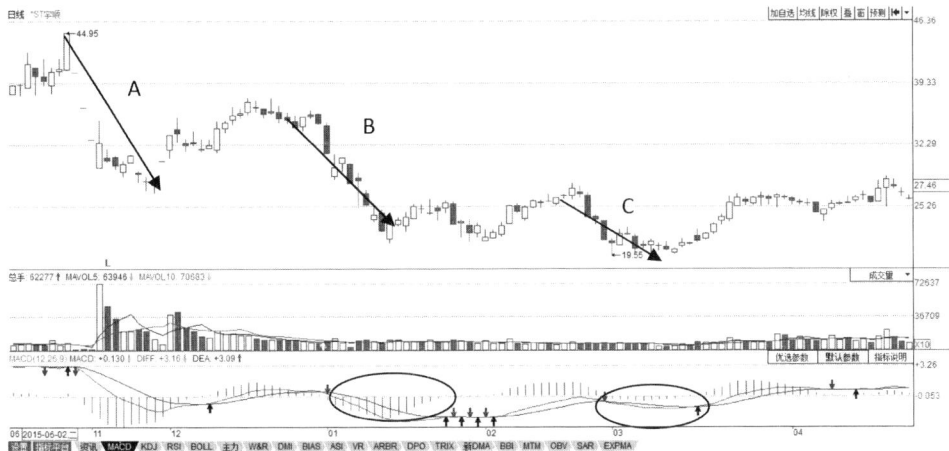

图7-8　*ST宇顺日K线图

操作总结： 背驰出现，意味着股价将反弹，表明我们应采取相应的调整措施，即高抛或者低吸。结合背驰形态和MACD指标我们就能有效判断股价走势，及时发现理想的买卖点。

操作提示1： 在图7-9中，股价在震荡中大幅上涨，由最低价格15.70元一路上涨至49.28元，涨幅接近213.89%。趋势A刚开始时无疑是最佳买点。

操作提示2： 从成交量来看，当股价第一次涨至高位时，成交量也达到了天量，但由于后续乏力，因而股价无法持续上涨，出现短暂回落。随后股价继续震荡上涨，但成交量呈萎缩状态，待价格涨至49.28元时，成交量也达到了地量，表明空方力量开始占据优势。同时，C趋势比B趋势弱，表明股价走势将出现转折，最佳卖点出现。

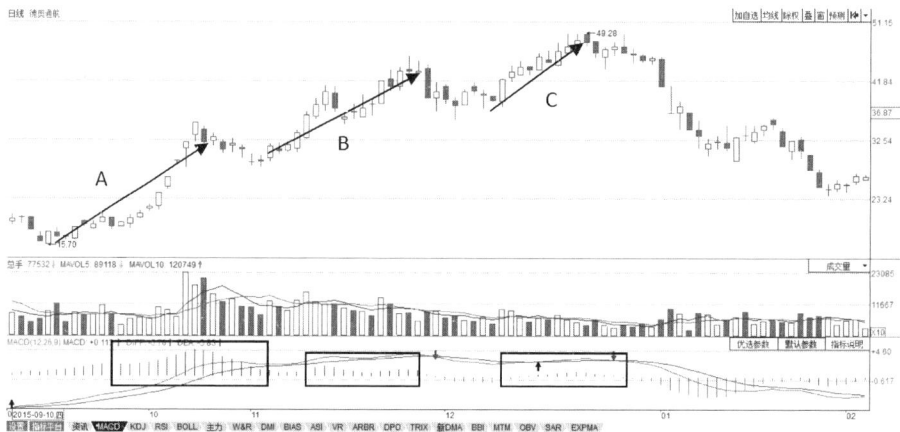

图7-9　德奥通航日K线图

操作总结： 在上涨趋势中，股价在震荡中上涨，因此会出现多个交易机会。但当背驰出现时，则意味着股价走势将出现转折，且背驰的力度越大，离前一个走势中枢越远，盈利空间越大，此时应及时高抛、落袋为安。背驰是股价走势出现转折的重要信号，在实战中要予以重视。

7.2/ 背驰有哪些类型及程序逻辑

转折必然发生在背驰出现后，因此，任何一个背驰出现后，必然会出现某一级别的买卖点。当然，某一级别的买卖点也都可在某一级别走势的背驰出现后被发现。背驰与买卖点的联系如此密切，我们必须掌握背驰。

关于背驰，缠论中并未有明确的定义，不过缠中说禅在缠论中对背驰进行了分类。了解并掌握背驰的类型，有助于我们掌握买卖点，把握时机。

在缠论中，背驰分为趋势背驰和盘整背驰两种类型。

7.2.1 趋势背驰

1.趋势背驰的概念

趋势背驰指在趋势中产生的背驰。趋势分为两种，即上涨和下跌。在上涨趋势中产生的背驰为上涨背驰，在下跌趋势中产生的背驰为下跌背驰。在缠论中，如果没有特别说明，背驰通常是指趋势背驰。

没有趋势，就没有背驰。也就是说，背驰是形态、力度、量能等多方面的对比，因此，就要有两个以上的对比对象。

假设A、B为某个趋势中的两个走势中枢，在走势中枢前后通常会有3段次级别走势，分别用a、b、c来表示，如图7-10所示。

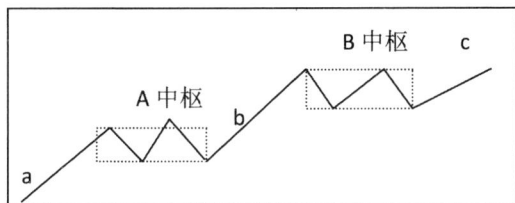

图7-10　上涨走势

图7-10为上涨走势，可将整个走势简单表达为：a+A+b+B+c。如果"a+A+b+B+c"中产生背驰，则意味着"a+A+b+B+c"都处于同一个趋势中，A中枢和B中枢属于同一级别的走势中枢，a、b、c为次级别走势。

B中枢产生前，有个与其同级别的A中枢。如果从MACD指标来看，由于走势中枢具有回拉作用，因此，B中枢会将MACD指标中的DIF曲线和DEA曲线回拉至零轴附近，再次向右上方扬升，股价不断创新高，出现一个理想的卖点。从柱子的面积来看，c处柱子的面积明显要比b处柱子的面积要小，因此形成背驰。该趋势背驰为顶背驰。

这是构成背驰的两个充分条件，但并不是必要条件。背驰的形成有时符合两个条件，有时只符合一个条件。

图7-11为下跌走势，可将整个走势简单表达为：a+A+b+B+c。如果该趋势中有背驰形成，则A中枢和B中枢处于同一级别，a、b、c为次级别走势。

由于走势中枢具有回拉作用，因此，MACD指标中的DIF曲线和DEA曲线会被回拉至零轴附近，接着朝右下方运行，股价不断创新低，出现一个理想的建仓

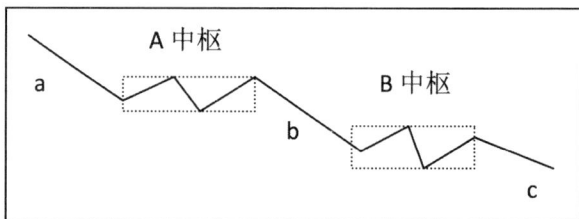

图7-11 下跌走势

点。如果我们观察柱子的面积，可以看到c处的面积明显比b处的面积小，因此形成趋势背驰。该趋势背驰为底背驰。

通常在第2个走势中枢后形成趋势背驰，尤其在日K线以上的K线级别中。如果在第1个走势中枢后形成背驰，该背驰并不是真正意义上的背驰，只能算是盘整背驰。

2.趋势背驰出现后的3种情况

趋势背驰形成后，通常会出现3种情况。笔者从顶背驰和底背驰两方面来详细介绍。

（1）顶背驰回调后的3种情况如下。

在图7-12中，背驰形成后，股价回调跌至最后一个走势中枢的区间范围内，此为该趋势最后一个走势中枢的级别扩展。

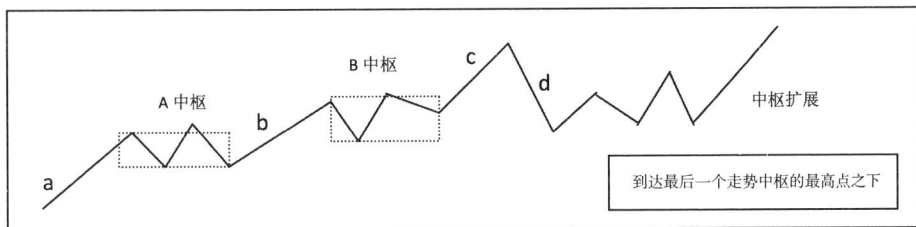

图7-12　走势中枢的扩展

　　背驰形成后，股价回调跌破最后一个中枢的最低点，在图7-13中，由于突破B中枢时没有形成第三类卖点，因而会出现更大级别的盘整。

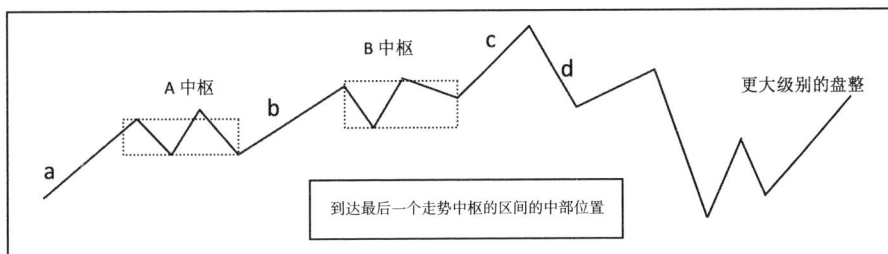

图7-13　构成更大级别的盘整

　　趋势背驰形成后，股价回调跌破了最后一个走势中枢的最低点，在图7-14中，由于突破走势中枢时形成第三类卖点，因而会出现该级别以上级别的反趋势。

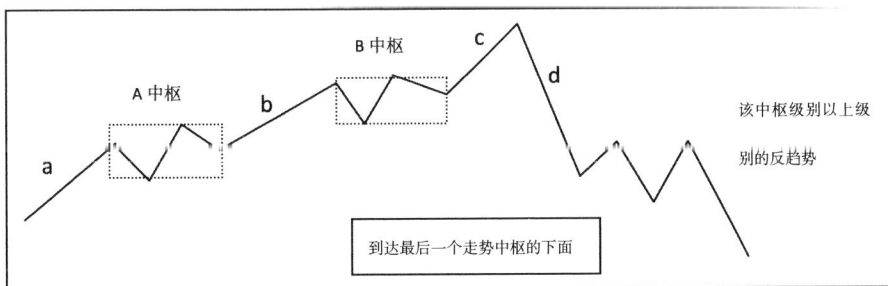

图7-14　构成该级别以上级别的反趋势

（2）底背驰反弹后的3种情况如下。

在图7-15中，反映了底背驰反弹后的3种情况。当反弹力度较弱，股价只是稍微高于最后一个走势中枢的最低点时，将产生该级趋势最后一个走势中枢的级别扩展；当反弹力度较强，股价向上突破最后一个走势中枢的最高点，但并未形成第三类买点时，将产生比该级别更大的盘整；当反弹力度很强，股价向上突破最后一个走势中枢的最高点，且过程中形成第三类卖点时，将产生该级别以上级别的反趋势。

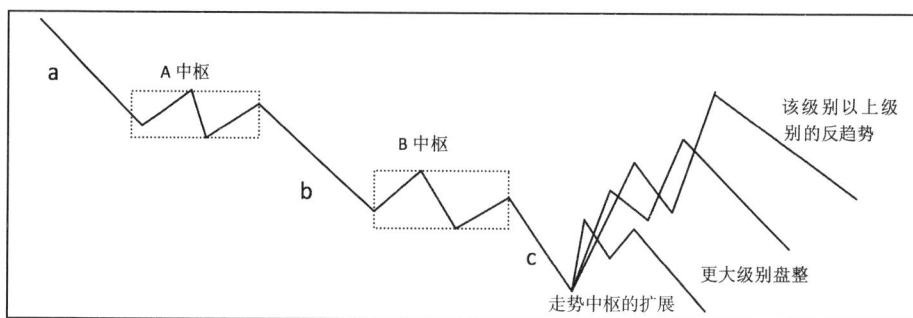

图7-15　底背驰反弹后的3种情况

3.趋势背驰的买卖点

趋势背驰的买卖点很好判断，如果是向下离开走势中枢形成底背驰，则会出现理想的买入点；然后看回拉后出现顶背驰的位置，是否高于前面向上离开的顶背驰的高点，如果未高于后者，则卖出股票；当然，如果高于后者，也可以卖出。

如果是向上离开走势中枢形成顶背驰，则会出现理想的卖点，然后看回落后出现底背驰的位置，是否比前面向下离开的底背驰的低点要低，如果不是，则应买进股票。

总体围绕中枢的操作原则很简单，每次向下离开走势中枢只要出现底背驰，那就可以买入了，然后看相应回拉出现顶背驰的位置是否能超越前面一个向上离开的顶背驰高点，不行一定要走，行也可以走，但次级别回抽一旦不重新回到中枢里，就意味着第三类买点出现了，就一定要买回来。而如果从底背驰开始的次级别回拉不能重新回到中枢里，那就意味着第三类卖点出现，必须走，然后等待下面去形成新的中枢来重复类似过程。

——缠中说禅"教你炒股票"33课

操作提示1： 走势中枢是我们判断买卖点的重要参考对象，当股价突破走势中枢最高点，如果没有产生背驰，则可持续持有，但是如果产生了背驰，则为一个高抛的交易机会。在回调过程中，如果未能跌破走势中枢的最低点，则为我们提供了低吸的交易机会。

操作提示2： 在图7-16中，走势中枢之下的底背驰为理想买点，应建仓；走势中枢之上的顶背驰为理想卖点，应减免。因此，趋势背驰的买卖点不难掌握，我们在分析时要格外注意。

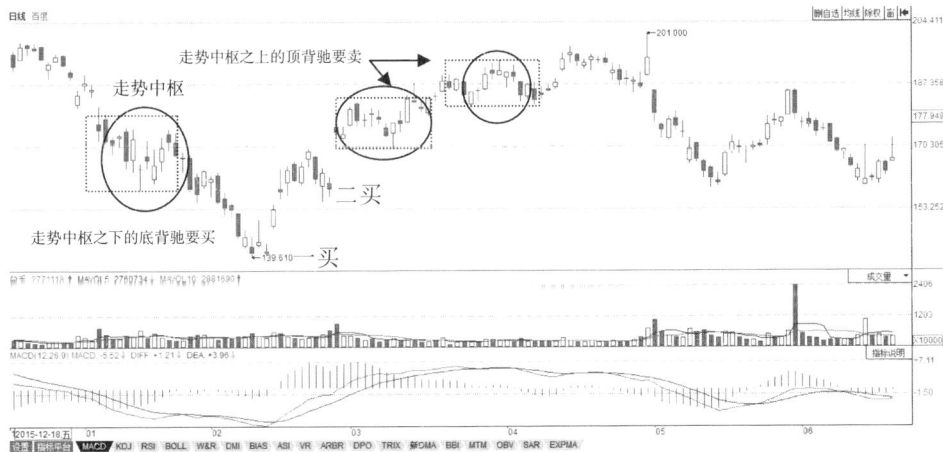

图7-16　百度日K线图

操作总结：虽然走势中枢是我们判断买卖点的依据，但事实上不论是趋势背驰，还是盘整背驰，主要都是比较力度。如果股价未能创新高或者创新低，则意味着力度较弱，我们在分析时要格外注意。

7.2.2 盘整背驰

1.盘整背驰的概念

趋势背驰通常在第2个走势中枢后出现，如果在第1个走势中枢形成后就出现背驰，则该背驰不属于标准背驰，也就是不属于趋势背驰，只能算是盘整背驰。

盘整背驰指在盘整走势中出现的背驰。盘整背驰又可分为盘整顶背驰（在向上盘整走势中出现）和盘整底背驰（在向下盘整走势中出现）。

趋势背驰在趋势中出现，盘整背驰在盘整中出现，这是两者之间最鲜明的区别。当然，如果从走势中枢的角度来看，趋势背驰和盘整背驰本质上是一样的，只不过在力度、级别以及出现的走势中枢位置等方面不同而已，总体差别较小。

站在中枢的角度，盘整背驰与趋势背驰，本质上是一样的，只是力度、级别以及发生的中枢位置不同而已。

——缠中说禅"教你炒股票"33课

从技术含义上来分析，盘整背驰就是股价试图离开走势中枢的运动，但由于力度较弱，而因走势中枢的回拉作用被回拉至走势中枢区间范围内。

在图7-17的左侧，股价处于上涨走势中，第2个走势中枢形成后，c趋势的力度明显比b趋势的力度要弱，且位于第2个走势中枢区间范围最高点的上方，因此形成了趋势背驰。而在右侧，股价处于盘整状态中，但第1个走势中枢形成后，股价朝着右上方运行，但力度较弱，被走势中枢回拉，形成盘整背驰，且为盘整顶背驰。

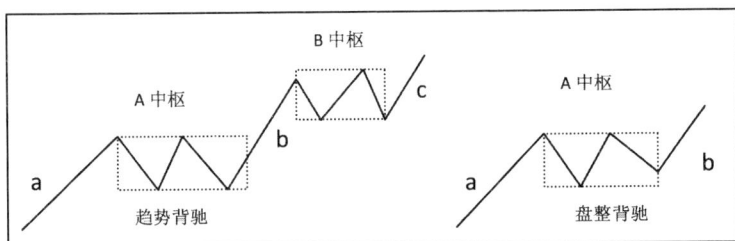

图7-17　趋势背驰和盘整背驰

盘整底背驰的产生原理与图7-17右侧的盘整顶背驰的产生原理相同，只不过方向不同。

判断是否有盘整背驰出现，与判断趋势背驰是否出现的方法相似，都是通过对比发现的。

假设在"A+B+C"结构中，如果C趋势的力度小于A趋势的力度，那么就构成了盘整背驰。这一点，对于盘整顶背驰和盘整底背驰都适用。

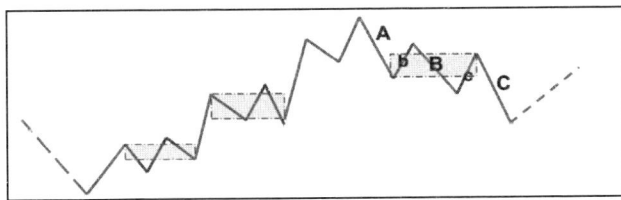

图7-18　盘整背驰

在图7-18中，走势中枢形成后趋势继续运行，C趋势的力度明显减弱，如果此时在MACD指标中，C处的柱子面积明显比A处要小，则在b—B—c这一过程里，MACD指标中的DIF曲线和DEA曲线被回拉至零轴附近，即形成了盘整背驰。

不过在对比上，B可与A对比、C可与B继续对比，不过这种情况通常被叫作线段内背驰，和狭义的盘整背驰稍有区别。线段内背驰和盘整背驰的产生条件相似，都要求出现DIF曲线和DEA曲线被回拉至零轴的现象，但线段内背驰的产生并不需要股价创新高或者创新低这一条件。B与A对比，b处位置相对应的MACD指标中的DIF曲线和DEA曲线出现被回拉至零轴的现象；C与B对比，c处位置相对应的MACD指标中的DIF曲线和DEA曲线也应出现被回拉至零轴的现象。

如果趋势C中股价没有突破走势中枢，且此时在MACD指标中，C处柱子的面积比A处柱子的面积要小，则意味着股价必然会下跌（如果趋势C中股价并未突破走势中枢，则以盘整背驰的方法来处理）。如果趋势C突破走势中枢，且此时在MACD指标中，C处柱子的面积小于A处柱子的面积，则此时应坚持减仓原则。此后会出现两种情况，股价回跌没有跌回走势中枢，则在次级别的第一类买点回补，构成该级别的第三类买点；反之则继续盘整。

2.盘整背驰的买卖点分析

盘整背驰的操作价值与两方面因素有关，一是级别的大小，二是走势中枢区间范围的大小。

一般来说，小级别的盘整背驰在实战中的作用不大。在盘整状态中，股价原本双向波动幅度就小，小级别的盘整背驰带来的股价走势转折也比较小。比如，在1分钟级别的盘整背驰中，股价双向波动幅度非常小，即使能有效掌握买点和卖点，所获收益也甚微。缠论中的第二、三类买点，通常都是由盘整背驰带来的，而第一类买点通常是由趋势背驰带来的。

走势中枢区间范围的大小和收益直接挂钩。区间范围越大，则差额越大，我们所能获得的差额利润就越多。不过小级别盘整背驰的走势中枢区间范围不会很大。

盘整背驰的主要操作价值在大级别中，尤其在周线以上级别中，盘整背驰的出现通常意味着股价走势出现大转折，我们如果能抓住买卖点，则能从中获得丰厚的利润。

第一类买卖点通常是由背驰引起的，但第二、三类买卖点都是在第一类买卖点出现后形成的，且与第一类买卖点密切相关。换句话说，3类买卖点和背驰都密切相关。

操作提示1: 在图7-19中，股价呈大幅下跌与盘整走势，股价自高点36.98元跌至8.33元，跌幅不可谓不大。当然股价一开始大幅下跌，而后在盘整状态中慢慢下跌，而图中背驰出现的位置，就是缠论中的第一类买点，我们应在此处及时建仓。

操作提示2: 股价大幅下跌后，成交量突然放大，量能增加，下跌速度大幅减缓，随后进入盘整下跌状态。由于在盘整状态中，股价双向波动幅度很小，所以留给我们的交易机会并不多。但盘整走势必然会转化为上涨或者下跌走势（转化为盘整走势则不在此考虑范围内），因此，我们如果能抓住转折时的关键点，就能找出最理想的买卖点，此买卖点为第一类买卖点，而在缠论中第一类买卖点通常出现在背驰出现时。

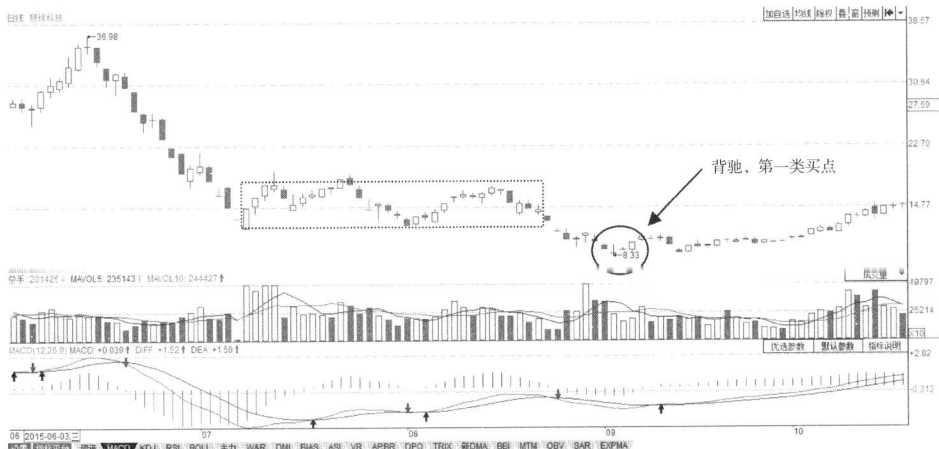

图7-19　慧球科技日K线图

操作提示3： 从MACD指标来看，图中DIF曲线和DEA曲线在零轴上方，且DIF曲线跌破DEA曲线，产生交叉，为卖出信号。此后股价短时间内大幅下跌，如果我们能抓住这一卖点，就能避免因股价大幅下跌而带来的亏损。

操作总结： 在下跌走势中，尤其是当股价大幅下跌时，我们更要抓住其中的买卖点，这样能够帮我们在空头行情中减少损失甚至实现获利，而买卖点与背驰联系紧密，背驰出现时往往就是理想的买卖点，因此我们应重点关注背驰。

操作提示1： 在图7-20中，股价涨至高位时为14.80元，形成顶背驰，然后出现次级别的下跌走势，但随后反弹，股价形成第2个高点。根据缠论中的第一类买卖点的相关概念，我们不难判断，顶背驰出现时，即为第一类卖点，之后股价反弹形成的高点则为第二类卖点。

操作提示2： 从MACD指标来看，虽然股价在创新高，但红色柱子的面积却在不断变小，待股价涨至高位时，形成顶背驰，此时为理想的卖点。而随后的反弹则形成了第2个卖点，如果我们不能及时抓住以上这些高抛的机会，则在股价后续下跌中必然会遭受损失。

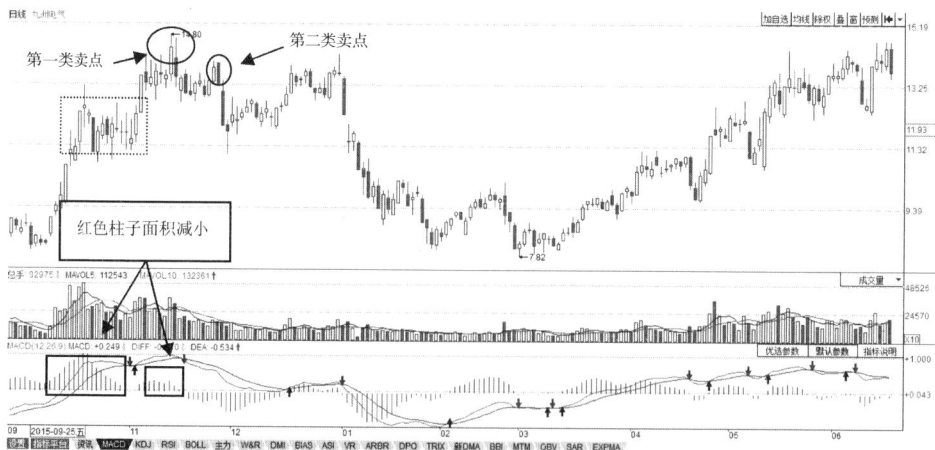

图7-20　九洲电气日K线图

操作总结：在盘整背驰中股价双向波动幅度较小，留给我们的交易机会很少，即使能抓住买卖点，所获得的收益也很少。但盘整背驰后股价走势通常会出现转折，而转折点通常与背驰相关，在判断时，我们可借助成交量和MACD指标来发现背驰，从而找到低吸或高抛的交易机会。

3.盘整背驰后的完全分类

虽然股价走势转折必然是伴随背驰出现的，但盘整背驰后股价波动的幅度是我们无法提前得知的，因而我们需要对其进行分类，对盘整背驰后的股价走势进行归纳，从而帮助我们更好地理解和运用盘整背驰。

如果C段不破中枢，一旦出现MACD柱子的C段面积小于A段面积，其后必定有回跌。比较复杂的是如果C段上破中枢，但MACD柱子的面积小于A段的，这时候的原则是先出来，其后有两种情况，如果回跌不重新跌回，就在次级别的第一类买点回补，刚好这反而构成该级别的第三类买点，反之就继续该盘整。

——缠中说禅"教你炒股票"24课

第一类为C段不破走势中枢，MACD指标中C段的柱子面积比A段的柱子面积小，产生背驰，为理想的卖点，而后股价必然会回跌，继续盘整。

在图7-21中，C段未能突破走势中枢区间范围的最高点，如果此时在MACD指标中，C段的柱子面积比A段的柱子面积小，则出现背驰，应卖出股票，随后股价将回跌，继续盘整。

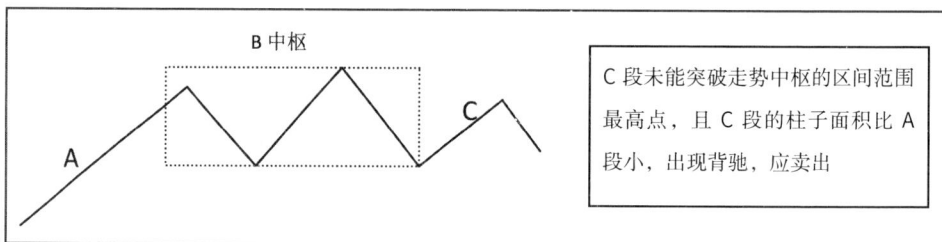

图7-21　C段不突破走势中枢最高点

第二类为C段向上突破走势中枢，MACD指标中C段的柱子面积比A段的柱子面积小，产生背驰，为理想的卖点，而后股价回跌。此时可分为两种情况处理。

（1）如果回跌不破走势中枢，未跌破走势中枢的ZG，则为三买（第三类买点）。

在图7-22中，C段向上突破走势中枢，且C段的柱子面积比A段小，出现背驰，随后回跌，但未能跌破走势中枢的ZG，为三买。三买可根据情况分为强三买和弱三买。如果股价跌破走势中枢区间的延伸范围，但未跌破走势中枢的ZG，则为弱三买；如果股价未能跌破走势中枢区间的延伸范围，即位于走势中枢区间的最高点的上方，则为强三买。

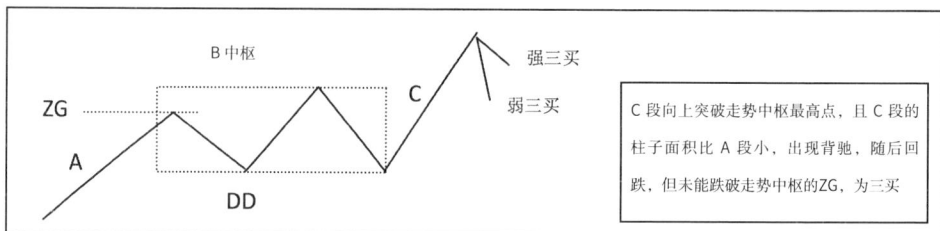

图7-22　三买

（2）C段向上突破走势中枢，MACD指标中C段的柱子面积比A段的柱子面积小，产生背驰，为理想的卖点，股价随后回跌。如果股价回跌跌回走势中枢区间范围内，跌破走势中枢的ZG，则无法构成三买，继续走势中枢震荡。

在图7-23中，C段向上突破走势中枢最高点，且C段的柱子面积比A段小，出现背驰，股价随后回跌，跌破走势中枢的ZG，为走势中枢震荡。这里可分为3种情况，分别为强震荡、中震荡和弱震荡。如果股价跌至走势中枢区间，但在区间的一半高度之上，为强震荡；如果股价跌至走势中枢区间，且位于区间的一半高度之下，为中震荡；如果股价跌至走势中枢低点的下方，但幅度较大，为弱震荡。

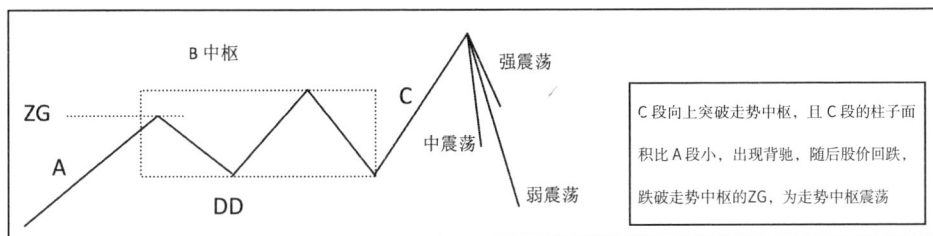

图7-23　震荡

第三类为强三卖和弱三卖。

若股价跌破走势中枢的低点，但在后续反弹中超过走势中枢的低点，回到走势中枢区间的范围内，则可形成三卖，并且可称之为扩张型三卖。

在图7-24中，C段向上突破走势中枢最高点，且C段的柱子面积比A段小，出现背驰，随后股价回跌，跌破走势中枢最低点，位于走势中枢区间低点的下方，幅度较大，为弱震荡。D段触底后反弹，

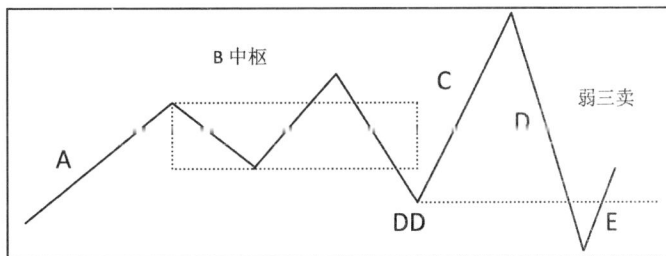

图7-24　弱三卖

向上突破点DD，E股出现在走势中枢区间最低点和点DD内，为弱三卖。

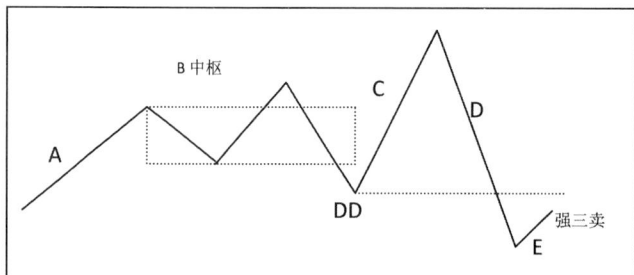

图7-25　强三卖

在图7-25中，C段向上突破走势中枢最高点，且C段的柱子面积比A段小，出现背驰，其后股价必然回跌。D段股价回跌跌破走势中枢，且位于走势中枢区间低点的下方，幅度较大，为弱震荡。D段触底后反弹，但无法突破点DD，即E段位于点DD的下方，为强三卖。

盘整顶背驰形成后，后续走势基本上为以上几个分类中的一种，对于盘整底背驰的分类，将盘整顶背驰的分类反过来理解就可以。了解盘整背驰的分类，能帮助我们进一步了解行情，掌握走势，准确地找出买卖点，从而实现盈利。

7.3 / 缠论背驰分析的要点

在实战中，准确地找出买卖点无疑是操作中的重中之重。将一切技术理论落实到操作上，即找出买卖点，高抛低吸，以从中获得丰厚的利润。而买卖点多与股价走势的转折有关，而股价走势的转折必然伴随着背驰形态的出现，而缠论中的第一类买卖点与背驰密切相关。

背驰是缠论中判断买卖点的重要依据，因此，我们需要掌握分析背驰的方法，掌握分析中的重点，并将其用于实战，从而提高我们的实战水平和盈利水平。

7.3.1 均线相交面积法

均线（Moving Average, MA）指移动平均线，是股市技术分析中常用的工具。常用的均线有5日均线、10日均线、30日均线、60日均线、120日均线和240日均线。

前面在讲述背驰时，引入了趋势力度。在缠论中，趋势力度指在前一个"走势突破"的终端和后一个"走势突破"的开端之间的过程中，短期均线和长期均线相交时所形成的面积。

均线相交面积法，指短期均线和长期均线相交时所形成的面积，将其用于判断背驰时，主要是利用前后波段短期均线和长期均线相交时所形成的面积大小的变化来判断，当后一波段的面积与前一波段的面积相比有所减少时，为背驰形成的信号。

具体做法为：在同一方向的两个趋势中，当后段时间的趋势力度比前段时间的趋势力度弱，或者均线相交时所形成的面积越来越小时，则背驰将会出现。

在均线选择上，可根据操作周期来选择。如果是短线操作，可选5日均线和10日均线；如果是中线操作，可选5日均线和30日均线；如果是长线操作，可选5日均线、120日和240日均线。不管怎样选择，在运用均线相交面积法判断背驰时，其原理是一样的。

均线相交面积减少表明趋势力度越来越弱，短期均线和长期均线间的差值在减少，股价无充足的量能离开长期均线，即维持原趋势的能量在逐渐衰弱，此时较易产生背驰。因此，我们可根据这一点来判断和分析背驰，提前做好应对准备。

在图7-26中，股价处于上涨走势中，取5日均线和30日均线，以两者相交时所形成的面积的变化作为判断背驰的依据。我们可以看出面积2相比面积1明显减小，表明趋势力度减弱，背驰将出现。维持原趋势的能量也在减弱，但空方力量逐渐增强。一旦股价跌破30日均线，向下变盘的概率大增，在实战中，应考虑提前卖出。

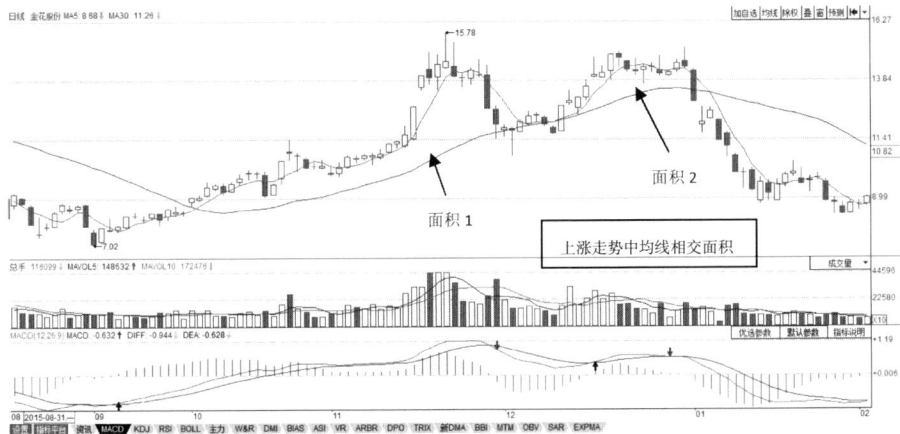

图7-26　金花股份日K线图

在图7-27中，股价处于下跌走势中，取5日均线和30日均线，以两者相交时所形成的面积的变化作为判断背驰的依据。我们可以看出面积2比面积1要小，表明趋势力度减弱，背驰出现，应考虑低点建仓，从而用较少的资金获得较多的筹码。在实战中，一旦股价向上突破30日均线，继续向上扬升的可能性很大，应考虑买入。

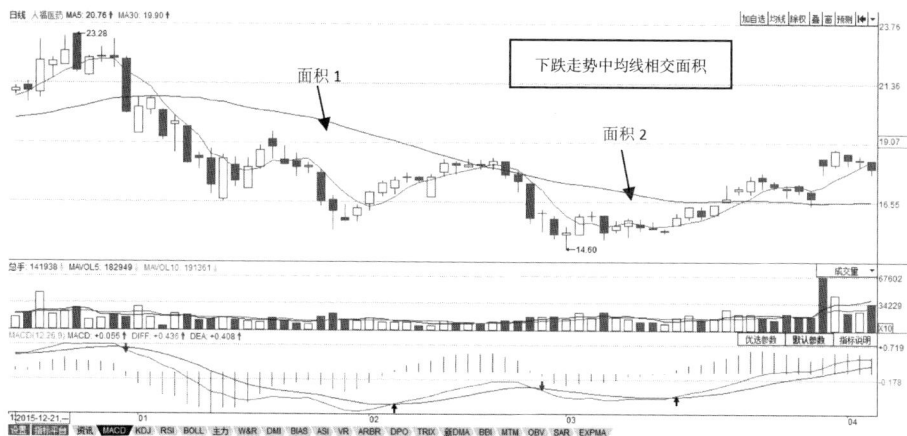

图7-27　人福医药日K线图

　　均线相交面积法是判断背驰的重要方法，但在实战中，采用此法判断背驰时，如果等相交面积完全显示出来后，则可能会错失最佳买卖点。因此，在实际操作中，我们可提前猜测相交面积，提前预测是否会产生背驰，从而抓住买卖时机。

　　在判断时，主要是根据最后一段走势的短期均线和长期均线之间的距离，来预测面积的大小，从而判断背驰是否会出现，进而提前掌握行情。

　　在图7-28中，股价呈下跌走势，面积2虽然尚未完全显示出来，但我们可推断出该面积增长不大，比面积1要小，说明趋势力度越来越弱，背驰即将产生。此时应提前建仓，甚至在理想的位置买入，即价格为最低的6.34元时，然后待股价涨至高位时卖出，从中获取可观的差额利润。

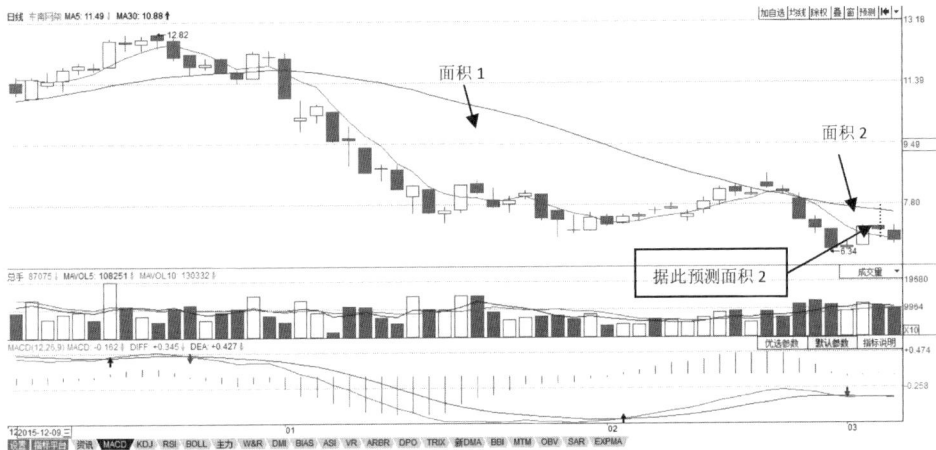

图7-28　东南网架日K线图

在判断上涨走势的均线相交面积时，可将峰线后的首根垂直K线作为判断依据，然后将其乘以2，就可以提前预测出面积2的大小。如果预测结果显示面积2小于面积1，则即将出现背驰，应考虑跟进买入。

在判断下跌走势的均线相交面积时，也可采用此法。将谷线后的首根垂直K线作为判断依据，然后将其乘以2，提前预测面积2的大小，然后将面积2与前一波段所形成的面积相比，就可得知原趋势是否将要结束、是否有背驰出现。

7.3.2　MACD指标法

MACD指标是股市技术分析中的常用指标，用快、慢均线的离散、聚合来表示当前的行情为多头还是空头，以及推断股价未来的发展趋势，如MACD指标由正数转为负数，则表明股价下跌的可能性大，是卖出信号；当MACD指标的变化较大时，则表明股价走势将迎来转折。

MACD主要由两部分组成，即正负差（DIF）和异同平均数（DEA）。DIF占据核心地位，DEA主要起辅助作用。

运用MACD指标判断背驰，主要从两方面着手，即DIF曲线和DEA曲线与零轴之间的位置关系和红绿柱子的面积。

用MACD判断背驰，首先要有两段同向的趋势。同向趋势之间一定要有一个盘整或反向趋势连接，把这三段分别称为A、B、C段。显然，B的中枢级别比A、C里的中枢级别都要大，否则A、B、C就连成一个大的趋势或大的中枢了。A段之前，一定是和B同级别或更大级别的一个中枢，而且不可能是一个和A逆向的趋势，否则这三段就会在一个大的中枢里了。

——缠中说禅"教你炒股票"24课

由于走势中枢具有回拉作用，所以MACD指标中的DIF曲线和DEA曲线也会出现相应的被回拉至零轴的现象。红绿色柱子面积，能从侧面显示出趋势力度是否减弱。因此，在判断背驰时，通常综合考虑这两个方面，当然，若只满足后一条件，则也是有可能形成背驰的。

用MACD指标判断背驰的前提是，A、B、C段在一个大的趋势里，其中A段之前已经有一个走势中枢，而B段是这个大趋势里的另一个走势中枢，这个走势中枢一般会把MACD指标的黄白线（也就是DIF和DEA）回拉到零轴附近。而C段的走势类型完成时对应的MACD指标的柱子面积（向上的看红柱子，向下的看绿柱子）比Λ段对应的面积要小，这时候就构成标准的背驰。

操作提示1：在图7-29中，股价呈上涨趋势，A、B、C处于一个大的上涨趋势里，在A段之前，出现过一个走势中枢，B中枢为该上涨趋势中的第2个走势中枢，我们可以看到在与之对应的MACD指标图中，DIF曲线和DEA曲线被回拉至零轴，这是形成背驰的一个充分条件。

操作提示2: 从红色柱子的面积来看，C段所对应的红色柱子的面积明显比A段
所对应的红色柱子的面积要小，同时在这个过程中出现了DIF曲线
和DEA曲线被回拉至零轴的情况。因此，我们可以判定，顶背驰即
将出现，并确认C段的最高点为理想的卖点，应及时卖出持有的股
票，实现高位获利。

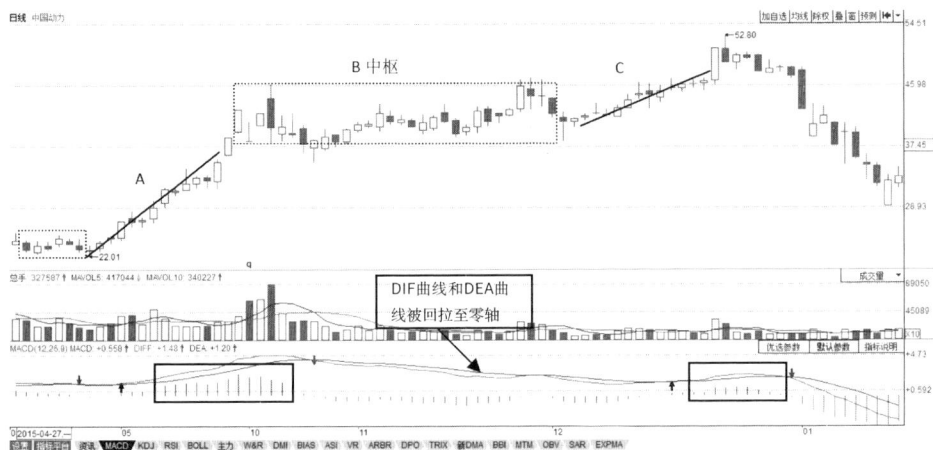

图7-29　中国动力日K线图

操作总结: MACD指标是判断背驰的重要依据，尤其是前后两个波段中的
红、绿色柱子面积的对比。当面积逐渐减小时，趋势力度越来越弱，即将出
现背驰。如果在上涨趋势中出现背驰，我们应在背驰出现时及时高抛，以规
避股价大幅回落所带来的亏损。

操作提示1: 在图7-30中，股价最高位为8.92元，随后呈下跌趋势，股价一路下跌
至4.51元，跌幅非常大。A、B、C处于同一个大的下跌趋势里，在A
段之前，出现过一个走势中枢，B中枢为该下跌趋势中的第2个走势
中枢。我们可以看到在与之对应的MACD指标图中，DIF曲线和DEA
曲线被回拉零轴，这是形成背驰的一个充分条件。

操作提示2：我们将A段和C段的绿色柱子面积进行对比，可发现C段所对应的面积明显小于A段所对应的面积，即构成了标准的底背驰。因此，我们可以判断C段最低点为理想的买点，即价格4.51元是最理想的建仓价格。

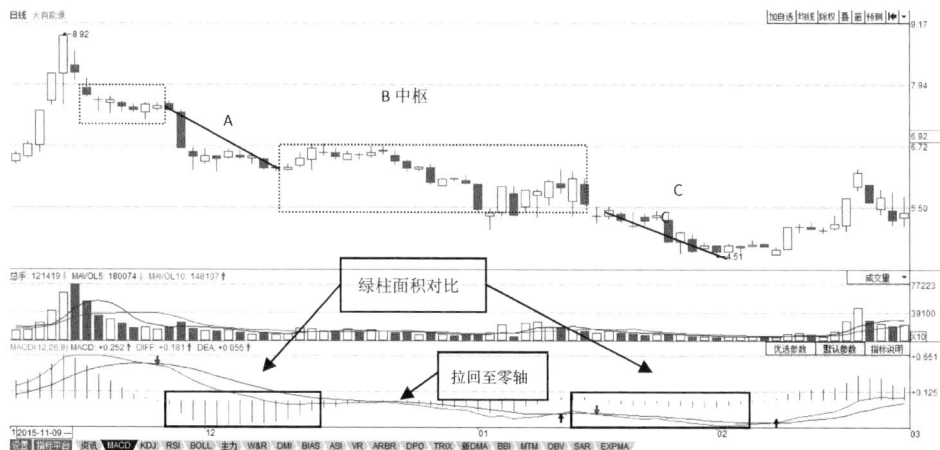

图7-30　大有能源日K线图

操作总结：在判定标准底背驰的过程中，MACD指标起到最主要的作用，帮助我们找到最理想的买点。考虑到股价在底背驰后将发生转折，我们可确认在该买点跟进买入可实现盈利。MACD指标法是判断背驰形成的重要方法，不过在实际操作中，如果等红绿柱子面积完全显示出来后再进行操作，我们可能会与最佳买卖点失之交臂，所以我们有必要提前估算柱子的面积，提前判断是否会形成背驰，从而做好相应的买进或者卖出准备。

　　注意，看MACD柱子的面积不需要全出来，一般柱子伸长的力度变慢时，把已经出现的面积乘以2，就可以当成是该段的面积。所以，实际操作中根本不用回跌后才发现背驰，在上涨或下跌的最后阶段，判断就出来了，一般都可以抛到最高价位和买在最低价位附近。

——缠中说禅"教你炒股票"24课

当柱子面积增长速度变慢时，我们可用已经出现的柱子的面积乘以2，并将乘积当作该段的柱子的面积，提前判断背驰出现，我们才能在最低价位附近买入，或者在最高价位附近卖出，从而大幅提高盈利水平。

操作提示1： 在图7-31中，股价呈上涨走势，C段所对应的MACD柱线的面积可提前推断出来，当面积增速变慢时，我们将此前形成的面积乘以2，就可以推断出C段的面积。我们可以看出C段所对应的面积明显比A段所对应的面积小，且这期间DIF曲线和DEA曲线被回拉至零轴，表明背驰将要形成。

操作提示2： 在推算面积时，最重要的是找到面积增速变慢的位置，然后将在此之前出现的面积乘以2，并将乘积当作柱线完全显示出来的面积。将此面积跟前一波段所对应的柱线面积进行比较，如果面积减小，则为背驰将要形成的信号。

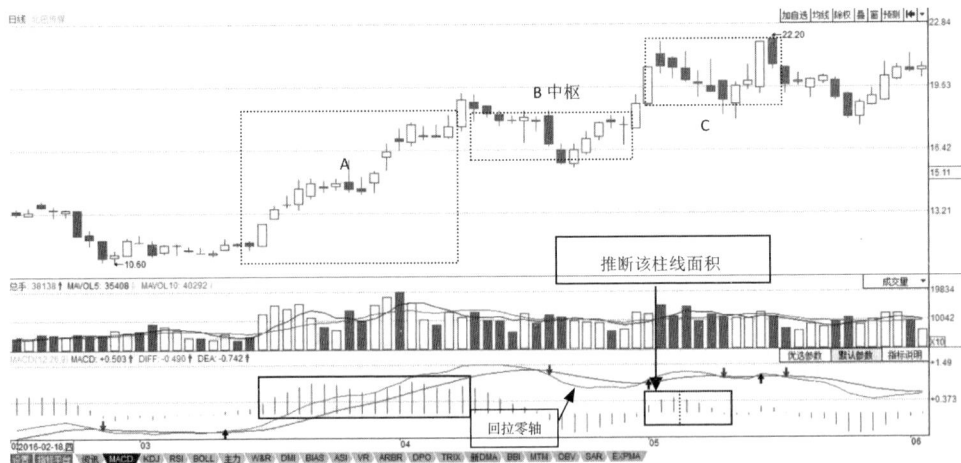

图7-31　北巴传媒日K线图

操作总结：MACD指标是判断背驰是否出现的重要技术依据，但其局限在于准确度不够高，好处是很容易理解和把握，能帮助我们快速判断背驰是否将要出现。如果只依靠MACD指标和A、B、C 3段线段，即使不懂走势中枢，判断准确率也在90%以上，当然如果能配合走势中枢，则能进一步提高判断的准确度。

7.4/ 区间套操作

在分析背驰时，找到本级别图中的背驰点是非常重要的，但如果只依据本级别的图来寻找，效果则不会很好。为了准确地找出背驰点，缠中说禅在缠论中引进了区间套这一概念。

区间套指根据背驰段按照从高级别到低级别的顺序寻找背驰点，即要判断某个级别的背驰点，则应先找出该级别的背驰段，再在次级别图中找出相应的背驰段，然后按照这个方法，依次在更低级别图中寻找背驰段，直到找到最低级别的背驰段，那么背驰点就出现在最低级别图里的背驰段范围内，这样就大大缩减了我们分析的工作量。

以某只股票为例，季K线图中的背驰，可以在月K线图中寻找；反过来，月K线图中的背驰段也在季K线图的背驰段里。按照这个方法，依次在周K线、日K线、30分钟K线、5分钟K线、1分钟K线图中寻找背驰点，甚至可延伸至每笔成交。在这个过程中，背驰段不断缩小，在理论上，甚至可以达到这样一种情况：能够明确指出，就这一笔是该股历史底部的最后一笔，这一笔交易完成意味着一个历史性底部的形成。当然这只是理想情况，但运用这种方法去寻找背驰点是不难的。

精确大转折点寻找程序定理：某大级别的转折点，可以通过逐级收缩不同级别背驰段的范围而确定。

某大级别的转折点，先找到其背驰段，然后在次级别图里，找出相应背驰段在次级别里的背驰段，将该过程反复进行下去，直到最低级别，相应的转折点就在该级别背驰段确定的范围内。如果这个最低级别是可以达到每笔成交的，理论上，大级别的转折点，可以精确到笔的背驰上，甚至就是唯一的一笔。

——缠中说禅"教你炒股票"27课

从理论上来说，无论是哪一个大级别的背驰点，都可以在相应的次级别中找到。因此，我们可运用区间套来找出本级别的背驰点，从而找出最佳的买卖点，也就是有了区间套，才有可能精准定位买卖点。

在图7-32中，A、B、C在一个大的趋势里，A段之前出现过一个走势中枢，B为上涨趋势中的另一个走势中枢，对应的MACD指标中出现了DIF曲线和DEA曲线被回拉至零轴的现象。我们可以看到C段所对应的MACD指标中的柱子面积明显比A段所对应的面积小，构成了标准顶背驰。那么我们该如何找到C段的背驰点呢？

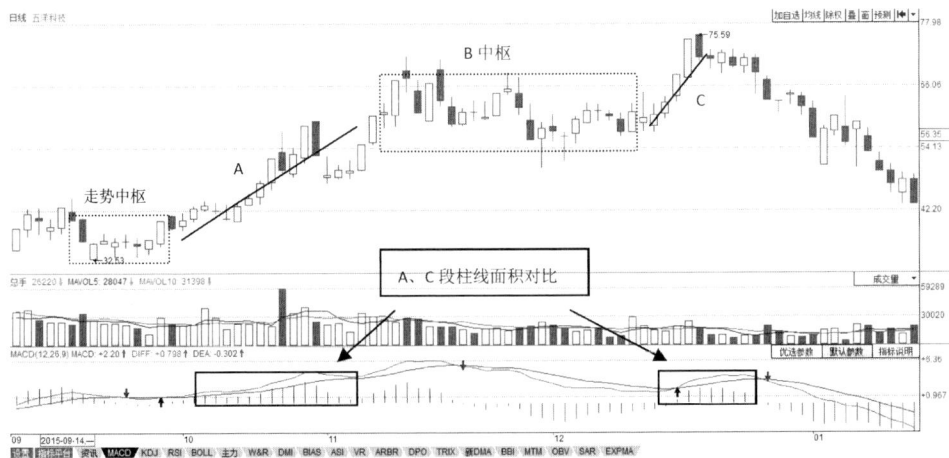

图7-32　五洋科技日K线图

按照精确大转折点寻找程序定理，首先找出日K线图中C段在次级别图里所对应的背驰段。

在图7-33中，日K线图中的C段在该图中可分为3段，即D、E、F 3段，其中F段就是我们要找的背驰段，但要精准找出背驰点，还需进行下一步操作。

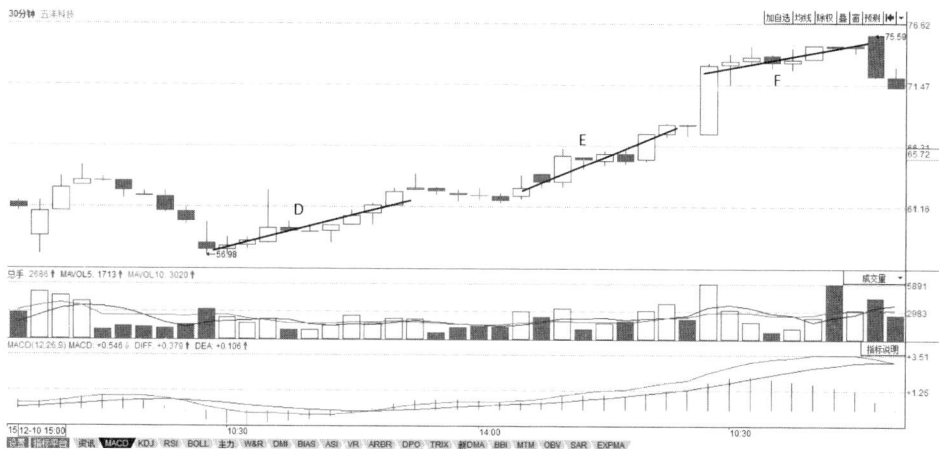

图7-33　五洋科技30分钟K线图

在图7-34中，30分钟K线图中的F段在该图中分为G、H、I 3段，其中I段为背驰段，我们所要寻找的背驰点就在I段里。

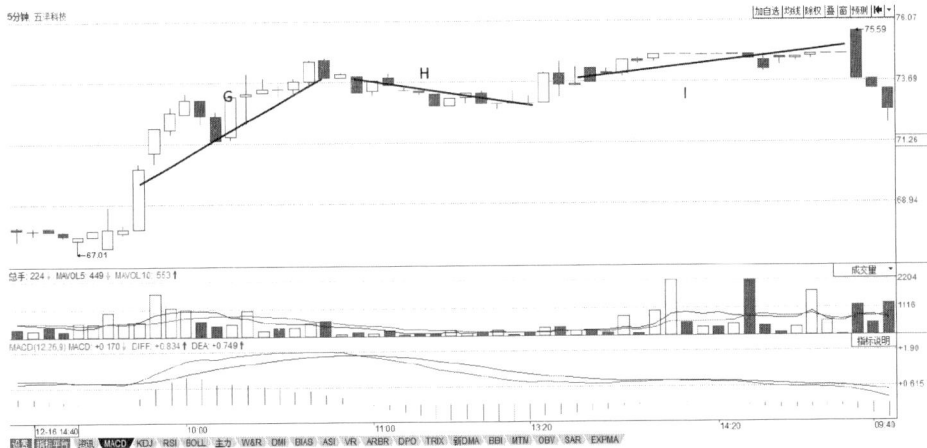

图7-34　五洋科技5分钟K线图

当然我们也可以接着在更低级别图里寻找背驰段，直至找到最低级别图中的背驰段。如果这个最低级别是可以达到每笔成交的，理论上，大级别的转折点，可以精确到笔的背驰上，甚至就是唯一的一笔。因此，运用区间套寻找背驰点的方法并不难理解和掌握，在这一过程中，我们所寻找的背驰段逐步缩小，直到找出我们想要寻找的背驰点。事实上，区间套操作也是缠论中的一个重要的操作方法，区间套具体操作方法如下。

（1）时间和级别完全契合，是较为普遍的一种情况。具体操作方法为：当某个级别进入背驰段后，然后到次级别中去寻找背驰点，逐级找下去，直到在某一低级别中发现我们要找的最终背驰段。通常来说，最终背驰段所在的级别越小，则越易找出背驰点。

（2）小转大。本级别并未进入背驰段，但次级别由于突发情况，导致本级别出现背驰，在这种情况下，我们是无法找到第一类买点的，只能在次级别确认后才能意识到买点的出现。这种情况多发生在空头陷阱或者多头陷阱中；或发生在本级别大幅度上涨或者下跌，且随后出现反转时。

（3）反复背离。背驰和背离是不相同的，两者间存在差别。反复背离属于背了又背这一种情况，即本级别进入背驰段后，次级别下的趋势力度较大，使本级别无法形成背驰，所以在本级别上就会出现背了又背的现象。但如果背驰段仍未被打破，则应密切关注。反复背离多发生在筑顶或者筑底时期。

7.5 / 小背驰引发大转折

以向上30分钟级别的"a+A+b+B+c"结构为例，如图7-35所示，如果c是一个1分钟级别的背驰，最终引发下跌将股价走势拉回B里，那么在c里究竟发生了什么？

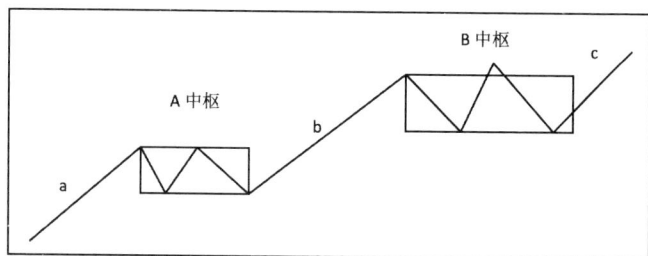

图7-35　小背驰引发大转折

B中枢要形成，则c至少包含一个5分钟级别的走势中枢，因为唯有如此才能形成一个第三类买点。

我们假设c'是c中最后一个5分钟级别的走势中枢，很明显，这个1分钟级别的顶背驰只能在c后出现，而且顶背驰会将股价走势拉回c'里，即整个过程可被视为围绕c'的一个震荡，而这个震荡要出现大的向下变动，显然要出现c'的第三类卖点。

所以，那些小级别背驰后能在最后一个次级别走势中枢里正常震荡的股价走势，都不可能转化成大级别的转折。因此也就有了缠论中小背驰-大转折定理。

小背驰-大转折定理：小级别顶背驰引发大级别向下的必要条件是在该级别走势的最后一个次级别走势中枢里出现第三类卖点；小级别底背驰引发大级别向上的必要条件是在该级别走势的最后一个次级别走势中枢里出现第三类买点。

在图7-36中，在该级别走势的最后一个次级别走势中枢里出现第三类买点，因而满足小背驰-大转折定理，从而引发大级别向上。

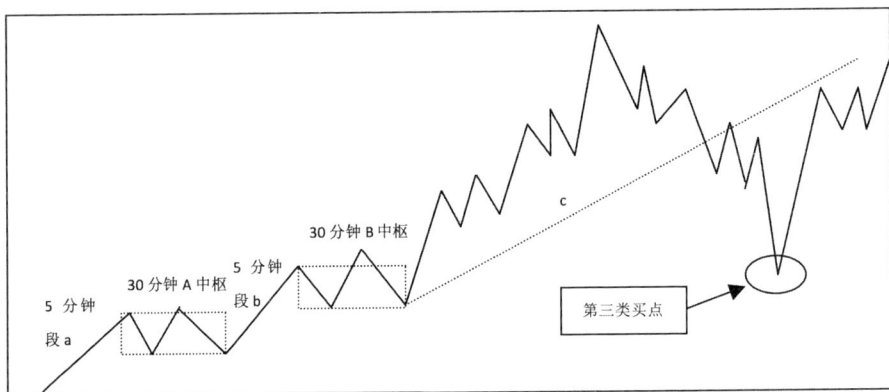

图7-36　第三类买点

一个按30分钟级别操作的投资者，一个5分钟级别的回调必然在其承受的范围之内，否则可以把操作的级别调到5分钟。那么，对于一个30分钟级别的走势类型，一个小于30分钟级别的顶背驰，必然首先至少要导致一个5分钟级别的向下走势。

如果这个向下走势并没有回到构成最后一个30分钟级别中枢的第三类买点那个5分钟向下走势类型的高点，那么这个向下走势就不必理睬，因为走势在可接受的范围内。

当然，在最强的走势下，这个5分钟的向下走势，甚至不会接触到包含最后一个30分钟走势中枢的第三类买点那5分钟向上走势类型的最后一个5分钟走势中枢，这种情况就更无须理睬了。

如果那向下的5分钟走势跌破构成最后一个30分钟走势中枢的第三类买点那个5分钟回试的5分钟走势类型的高点，那么，任何的向上回抽都必须先离开。

第8章
缠论：其他重要理念

　　缠论中除了讲述了分型、笔、线段、走势中枢、背驰等重要概念外，还有很多其他理念，包括买卖点理论、风险和资金管理理论等，甚至还介绍了进行股票投资时的心态、博弈心理等。这其中也包含很多重要的理念，掌握这些理念对我们科学地掌握股票投资理论、提高实战技巧均有重要帮助。

本/章/精/彩/导/读

缠论中的买卖点理论

缠论中其他操作方法

缠论中的风险管理和资金管理

缠论中的投资策略

8.1/ 缠论中的买卖点理论

　　股市中任何技术理论说到底都是为实际操作服务的，实际操作的核心是抓住买卖点，低吸高抛，从中获得可观的差额利润。缠论中提出的第一、二、三类买卖点，就是为解决这一难题而存在的，而这也是缠论中最核心的部分之一。

　　当你能够精准地找到股票中的买卖点，那么选择什么样的股票就不重要了，正如缠论中所说："选什么股票其实不重要，关键是要选好买点，等待你的买点或换股的时机，别抛了一只买点上的股票去换一只卖点上的。一个人，可以买卖一只股票获取最大利润，关键是买点、卖点的节奏，而不是股票本身。"

　　如何找到买点实现低价建仓、如何找到卖点实现高抛获利，是缠论中最吸引人的理论之一。当然，要了解缠论中的买卖点，就要掌握缠论中的形态学、动力学，尤其是与第一类买卖点密切相关的背驰。

8.1.1　3类买点及解析

　　缠论中的买卖点分为3类，分别为第一类买卖点、第二类买卖点、第三类买卖点，这3类买卖点都是经过理论证明的，缠中说禅称之为安全的买卖点，即出现买卖点后，股价走势必然发生转折。

　　市场交易，归根结底就是对头卖点的把握。如果没有掌握这3类买卖点，则不能说完全明白了缠论，更何况在实战中，这3类买卖点占据着非常重要的地位。

　　因此，我们必须要掌握买卖点，并且将买卖点理论和缠论中的其他理论灵活运用于实际操作，为我们的操作提供依据和指导。

1.第一类买点

第一类买点和背驰密切相关。在缠论中，第一类买点的定义为：在某级别下跌趋势中，一个次级别走势类型跌破最后一个走势中枢后所形成的背驰点。

从该定义可以看出，要形成第一类买点需要满足3个条件：在次级别中寻找；次级别走势类型跌破最后一个走势中枢；形成背驰点。

在图8-1中，b段之前出现了一个走势中枢，B中枢为下跌趋势中的另一个走势中枢。由于c段趋势力度比b段趋势力度弱，且c段跌破最后一个走势中枢，所以将会形成背驰点，而缠论中的第一类买点就是该下跌趋势中的背驰点。

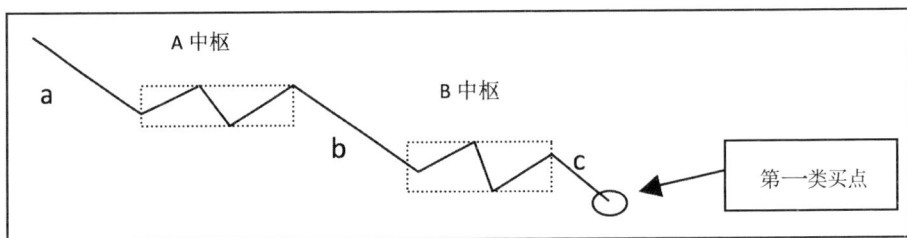

图8-1　第一类买点

操作提示1：　在图8-2中，A、B、C处于一个大的下跌趋势中，A段之前出现过一个走势中枢，B为A之后出现的走势中枢。

操作提示2：　通过MACD指标，我们可以看出，C段所对应的柱子面积明显小于A段所对应的柱子面积，形成底背驰。图中的背驰点为缠论中的第一类买点，可在此时建仓。

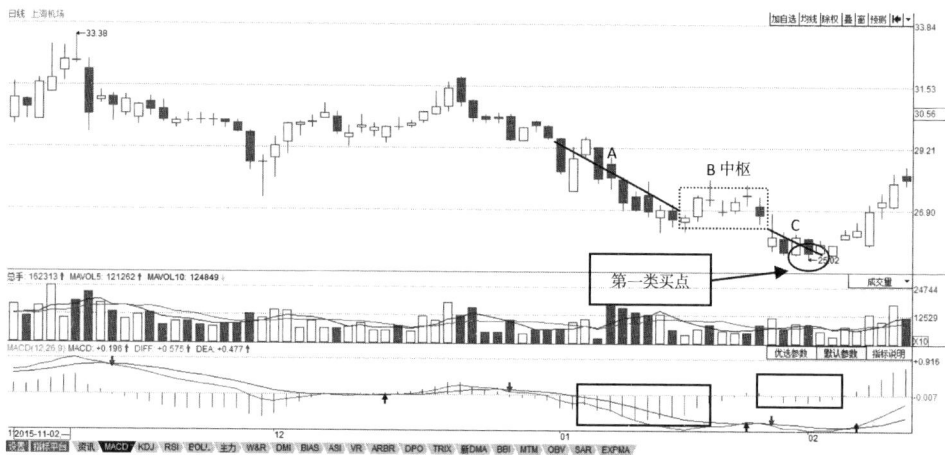

图8-2　上海机场日K线图

操作总结：下跌趋势中的最后一个走势中枢形成后的低点，较易形成背驰，而背驰的最低点往往就是我们要找的第一类买点，它通常出现在下跌趋势中的最后一个走势中枢的下方。

2.第二类买点

第二类买点是由第一类买点派生出来的，出现在第一类买点之后。

第一类买点形成后，次次级别反弹上涨，股价涨至高位后回落，而回落中的低点，就是我们要寻找的第二类买点。在缠论中，它是仅次于第一类买点的买点，是建仓的好时机。

了解第二类买点形成的过程，对我们理解第二类买点的概念很有帮助。第二类买点的概念为·某个级别中，第—类买点的次级别上涨后再次下跌的那个次级别走势的结束点，为第二类买点。

从这句话中，我们可以读出3层含义：第二类买点出现在第一类买点之后；下跌跌破走势中枢；下跌走势结束。

第二类买点是和第一类买点紧密相连的，因为出现第一类买点后，必然只会出现盘整与上涨的走势类型，而第一类买点出现后的第二段次级别走势低点就构成第二类买点，根据走势终完美的原则，其后必然有第三段向上的次级别走势出现，因此该买点也是绝对安全的。第二类买点，不必然出现在中枢的上或下，可以在任何位置出现，中枢下出现的，其后的力度就值得怀疑了，出现扩张性中枢的可能性极大，在中枢中出现的，出现中枢扩张与新生的机会对半，在中枢上出现，中枢新生的机会就很大了。但无论哪种情况，盈利是必然的。

——缠中说禅"教你炒股票"21课

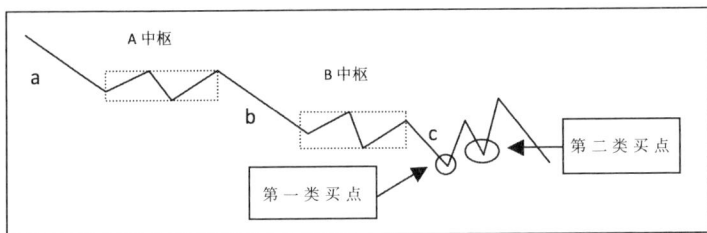

图8-3　第一、二类买点

在图8-3中，第一类买点为下跌趋势中的背驰点，随后股价触底反弹，但很快迎来回落走势，形成第二个低点，即第二类买点。因此，第二类买点出现在第一类买点之后，两者关系密切。可以说，如果没有第一类买点，那么也就不存在所谓的第二类买点。

操作提示1：在图8-4中，股价呈下跌走势，在价格为18.70元时构成底背驰，第一类买点出现。

操作提示2：股价在18.70元见底后反弹，从成交量也可以看出，脉冲式放量，量能充足，因而股价能在短时间内涨至高位，为次级别的上涨。但随后出现次级别的回调，而回调中的低点，就是我们要寻找的第二类买点。

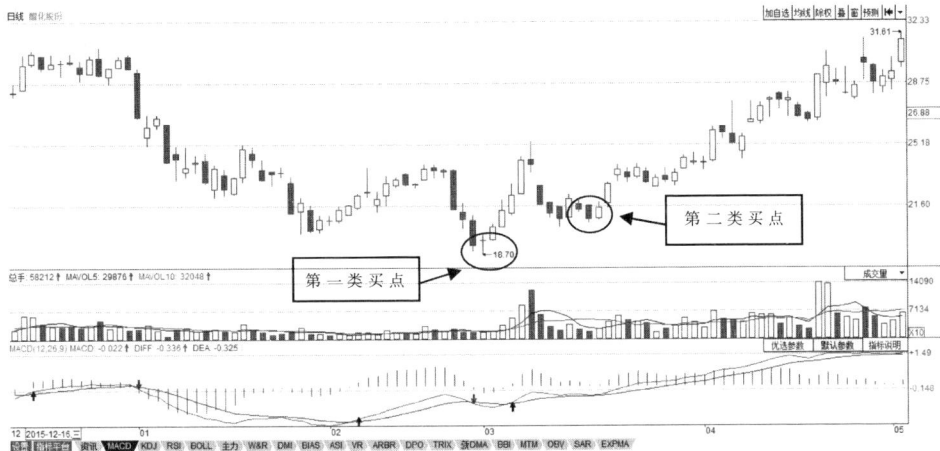

图8-4　醋化股份日K线图

操作总结：寻找第二类买点时，先要找出第一类买点，然后等股价上涨后回落形成低点，而该低点通常就是我们要寻找的第二类买点，不过第一类买点出现并不意味着第二类买点一定会出现，而出现第二类买点，必然先出现第一类买点。

3.第三类买点

第一类买点形成后，某一次级别走势向上脱离走势中枢区间的范围，然后出现次级别回调，但是它的低点没有跌破ZG，于是就构成了第三类买点。

从这句话中，我们能读出3层含义：第三类买点出现在第一类买点之后；下跌不跌破ZG；下跌走势结束。

第三类买卖点定理：一个次级别走势类型向上离开缠中说禅走势中枢，然后以一个次级别走势类型回调，其低点不跌破ZG，则构成第三类买点；一个次级别走势类型向下离开走势中枢，然后以一个次级别走势类型回抽，其高点不升破ZD，则构成第三类卖点。

——缠中说禅"教你炒股票"20课

在图8-5中，第一类买点为下跌趋势中形成的背驰点，第二类买点为触底反弹然后回落后所形成的低点，随后次级别走势向上脱离走势中枢，接着以一个次级别走势回调，但并未跌破ZG，则形成第三类买点。

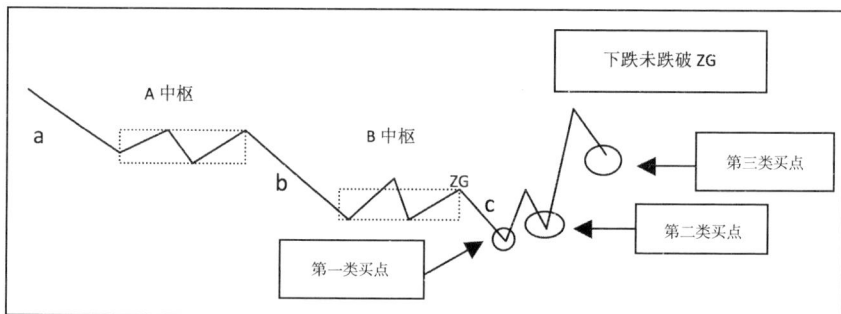

图8-5　第一、二、三类买点

这里要注意，第三类买点是在第一类买点形成后出现的，也就是先有第一类买点，而后有第三类买点，但并不一定有第二类买点。如果第一类买点出现后，次级别走势向上脱离走势中枢，接着以一个次级别走势回调，且回调的低点在走势中枢的上方，则直接形成第三类买点，而没有第二类买点。在这种情况下，我们可以认为第二类买点和第三类买点重合。

不过第一类买点和第二类买点是不可能重合的。

在图8-6中，第一类买点形成后，一个次级别走势向上脱离走势中枢，接着以一个次级别走势回调，回调的低点在走势中枢的上方，这时第三类买点就出现了。

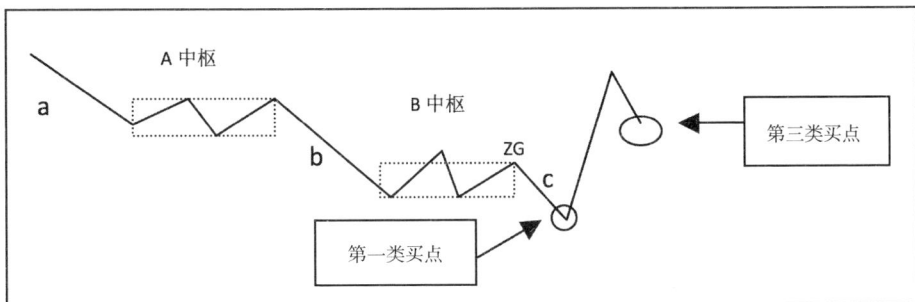

图8-6　第二、三类买点重合

操作提示1： 如图8-7所示，股价呈下跌走势，在股价为2.60元时构成底背驰，第一类买点出现。股价在2.60元处见底后反弹，为次级别上涨走势，接着以次级别走势回调，而回调中的低点就是第二类买点。

操作提示2： 第一类买点和第二类买点形成后，一个次级别走势向上脱离走势中枢，接着以一个次级别走势回调，但未能跌破ZG，此时第三类买点形成。

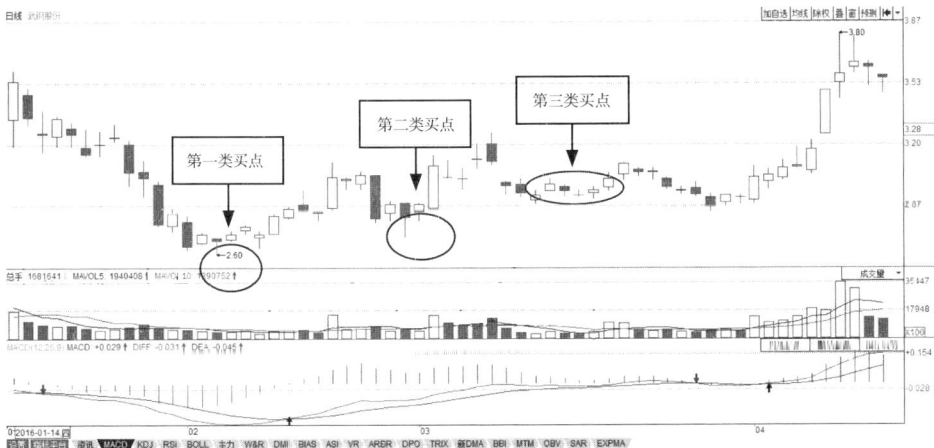

图8-7　武钢股份日K线图

操作总结：3类买点都是经过理论证明的，是我们在实战中要寻找的建仓点，当然，最佳买点无疑是第一类买点，然后是第二类买点、第三类买点。不过在同一级别上，3个买点都是至关重要的，不可只考虑某一个买点。

8.1.2　3类卖点及解析

1.第一类卖点

和第一类买点一样，第一类卖点和背驰的关系也非常密切。在缠论中，第一类卖点的定义为：在某级别上涨趋势中，一个次级别走势类型向上突破最后一个走势中枢后形成的背驰点。

从该定义可看出，要形成第一类卖点需要满足3个条件：在次级别中寻找；次级别走势类型突破最后一个走势中枢；形成背驰点。

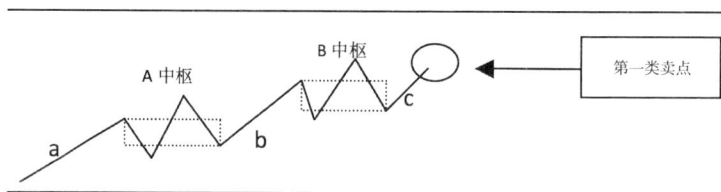

在图8-8中，a、A、b、B、c处于一个大的上涨趋势中，b段之前出现了一个走势

图8-8　第一类卖点

中枢，B中枢为上涨趋势中b段后的一个走势中枢。c段向上突破走势中枢，由于c段趋势力度比b段趋势力度弱，所以将会构成顶背驰，c段的高点为背驰点，而缠论中的第一类卖点就是该上涨趋势中的背驰点。

操作提示1：在图8-9中，A、B、C处于大的上涨趋势中，A段之前出现了一个走势中枢，B中枢为A段后的一个走势中枢。该股价格由18.83元一路上涨至45.60元，到达最高位。

操作提示2：MACD指标中，C段所对应的红色柱子面积明显小于A段所对应的红色柱子面积，构成顶背驰。图中股价高位45.60元为背驰点，也是缠论中的第一类卖点，应及时高抛。

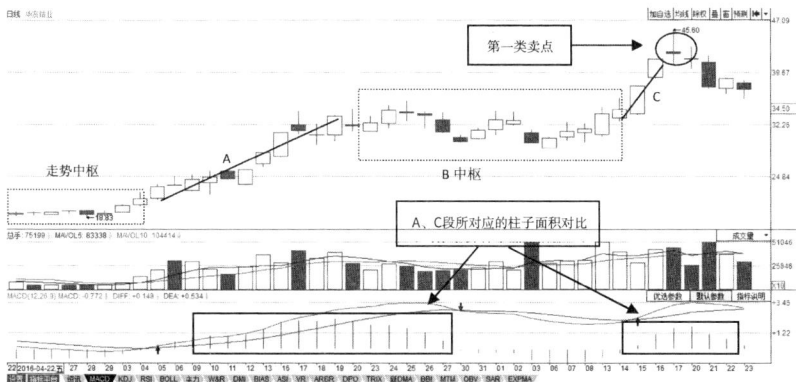

图8-9　华友钴业日K线图

操作总结：上涨趋势中的最后一个走势中枢形成后的高点，较易构成顶背驰，而顶背驰的最高点往往就是我们要找的第一类卖点，通常出现在上涨趋势中的最后一个走势中枢的上方。

2.第二类卖点

第二类卖点是由第一类卖点派生出来的，出现在第一类卖点之后。

第一类卖点形成后，股价下跌至低位后反弹，而反弹上涨后形成的高点，就是我们要寻找的第二类卖点。在缠论中，它是仅次于第一类卖点的卖点，是高抛获利的好时机。

了解第二类卖点形成的过程，对我们理解第二类卖点的概念很有帮助。第二类卖点的概念为：某个级别中，第一类卖点的次级别下跌后再次反弹上涨的那个次级别走势的结束点，为第二类卖点。

从这句话中，我们可以读出3层含义：第二类卖点出现在第一类卖点之后；

上涨突破走势中枢；上涨走势结束。

在图8-10中，a、A、b、B、c处于一个大的上涨走势中，第一类卖点为上涨趋势中的背驰点，随后股价见顶回落，但很快迎来反弹上涨走势，回到大的上涨走势中，形成第二个高点，是第二类卖点。因此，第二类卖点出现在第一类卖点之后，两者密切相关。可以说，如果没有第一类卖点，那么也就不存在第二类卖点。

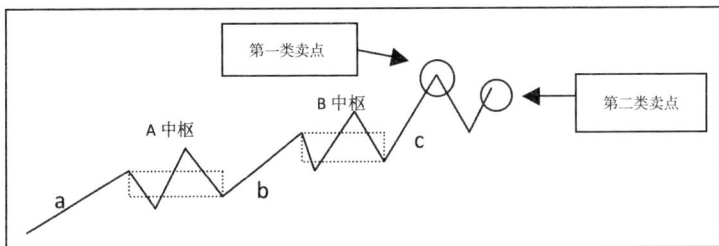

图8-10　第一、二类卖点

操作提示1：　如图8-11所示，股价呈上涨走势，在股价为57.84元时构成顶背驰，第一类卖点出现。

操作提示2：　股价在57.84元见顶回落。在MACD指标中我们发现DIF曲线向下跌破DEA曲线，为卖出信号。股价下跌至低点，为次级别的下跌，但随后出现次级别的反弹上涨，而反弹上涨后所形成的高点，就是第二类卖点。

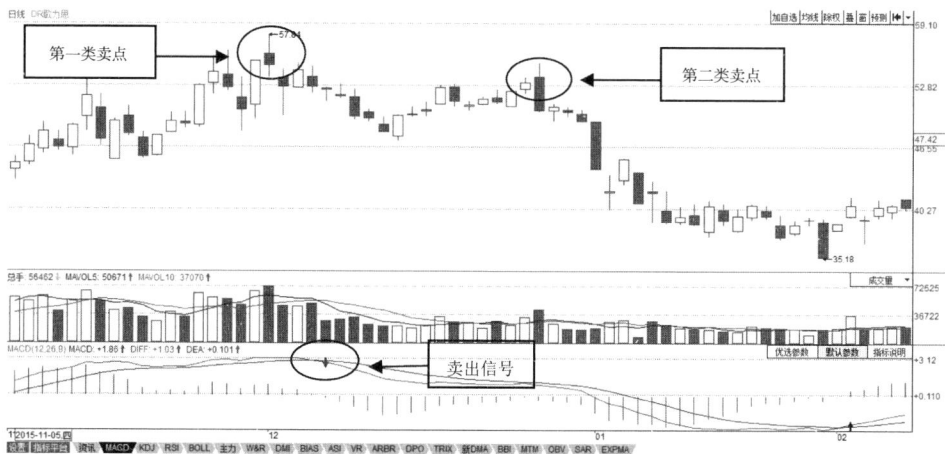

图8-11　DR歌力思日K线图

操作总结： 寻找第二类卖点时，先要找出第一类卖点，然后等股价下跌后反弹形成高点，而该高点通常就是我们要寻找的第二类卖点。不过第一类卖点出现并不意味着第二类卖点会出现，而出现第二类卖点，必然先有第一类卖点。

3.第三类卖点

第一类卖点形成后，某一次级别走势向下脱离走势中枢区间的范围，然后出现次级别反弹，但是它的高点没有突破ZD，于是就构成了第三类卖点。

从这句话中，我们能读出3层含义：第三类卖点出现在第一类卖点之后；上涨不突破ZD；上涨走势结束。

在图8-12中，第一类卖点为上涨趋势中的背驰点，第二类卖点为股价见顶回落然后反弹上涨所形成的高点，随后次级别走势向下脱离走势中枢，出现在走势中枢的下方，接着以一个次级别走势类型反弹，但并未突破ZD，则形成第三类卖点。

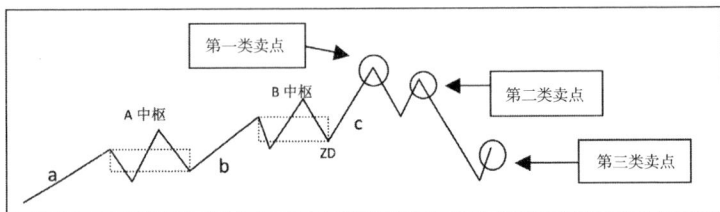

图8-12　3类卖点

　　这里要注意，第三类卖点出现在第一类卖点后，即先有第一类卖点，然后有第三类卖点，但并不一定有第二类卖点。如果第一类卖点出现后，次级别走势向下脱离走势中枢，接着以一个次级别走势类型回抽，但回抽结束后没有突破ZD，即还是位于走势中枢的下方，就会直接形成第三类卖点，没有第二类卖点。在这种情况下，我们认为第二类卖点和第三类卖点重合。不过第一类卖点和第二类卖点是不可能重合的。

　　在图8-13中，第一类卖点形成后，一个次级别走势向下脱离走势中枢，接着以一个次级别走势类型回抽，但回抽结束后没能突破走势中枢的最低点ZD，反弹后所形成的高点位于走势中枢的下方，这时就直接形成了第三类卖点。

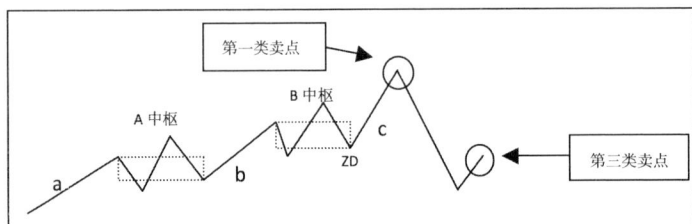

图8-13　第二、三类卖点重合

　　操作提示1： 如图8-14所示，股价呈上涨走势，在股价为24.12元时构成顶背驰，第一类卖点出现。股价在24.12元见顶后回落，为次级别下跌走势，接着以一个次级别走势回抽，而回抽后的高点就是第二类卖点。

操作提示2：第一类卖点和第二类卖点形成后，一个次级别走势向下脱离走势中枢，接着以一个次级别走势反弹，但未能突破走势中枢边缘ZD，仍位于中枢的下方，此时第三类卖点出现。

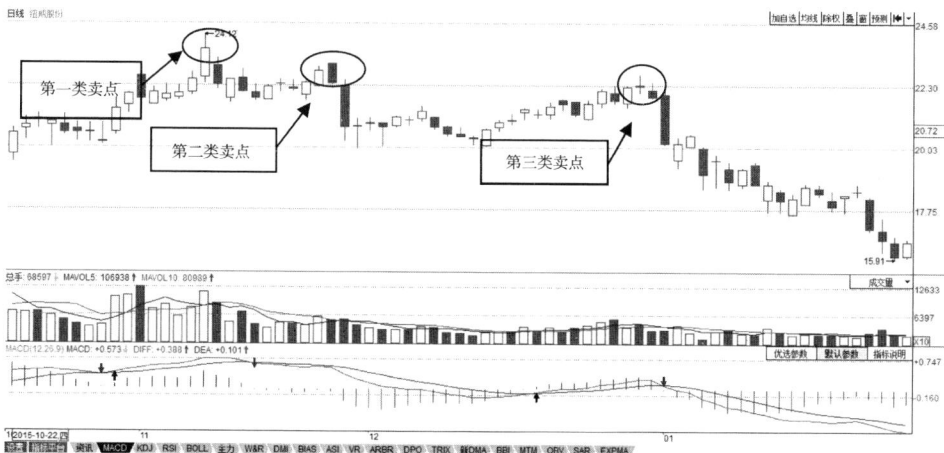

图8-14　纽威股份日K线图

操作总结：3类卖点都是经过理论证明的，是我们高抛获利的重要依据，是我们要寻找的减仓点，当然，最佳卖点无疑是第一类卖点，然后是第二类卖点、第三类卖点。不过在同一级别上，3个卖点都是至关重要的。

8.1.3　买卖点操作指导

1.3类买卖点的特征

通过前面的讲述，我们知道，第一类买卖点就是背驰点；第二类买卖点为次级别走势跌破或者往上突破最后一个走势中枢后所形成的走势结束点；第三类买卖点为次级别走势往下或者往上脱离走势中枢，然后以一个次级别走势类型回抽或者回调后所形成的高点不突破ZD或者低点不跌破ZG的走势结束点。

背 驰 中 的
转折点为第一类
买卖点；再次下
跌或者上涨为第
二类买卖点；先
脱离走势中枢，
然后反弹或者回

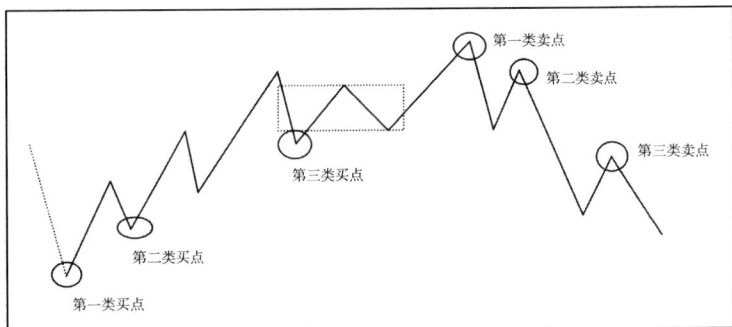

图8-15　3类买卖点

调，反弹或回调后所形成的高点或低点未落在走势中枢里，即该低点或高点为第
三类买卖点。

观察图8-15，我们可发现3类买卖点所具有的特征如下。

第一类买卖点：买点出现在走势中枢的下方，而卖点则出现在走势中枢的
上方。

第二类买卖点：是由第一类买卖点派生出来的，是对第一类买卖点的完善
和补充；第二类买卖点的位置较为多变，不用像第一类买卖点那样，必须出现在
走势中枢的上方或者下方。

第三类买卖点：买点只出现在走势中枢的下方，卖点只出现在走势中枢的
上方，可能与第二类买卖点重合。

注意，第三类买卖点比第一、二类要后知后觉，但如果抓得好，往往不用浪
费盘整的时间，比较适合短线技术较好的投资者，但一定要注意，并不是任何回
调回抽都是第三类买卖点，必须是第一次。而且，第三类买卖点后，并不必然是
趋势，也有进入更大级别盘整的可能，但这种买卖之所以必然盈利，就是因为即
使是盘整，也会有高点出现。操作策略很简单，一旦不能出现趋势，一定要在盘

整的高点出掉，这和第一、二类买点的策略是一样的。

——缠中说禅"教你炒股票"20课

2.买卖点与走势中枢

走势中枢分为3种情况：延续、扩张和新生。

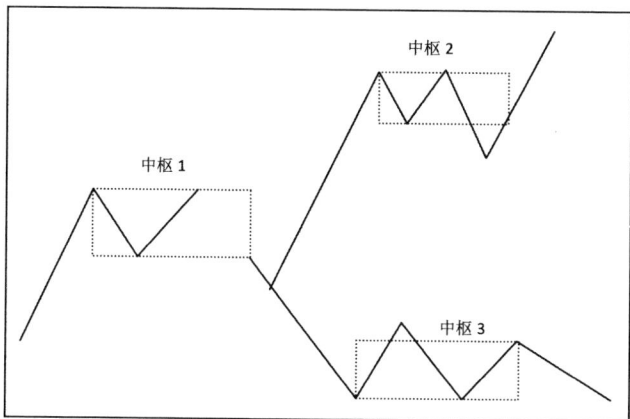

图8-16　走势中枢的3种情况

在图8-16中，当中枢1、中枢2的走势中枢区间区域重合时，或者中枢1、中枢3的走势中枢区间区域重合时，就构成了走势中枢的延续，也就是盘整，即在任意级别走势中某个完成的走势类型中只有一个走势中枢，则称为该级别的盘整。

当中枢1、中枢2的波动空间（两个同级别走势中枢形成的波动空间）区域重合时，或者中枢1、中枢3的波动空间区域重合时，则构成了走势中枢的扩张，会形成更大级别的走势中枢。

当中枢1、中枢2、中枢3的波动空间区域不存在重合部分时，则意味着新生，即构成了新的走势中枢。

3类买卖点都对应着与该级别最靠近的某种走势中枢的关系，对于买点来说，其在该走势中枢下方出现表明即将出现转折，在该走势中枢上方出现意味着走势中枢将延续。

如果走势中枢延续，那么在走势中枢上方是不存在买点的，因为走势中枢延续的前提条件为走势中枢上的走势必然会转折向下，也就是说这时只存在卖点，而不可能有买点。

在图8-17中，在走势中枢的延续中不存在必然的买点，而卖点却是存在的。在整个走势中，只有10为理想的买点，而1~10已经扩展成本级别走势中枢的上一级别走势中枢。

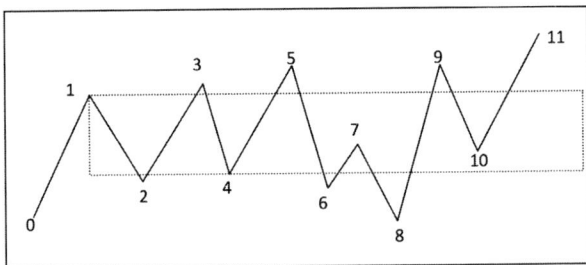

图8-17　走势中枢的延续

如果走势中枢扩张或者新生，在走势中枢上方是存在买点的，这类买点，也就是第三类买点，换句话说，第三类买点是由走势中枢的扩张或者新生产生的。走势中枢的扩张会形成一个更大级别的走势中枢，而走势中枢的新生则会形成一个上涨的趋势。

在图8-18中，5~8形成走势中枢，8在3的下方，因此根据缠论中第三类买点的

第三类买点

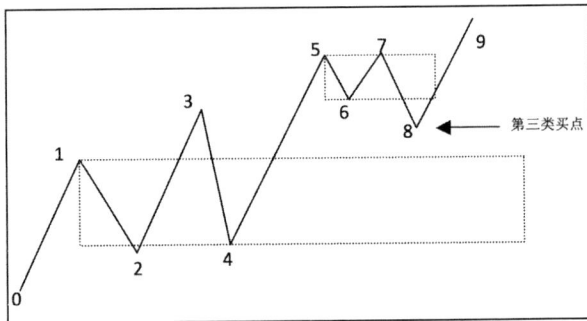

图8-18　走势中枢的扩张

定义，可推断8为第三类买点，0~9为走势中枢的扩张。因此，第三类买点是由走势中枢扩张产生的。同理，可证明，第三类买点是由走势中枢的新生产生的。

对于在走势中枢下形成的买点，如果该走势中枢是在上涨之中，那么在走势中枢下并不一定会形成买点，走势中枢下的买点只存在于下跌或者盘整的走势中。

换句话说，当上涨趋势确认后，不可能出现第一类买点和第二类买点，只能产生第三类买点。而对于盘整，其走势中枢的扩张与新生，都无法保证在该买点出现后一定会发生向上的转折，因为走势中枢的扩张和新生也是可以向下发展的；而对于走势中枢的延续，走势中枢形成后随时都可能被打破而结束延续，也并不一定要发生向上的转折。因此，在盘整走势中，在走势中枢下方也不一定会出现买点。

因此，唯有在下跌走势确认后的走势中枢下方才可能会出现买点，且为第一类买点。第一类买点出现后，必然会出现盘整或者上涨的走势类型，第一类买点出现后的第二段次级别走势结束后所形成的低点就为第二类买点。根据走势终完美的原则，在其后必然会出现向上的次级别走势，所以该买点很安全。

8.2 / 缠论中其他操作方法

缠论中除了提到前面讲过的背驰、走势中枢、分型、线段等重要概念，以及因此而衍生出来的操作方法外，还提到很多其他操作方法，如中小资金高效买入法、利润最大的操作模式、中阴阶段的操作法以及投资方案等，这些都是对前面的操作方法的补充和完善，如果能将二者有效结合起来，则能提高我们的操作水平，帮助我们获得丰厚的利润。

8.2.1 中小资金高效买入法

市场中任何品种、任何周期下的走势图，都可以被分解成上涨、下跌、盘整3种走势类型的组合。上涨、下跌构成趋势，如何判断趋势与盘整，是判断走势的核心问题。一个最基本的问题就是，走势是分级别的，30分钟级别的上涨趋势，可能在日K线图上只是盘整的一段甚至是下跌中的反弹，所以抛开级别前提而谈论趋势与盘整是毫无意义的，这一点必须明确。注意，下面以及前面的讨论，如没有特别声明，都是在同级别的层面上展开的，只有把同级别的事情弄明白了，才能够把不同级别的走势组合在一起研究。

上涨、下跌、盘整3种基本走势，有6种组合可能代表着3类不同的走势。

陷阱式：上涨+下跌；下跌+上涨，如图8-19所示。

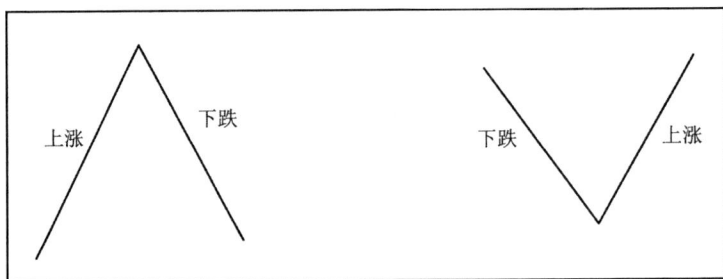

图8-19　陷阱式

反转式：上涨+盘整+下跌；下跌+盘整+上涨，如图8-20所示。

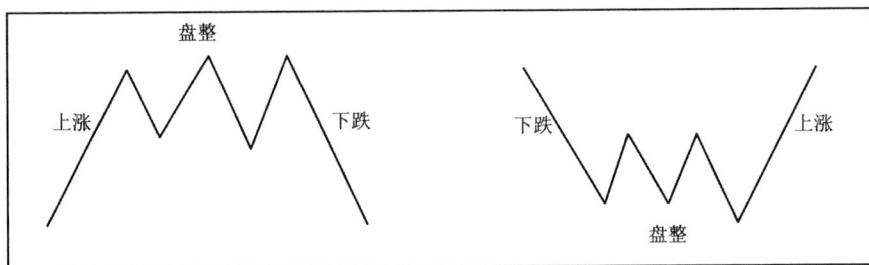

图8-20　反转式

中继式：上涨+盘整+上涨；下跌+盘整+下跌，如图8-21所示。

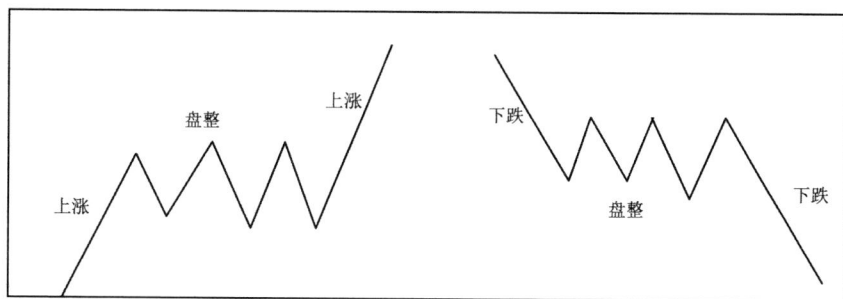

图8-21　中继式

市场的走势，都可能通过这3类走势得以分解和研究。站在多头的角度上，首先要考虑的是买入，因此，上面6种最基本的走势中，有买入价值的是"下跌+上涨""下跌+盘整+上涨""上涨+盘整+上涨"3种。没有买入价值的是"上涨+下跌""上涨+盘整+下跌""下跌+盘整+下跌"。由此不难发现，如果在一个下跌走势中买入，其后只会遇到一种没有买入价值的走势，就是"下跌+盘整+下跌"，这比在上涨时买入后遇到下跌的情况要少一种。因此我们应当尽量选择在下跌走势中买入。

虽然在下跌时买入获利的概率很大，但也要规避两个风险。一是该段跌势未尽，也就是下跌时买入，如果时机掌握得不准，则可能出现跌后再跌的情况；二是该段跌势虽尽，但盘整后出现下一轮跌势，也就是图8-21的中继式的第2种情况。

在下跌走势中用背驰来找第一类买点，就是要避开上面的第1个风险。而当买入后，将面对的是第2个风险，那么又如何避开第2个风险呢？方法就是下跌走势后一旦出现盘整走势，必须先减仓退出。为什么退出？因为盘整后出现的结果有两种，即上涨、下跌，一旦出现下跌就意味着亏损，而且盘整也会耗费时间，对于中小资金来说，继续持股是完全没必要的。

根据上面的分析，可以总结出一种行之有效的买卖方法：在第一类买点买入后，一旦出现盘整走势，无论后面的情况如何，都马上退出。这种买卖方法的实质，就是在6种最基本的走势中，只购买呈"下跌+上涨"走势的股票。对于持有资金量不大的投资者来说，这是比较有效的一种买卖方法。

对于"下跌+上涨"来说，下跌前面的走势只会有两种：上涨和盘整。如果是"上涨+下跌+上涨"，那就意味着这种走势组合在上一级别的图形中是一个盘整，因此，可将这种走势归纳在盘整的操作中。换言之，对于只参与"下跌+上涨"走势，而不考虑"上涨+下跌+上涨"走势的投资者来说，当他们希望用"下跌+上涨"买卖方法买入一只出现第一类买点的股票时，如果其前面的走势是上涨，则不再考虑该只股票。

注意，不考虑并不意味着这种情况没有盈利的可能，而只是可将这种情况归到盘整类型的操作中，但"下跌+上涨"买卖方法是拒绝参与盘整的。如此一来，按该种方法买卖股票时，可选择的股票又少了，只剩下这样一种情况，就是"盘整+下跌+上涨"。

从上面的分析中可以很清楚地看到，对于"下跌+上涨"买卖方法来说，必须是这样一种情况：一个前面是"盘整+下跌"型的走势后出现第一类买点。显然，下跌是跌破前面的盘整的，否则就不会构成"盘整+下跌"型，只会仍是盘整。那么在该盘整前的走势也只有两种：上涨、下跌。"上涨+盘整+下跌"走势实质上也在构成更高一级别的盘整，因此，对于"下跌+上涨"买卖方法来说，也不能参与这种情况，也就是只剩下这样一种情况："下跌+盘整+下跌"。

综上所述，对于"下跌+上涨"买卖方法来说，可选择的股票类型就只有一种情况，即该股票出现第一类买点且之前的走势是"下跌+盘整+下跌"类型。

因此，这里就得到了用"下跌+上涨"买卖方法选择买入股票品种的标准程序。

（1）首先只选择出现"下跌+盘整+下跌"走势的股票。

（2）在该走势的第2段下跌中出现第一类买点时买入。

（3）买入后，一旦出现盘整走势，坚决卖出。

注意，在出现盘整时卖出肯定是不会亏损的，因为可以在低一级别的第一类卖点出现时卖出，此时是肯定能盈利的。但为什么要卖出，因为根据"下跌+上涨"买卖方法不参与盘整的标准，盘整的坏处是浪费时间，而且盘整后下跌的可能性为50%，对于中小资金来说，根本没必要参与。一定要记住，一定要按标准来买卖股票，这样才是最有效率的。如果买入后不出现盘整，则股票至少会回升到"下跌+盘整+下跌"的盘整区域中，如果在日K线图或周K线图上出现这种走势，该股票进而发展成为黑马股的可能性是相当大的。

在图8-22中，从2004年6月2日到9月10日，股价呈下跌走势；从2004年9月10日到2005年3月14日，股价呈盘整走势；从2005年3月14日到2005年7月27日，股价呈下跌走势。也就是说，从2004年6月2日到2005年7月27日，股价呈标准的"下跌+盘整+下跌"的走势，其中，2005年3月14日到7月27日的第2次下跌走势中，该股票于7月27日出现明显的第一类买点，这就出现了"下跌+上涨"买卖方法的标准买入信号。其后股价走势很快就回到2004年9月10日到2005年3月14日的盘整区间，然后回调，并在2005年12月8日出现标准的第二类买点。

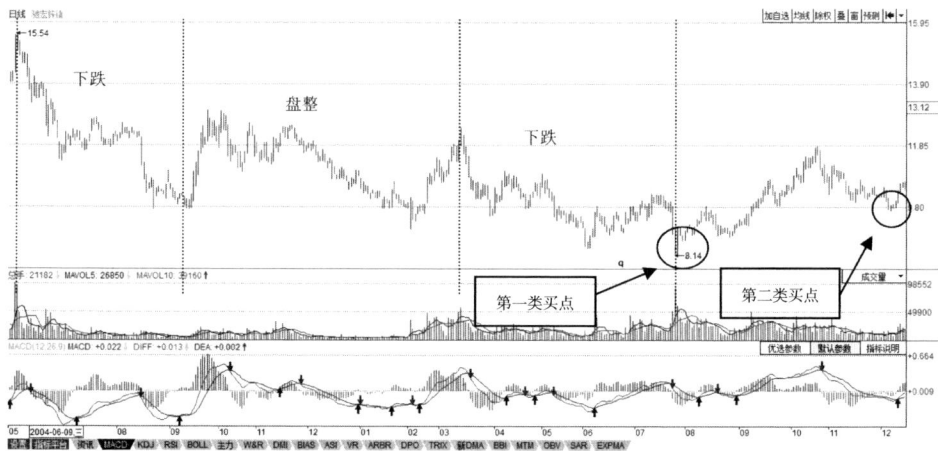

图8-22　驰宏锌锗日K线图

这种方法，无论买卖，都极为适合中小资金投资者，如果运用得好，是十分高效的，不过投资者要多看图，认真体会。

8.2.2　利润率最大的操作模式

首先要明确，自己要按什么级别来操作，对于这个问题，前面已经反复说过了，不妨假设这级别是30分钟。那么，我们打开走势图，首先要找什么？要找的是当下之前最后一个30分钟级别的走势中枢。这一步对于任何新进的股票来说，其道理是一样的。例如，你卖出了某只股票，重新选择一只新的股票，就会面对相同的情况。

显然，这将会出现3种情况：股价在该走势中枢之中；股价在该走势中枢之下；股价在该走势中枢之上。注意，这最后的30分钟级别的走势中枢，一定是可以马上确认的，无须任何预测，当然，前提是你要掌握缠论。

对于第1种情况，即股价在该走势中枢之中，这表明该走势中枢在延伸中。

而对于后两种情况，分别可以用第三类买卖点将其分为两小类。

如果你技术好点，可以判断出次级别的第一类买点，这些买点在很多情况下都是在走势中枢中出现的，那当然也是可以参与的。但如果没有这种技术，那就以后再说了。只把握你自己目前技术水平能分析出的买点，这才是最重要的。

对于第2种情况，即股价在该走势中枢之下，可将其分为两类：该走势中枢之前未出现第三类卖点；该走势中枢之前已出现第三类卖点。

对于第3种情况，即目前股价在该走势中枢之上，可将其分为两类：该走势中枢之前未出现第三类买点；该走势中枢之前已出现第三类买点。

对于第2种第1类，由于走势中枢震荡依旧，因此，应先找出该走势中枢前面震荡的某段，与背驰中比较趋势力度的方法类似，用MACD指标辅助判断，找出向下离开走势中枢的当下该段走势，将其看成背驰判断里的背驰段，然后再根据该段走势的次级别走势逐步按区间套的办法尽量确定精确的买点。注意，用来比较的某段，最标准的情况，当然是前面紧邻的向下的一段走势，一般情况下，走势中枢的震荡都是逐步收敛的，因此，如果走势中枢继续震荡，后面的向下离开的趋势力度一定比前一个小。

当然，还有些特殊的走势中枢震荡，会出现走势中枢的扩张的情况，就是比前一个的力度还要大，但这未必就一定会破坏走势中枢震荡，并最终形成第三类卖点。一般来说，对于这种情况，用各种图形分解与盘整背驰的方法就完全可以解决。

对于第2种第2类，由于该走势中枢已经结束，那就去分析包含该第三类卖点的次级别走势类型，用背驰的方法确定买点。当然，还有更干脆的办法，就是不在此时买入股票，因为此后股价走势中只能形成一个新的下跌走势中枢或者演化成一个更大级别的走势中枢，那完全可以等待这些完成后，再根据那时的走势来决定买入时机。这样，可能会错过一些大的反弹，但没必要参与操作级别及以上级别的下跌和超过操作级别的盘整。这种习惯，必须养成。

对于第3种第1类，这时候不存在合适的买点，需要等待。对于第3种第2类，如果离该买点的形成与位置不远，可以买入，但最好就是在刚形成时买入，若一旦从该买点开始已出现次级别走势的完成并形成盘整顶背驰，后面就必须等待，因为后面将是一个大级别盘整的形成，按照上面的分析，可以不买入，等到该盘整结束再说。当然，如果整个市场都找不到值得买入的股票，而又希望操作，那么就可以根据这些大级别的走势中枢震荡来操作，这样，也可以获得稳定的收益。

一个走势中枢中，最有价值的买点就是其第三类买点以及走势中枢向下震荡并出现背驰时的买点。前者，最坏的情况就是出现更大级别的走势中枢，这可以根据其后走势是否出现盘整背驰来决定是否卖出，若未出现这种情况，就意味着将出现一个向上走势并形成新走势中枢，在这个过程中当然是最能获利的。至于后面一种，就是围绕走势中枢震荡形成差价的过程，这会降低成本、增加筹码。

一定要注意，有许多人不知如何去操作差价，好像每个机会都可以去操作。然而从最严格的标准化操作意义上来说，只有围绕操作级别走势中枢震荡的差价才是最安全的，因为这时能操作出来且绝对不会损失筹码。这和在成本为0后的挣筹码操作中的道理是一样的。也就是说，在确定了买卖级别后，该走势中枢完成后的向上移动时的差价是不能进行操作的，走势中枢向上移动时应满仓，这才是最正确的做法。而在围绕走势中枢差价进行操作时，在走势中枢上方减少仓位，在走势中枢下方增加仓位。注意，这里有个前提，即走势中枢震荡依旧，一旦出现第三类卖点，就不能回补了，用判断走势中枢震荡力度的方法，能够规避后面可能出现第三类卖点的震荡。

如果这个走势中枢形成后股价走势向上移动并形成背驰，则应将所有的筹码卖出，当这个级别的走势类型完成后，就要等候下一个买点了。如果不形成背驰，就意味着将有一个新走势中枢形成。注意，小级别转大级别其实并不复杂，一样可以将大级别看成一个新走势中枢，只是该中枢有可能和前面的重合，而趋势中是不可能出现的。该走势中枢，就可以继续用走势中枢震荡的方法来进行短线操作，然后再继续等待走势中枢完成向上移动，直到出现背驰。

对于该理论，可以用科学的方法进行证明。

缠中说禅第一利润最大定理：对于任何固定交易品种，在确定的操作级别下，以上缠中说禅操作模式的利润率最大。

该模式的关键是只参与确定操作级别的盘整与上涨，对盘整用走势中枢震荡方法进行处理，保证成本降低以及筹码不损失（成本为0后是筹码增加，当然，对于小级别的操作，不会出现成本为0的情况），在走势中枢的第三类买点出现后持股直到新走势中枢出现，然后继续进行走势中枢震荡操作，中途进行短线操作。最后，在走势中枢完成的向上移动中出现背驰后抛出所有筹码，完成一次该级别的买卖操作，等待下一个买点出现。

还有，在走势中枢震荡中，本质上是应该进行全仓操作的，也就是股价位于走势中枢上方时抛出全部筹码，在股价位于走势中枢下方时如数接回，当然，这需要较高的技术精度，如果对走势中枢震荡的判断错误，就有可能抛错。所以对于不熟练的投资者来说，可以不进行全仓操作。但这有一个风险，就是走势中枢震荡后，不一定就能出现第三类买点，可能直接出现第三类卖点后股价就下跌，这在理论与实际中都是完全可能的。这样，如果在走势中枢震荡上方没完全卖掉，那有部分筹码就可能需要在第三类卖点处卖出，从而影响总体利润。如果

缠论
缠中说禅核心炒股技术精解（第2版）

完全按照以上缠中说禅操作模式，就可以避免这样的亏损。至于能否达到缠中说禅操作模式的要求，是技术精度的问题，需要在实际中磨炼。

当然，有一种磨炼方式是可行的，就是宁愿抛错了，也要严格按操作模式来，毕竟就算你的技术判断能力为0，抛错的概率也就是50%，后面还有一个第三类买点可以让你重新买入。如果抛对了，那可能每次的差价就是10%以上，别小看走势中枢震荡的力量，走势中枢震荡操作好了，比所谓的黑马股获取利润更快而且更安全，因为操作的频率高了，实际能产生的利润更大。

以上的方法是对固定操作品种来说的，也就是不换股。还有一种更激进的操作方法，就是不断换股，也就是不参与走势中枢震荡，只在第三类买点买入，一旦新走势中枢形成就卖出。例如，操作级别是30分钟，那么走势中枢完成向上时一旦出现一个5分钟向下级别后，下一个向上的5分钟级别走势不能创新高或出现背驰或盘整背驰，那么一定要抛出，为什么？因为后面一定会出现一个新的30分钟级别的走势中枢，用这种方法，往往会抛在该级别向上走势的最高点区间。当然，实际上能否达到这样的效果，那是技术精度的问题，需要多实践。

缠中说禅第二利润最大定理：对于不同交易品种的交易，在确定的操作级别下，以上激进的缠中说禅操作模式的利润率最大。

显然，对于大资金，以上的方法需要有特殊的处理，资金越大，利润率越低，因为很多级别的操作不可能全仓参与，就影响资金的总体利用。一般来说，小资金可以极为迅速增长，用前文所介绍的方法，无论牛市熊市，完全可以随机挑股票，即使找不到所谓的黑马股，每年取得较高的利润也是没有问题的。如果你技术精度高，即使在熊市里，每年也可能有较大的增长，因为熊市里，走势中枢震荡的机会反而多，而且反弹大，本质上也就是大级别走势中枢震荡的机会，处理好了，并不比在牛市赚取的利润少。

8.2.3　构建合理的投资方案

在投资中，不同的投资方案所具有的效果是不一样的，对于一个合理的投资方案，我们能从中获得更为丰厚的利润。因此，对投资者来说，在考虑操作方法时，也要考虑到投资方案的设计。

缠论中也提到了合理的投资方案的设计，具体内容如下。

（1）将大部分资金，例如70%，投在龙头企业（可能是两家）的股票上，然后把其他30%分别投在最有成长性（可能是两三家）的企业的股票上。注意，在实际操作中，如果龙头企业已经基本上必然败落，那当然就选择其最好的替代者，依此类推。

（2）只要这个行业顺序不变，那么这个投资比例就不变，除非基本面上出现明显的行业地位改变的迹象，一旦如此，就按等市值换股。当然，如果技术面把握得好，完全可以在较大级别卖掉被超越的企业的股票，在其后的买点再买入新的龙头成长企业的股票。

（3）充分利用可操作的走势中枢震荡（如日线、周线等），把所有投资成本变为0，然后不断增加可持有筹码。注意，这些筹码，可能是新的有成长性或价值被低估的企业的股票。

（4）密切关注比价关系，这里的比价关系，就是市值与行业地位的关系，发现其中被低估的股票品种。

当然，在实际操作中，我们可以根据实际情况对投资方案做出合理的变动和改进，但在选择股票时，应尽量选择具有核心竞争力的企业的股票或者龙头企业的股票，同时不要将所有的资金投在一个项目里，要学会分散投资，以达到分散风险的目的。

8.3 / 缠论中的风险管理和资金管理

股市风云变幻，稍不注意，就可能遭受风险。由于人们追求经济利益的最大化，这也在无形中增加了资金管理的风险。如何加强对资金的管理、防范股市风险，就显得至关重要，这些也是投资者应重视和迫切需要解决的问题。

学习缠论中的风险管理和资金管理，能有效提高我们的风险管理水平和资金管理水平，而两者的提高能大幅提升我们的操作水平。

8.3.1 如何做好风险管理

首先要搞清楚什么是股市的风险。有关风险，前面可以带上不同的限定词以定性，如政策风险、系统风险、交易风险、流通风险、经营风险等，但站在纯技术的角度，一切风险都必然体现在股价的走势上，所有的风险，归根结底，最终都反映为股价波动的风险。例如，某些股票市盈率很高，但其股价就是涨个不停，站在纯技术的角度，只能在技术上衡量其风险，而不用考虑市盈率之类的指标。

缠论成立的一个最重要前提，就是被理论所分析的股票品种必须是在可预见的时间内能继续交易的。例如，一个按日线级别操作的股票，如果一周后就停止交易，那就没意义了，因为这连最基本的前提都没有了。当然，如果你按1分钟级别去交易，那一周后停止交易的股票即使有风险，在技术上也是可以控制的。唯一不能控制的就是，不知道交易什么时候被突然停止，这种事情是技术上的最大死穴，因此，缠论并不是万能的，唯一不能的地方，就是会被突然停止的交易，理论成立的前提没有了。

因此，在运用缠论时，唯一需要提防的风险就是交易能否延续以及是否算数。至于停牌之类的情况，不影响理论对风险的控制。其他的一切风险，必然会反映在走势上，而只要走势是延续的，那一切的风险也在缠论理论的控制之中。

但更重要的是，停止交易不是因为市场，而是因为自身。任何的交易都必须有资金，也就是交易的前提是先有资金，一旦资金是有限期的，那么等于自动设置了一个停止交易的时限，这样的交易，是所有失败交易中最常见的一种。

对于有限期的资金，唯一的可能就是把操作的级别降到足够低，这样才能尽量控制限期的风险，但这只是一个没有办法的办法，最好还是避免这样的情况出现。

市场中，唯一的活动，其实就是资金与股票的交换运动。股票就是一张能让你把一笔资金经过若干时间后合法地换成另一笔资金的凭证。交易的本质就是投入一笔资金，在若干时间后换成另一笔资金，其中的凭证就是交易的股票。本质上，任何东西都可以是交易品种。应用缠论的投资者，一定要首先清楚这一点。对于你投入的资金来说，那些能让你在下一时刻变成更多的资金出来的凭证就是有价值的。

而在股市上，任何的股票都不值得你对其产生感情，没有任何股票可以给你带来收益，能给你带来收益的是你的智慧和能力，那种把资金在一段时间后变成更多资金的智慧和能力。

同理，股市的唯一风险就是你投入的资金在后面的时刻不能用相应的凭证换成更多的资金，除此之外，一切的风险都不算是真正的风险。但以0以上的任何价格进行的任何交易都必然包含风险，也就是说，都可能导致投入的资金在后面的某一时刻不能换回更多的资金，所以，交易的风险永远存在。那么，有什么样的方法能使得交易是毫无风险的呢？唯一的方法，就是你拥有一个价格为负的凭证。

什么是资深投资者？就是有能力在相应的时期内把任何凭证变成负价格的人。对于资深投资者来说，交易什么其实根本不重要，只要市场有波动，就可以把任何凭证在足够长的时间内变成负价格。缠论本质上只探讨一个问题：对于任何价格的凭证，如何最终把其价格在足够长的时间内变成负数。

任何的股市波动，都可以为这种让凭证最终变成负数的活动提供正面的支持，无论是先买后卖还是先卖后买，效果是一样的，但很多人就只会单边运动，不会来回动，这都是坏习惯。市场无论是涨还是跌，对于投资者来说永远是机会，投资者不停进行买进卖出，只要有卖点就要卖出，只要有买点就要买入，唯一需要控制的，就是量。

因此，站在这个角度，股票是无须选择的，唯一值得选择的，就是波动大的股票，而这个是不能完全预测的，谁也不知道下一次股价的波动会是什么样的。当然，对于资金量小的投资者，完全可以全仓进出，游走在不同的凭证之间。这样的效率当然是最高的，只是这不适用于大资金的投资者。

一笔期限足够长的资金+缠论的熟练运用=稳定的收益。

8.3.2　如何做好资金管理

对于小资金的投资者来说，资金管理不是一个特别大的问题，但随着利润的累积，资金越来越大，资金管理就成了最重要的事情。一般来说，只要有好的技术，从万元级到千万元级，都不是难事。但从千万以后，就很少有投资者能使资金稳定地继续增长了。所有的短线投资者，在资金增长到一定规模后，就进入滞涨状态，一旦进入大级别的调整，就被打回原形，这种事情太常见了。因此，在最开始就养成好的资金管理习惯，是极为重要的。投资，是一个长期的过程，被打回原形是很可悲的事情，妥善的资金管理，才能保证资金积累的长期稳定，在某种程度上，这比任何技术都重要，而且越来越重要。对于大资金投资者来说，最后比拼的，其实就是资金管理的水平。

资金，必须长期无压力，这是最重要的。有人借钱投资，在盈利后还继续加码，结果全部亏损。一笔无压力的资金，是投资的第一要点，虽然前面反复说过，但这里还是要再次强调。

另外，还有一点很重要，就是自己的资金，一定不能交给别人管理，自己的资金，一定要自己负责，不能把自己的命运交给别人。

不能把自己置于一个危险的境地，所谓背水一战、置之死地而后生，都不是资本市场应该采取的策略。采取这样的策略，我们可能一时成功，但最终必然失败。技术分析的最重要的意义在于，让投资者知道股市运作原理，股价在什么位置该干什么；让投资者知道，如何建立仓位，如何持有，如何把一个小级别的持有逐步转化为大级别的持有，又如何退出。这一切，最终都是为资金管理服务的，投资的最终的目的不是股票本身，而是资金，不能收回资金，一切投资都没意义。对资金的任何疏忽，都会造成不可挽回的损失。任何投资者都必须明确的是，多大的资金，在股市中都不算什么，而且，资金是按比例损失的，1万亿元和1万元，按比例损失，变成0的速度是一样的。无论多大的资金，都可以在举手之间亏损完，因此，永远保持警觉，是资金管理中最重要的一点，没有这一点，再优良的资金管理都是没用的。

一个最简单又最有效的管理，就是当成本为0以前，要把成本变为0；当成本变成0以后，就要持股，直到股价涨到历史性大顶，也就是至少出现月线以上的卖点。一个最坏的习惯，就是随着股价不断上涨，不停地加仓，这样一定会出问题。买股票，宁愿不断跌不断买，也绝对不往上加码。投入资金买一只股票，必须有仔细、充分的准备，这如同军队打仗，不准备好怎么可能赢？对基本面、技术面等方面都研究好了，买入就要坚决，一次性买入。如果你连一次性买入的信心都没有，证明你根本没准备好，那就一股都不要买。买入以后，如果你技术过关，股价马上上涨是很正常的，但如果股价下跌了，除非证明你买入的理由没有了，技术上出现严重的失误，否则都不能抛一股。

用部分机动的资金去进行短线投资（注意，针对每只买入的股票，都要留部分机动的资金，如10%），让成本降下来，但每次短线投资，一定不能增加股票的数量，这样，成本才可能真的降下来，有些投资者喜欢越买越多，其实不是什么好习惯。这股票该买多少，该占总体资金多少比例，一开始就应该研究好，投入以后就不能再增加。

股价开始上涨后，一定要找机会把股票的成本变成0，除了途中利用小级别不断进行短线投资外，还要在股价达到1倍涨幅附近找一个大级别的卖点卖出部分股票，把成本降为零。这样，原来投入的资金就全部收回来了。有人可能要说，如果那只股票的价格以后还要上涨10倍呢？这没问题，当股票成本为0以后，就要开始挣股票。也就是利用每一个短线投资，上面抛了以后，都全部回补，这样股票就越来越多，而成本还是0。这样，这只股票就算再上涨100倍，越涨你的股票越来越多，而成本永远为0，这是最可怕的，主力、基金无论如何整理，都使得你的股票越来越多，而你的成本却是0，然后，等待一个超大级别的卖点，就能从中获得丰厚的收益。

这就是资金管理中针对每只股票的最大原则，按照这原则，你不仅可以进行最安全的操作，而且可以赢得最大的利润。特别挣股票的阶段，一般一只股票，盘整的时间都占一半以上，如果一只股票在价格上涨后出现大型盘整，只要超大级别卖点没出现，这个盘整会让你不仅把抛掉的股票全挣回来，而且比底部的数量还要多，甚至多很多。一旦股价再次启动，你就拥有比底部还要多的但成本为0的股票，这才是最大的黑马股，也是最大的利器。

一个合理的持仓结构，就是拥有的零成本股票越来越多，一直等到大级别上涨结束以后，如2005年开始的大牛市，直到牛市结束前，才把所有股票全部清仓。而资金，就可以不断增加参与的股票种类，把这一个程序不断执行下去，这样，操作资金不会增加，特别对大资金，不会经常被迫去当主力或资金太多买了没人敢进来，这样就不会增加操作的难度，虽然股票种类越来越多，但成本都是0。这样，才会有一个最稳固的资金管理基础。

8.4 / 缠论中的投资策略

在多年的股票投资生涯中，缠中说禅摸索总结出了一套行之有效的投资策略、投资原则和投资技巧，缠中说禅将其补充在缠论中，丰富和完善了缠论，使缠论成为一个有效的体系。缠中说禅认为任何股市交易都是有规则的，是有其步骤、原则和技巧的，而我们要做的就是掌握这些技巧，遵守规则和原则，严格按照其步骤去投资，以提高我们的盈利水平。

为了规避股票投资的风险，缠论中提出，应设置一个操作系统，将无位次、"不患"的风险在该系统中设置为有位次、"患"的风险，也就是以某种可操作的方式来操作风险，操作者可根据不同的风险采取不同的措施，以规避风险并降低风险所带来的损失。

8.4.1　缠论中的投资方法

缠论中的投资方法是缠中说禅根据多年股票投资经验提出的，且在后续实战中不断地对其进行修正和改进，使其更具有效力。从整体上来说，缠论中的操作方法可分为4类，如图8-23所示。

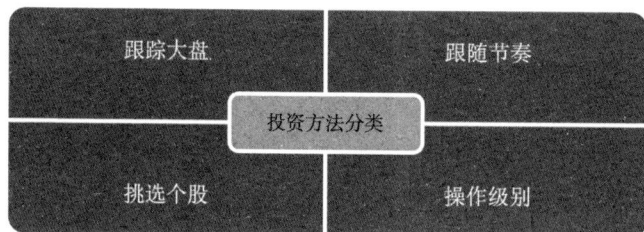

图8-23　投资方法

1.跟踪大盘

从整体上来说，个股价格走势和大盘走势具有趋同性。也就是说，当大盘上涨时，个股价格普遍也是上涨的；当大盘下跌时，个股价格普遍为下跌走势。个股和大盘的这种趋同性表明了市场的有效性。

不过由于股票种类众多，并非所有股票的价格走势与大盘走势都具有趋同性，大盘上涨时，也会存在板块和大盘走势不相同的情况，但从整体来说，个股价格走势和大盘走势具有趋同性。

因此，我们可以通过跟踪各级别的大盘走势，从中找出跟进买入的时机。对于热点板块，我们要持续跟踪，尤其是热点板块的龙头企业的股票，要考察该热点板块的延续性。

2.挑选个股

如果我们能选择业绩优良、极具潜力的个股，那么就能从该个股的价格上涨中获得丰厚的收益，因此个股选择对股票投资收益具有直接的影响。在缠论中，缠中说禅提出了以下挑选个股的方法。

（1）在涨停板和热点板块中选择个股。

（2）根据所处的行情选择个股。牛市要选择最具投资价值的蓝筹股，熊市则要多注重个股的题材。

（3）5分钟走势类型或者30分钟走势类型下跌时出现背驰或者将要出现背驰的个股。

（4）大级别走势中枢震荡或者走势中枢上移，得到下轨支撑的个股。

（5）选择走势好的个股，如日线图或者30分钟图中，均线甩掉下跌趋势，具有向上扬升倾向的个股。

3.操作级别

级别是缠论中的一个重要概念，尤其是走势中枢的级别，如果不掌握级别，是无法真正学会缠论的。级别有两种常见的分类方法，即K线图级别和递归定义的缠论K线级别。

（1）K线图级别。K线图级别是指将多少分钟的K线图分笔、分段后，就成为相应的多少分钟级别，如1分钟K线级别、5分钟K线级别、30分钟K线级别，其中在30分钟日K线图中的最低级别就是30分钟。

（2）递归定义的缠论K线级别。这里运用了递归函数。缠论K线级别符合$F(X_0)=X_1$的递归定义，即以某分钟K线图作为最低单元，在进行分笔、分段后，就成为相应的走势级别，当然这里的级别是逐级递归上去的，如1分钟K线1F走势、5分钟K线5F走势等，其他走势类型依次类推。

按严格定义操作，必须从最低级别开始逐步确认其级别，太麻烦也没多大意义，所以才有了后面1分钟、5分钟、15分钟、30分钟、60分钟，日、周、月、季、年的级别分类。在这种情况下，就可以不大严格地说，三个连续1分钟走势类型的重叠构成5分钟的中枢，三个连续5分钟走势类型的重叠构成15分钟或30分钟的中枢等。在实际操作上，这种不大严格的说法不会产生任何原则性的问题，而且很方便，所以就用了，对此，必须再次明确。

——缠中说禅"教你炒股票"35课

在实战中，掌握操作级别是非常重要的，它是我们用来分析股市行情、分析个股价格走势的有效方法之一。在缠论中，根据上述的级别分类，有不同的操作方法。

通常来说，在30分钟级别可建仓，在5分钟级别上可进行短线波段操作，在1分钟级别上可进行短线T+0操作，其中1分钟级别对操作者的能力和技巧的要求很高。

缠论K线级别，通常作为辅助判断，5日均线和10日均线看笔，55日均线与89日均线看线段。均线对股价有支撑或者是压制作用，两根均线间存在"重度走势突破""中度走势突破""轻度走势突破"3种关系。

走势中枢震荡法，指运用走势中枢的震荡区间获取差额利润。但灵活运用的前提是可熟练应用、3类买卖点。

5分钟K线战法，是短线操作的精髓，5分钟K线能有效帮助投资者发现主力的意图，找出准确的买卖点。在上涨走势中，投资者应买入；在下跌趋势中，投资者应观望。

不过对于初学者来说，最好不要进行小级别操作，因为级别越小，对判断的准确度的要求越高，且频繁交易容易导致失误，容易给初学者带来负面的心理影响，这对学习缠论是很不利的。在刚开始时，初学者可采用30分钟级别来操作，最小不能小于5分钟级别。至于买卖点的判断、如何提高其精确度，那需要理论学习与不断实践。

4.跟随节奏

资深投资者一般都善于跟着股票市场的节奏"起舞"，投资者在买卖股票时若没有节奏，就像在舞蹈中踩不准节拍，就会踩到他人脚上或者使舞蹈失去美感。而市场的节奏只有一个，即买点买、卖点卖。

买点上的股票就是"好"股票，卖点上的股票就是"坏"股票。在进行股票投资时，你唯一能信任的就是市场的声音、市场的节奏，这需要投资者用心去倾听，用一颗战胜了贪婪与恐惧的心去倾听。

大跌，就把眼睛放大，去找会形成第三类买点的股票，这才是股票操作真正的节奏与思维。

——缠中说禅"教你炒股票"32课

（1）在30分钟走势中，第一、二、三类买点应跟进买入；第一、二、三类卖点应高抛获利；这一过程的时间周期应大于17日。

（2）在5分钟走势中，第一、二、三类买点应跟进买入；第一、二类卖点应高抛获利；这一过程的时间周期应大于5日。

（3）在1分钟走势中，第一、二类买点应跟进买入，第一、二类卖点应卖出获利；这一时间周期较短，在2~3日。

（4）在1分钟线段走势中，应在第一、二类买点买入，在第一、二类卖点卖出，这一时间周期很短，在1~2小时。此时应果断出手。

（5）在1分钟图中，应在背驰段中找背驰点，而背驰点就是我们要找的买卖点，也是操作的节奏。

（6）在5分钟图、30分钟图、日线图中都要考虑55日均线和89日均线间的关系，其中在日线图中，1分钟走势中枢获得5日均线支撑。

（7）底仓和浮仓操作，底仓应按照操作级别买进和卖出；浮仓则按照小级别买进和卖出。

（8）如果股价走势不明确或者处于中阴阶段，投资者应谨慎观望，不可盲目买入。

（9）节奏感是在市场操作中慢慢培养出来的，投资者平时应多看图，多分析，踩准市场节奏，完善交易模式。慢慢地，你就能成为资深的投资者。

8.4.2　分段操作

10 000点跌到6 000点再反弹到8 000点，然后跌到2 000点再反弹到4 000点，与6 000点到8 000点相比，2 000点到4 000点也是大幅上涨，然而如果不懂得分段操作，则无法获得上涨带来的利益增长。股票投资是需要分段操作的，就算下一段的行情很好，也和当下的这一段毫无关系，能在股市中获利的才是资深的投资者。

市场的所有走势，都是由当下的合力构成的。如果合力的基础变了，那么走势也会随之发生变化，因而我们需要分段操作，来规避股市中的风险。

以一个30分钟的走势类型为例，我们知道，当股价反弹时，该反弹走势至少存在一个30分钟级别的走势中枢，基于此，我们就能构造一个具有绝对性的操作方法。

任意级别的走势中枢都是由3个或3个以上的次级别走势类型所重叠的部分而形成的，即一个30分钟的走势中枢，其必然由3个上下上的走势类型构成，这是我们操作的基础。但无法保证上下上中，最后一个上的高点一定比第一个上的高点要高，甚至可能出现后一个上的高点刚好到达前一个上的低点的情况，因此，如果你在第一个上的低点买入，那么在上下上结束后，则可能会遭受损失。

因此，为了解决这一难题，就要从第一个上开始进行分段操作，没必要等上下上结束，既然每次上之后，必然会出现同级别的下，但下的幅度是无法控制的，因此不如分段操作，规避风险。

不过这只是统一的处理方法，在实战中，一旦上和下出现后，就可以对其后续的股价走势进行推断。如果一个30分钟走势中枢后出现第三类买点，然后股价出现非背驰力度的上涨，那么你可以持股观望，等第2个走势中枢或者第3、4个走势中枢形成背驰后的第三类卖点。

缠论中有套分段原则，可跟随市场的变化，随时给出分段的信号。按照该理论，其实在任何级别中都有一个永远的分段：X=买点，买入；X=卖点，卖出；X属于买卖点之间时，就持有。

因为本质上本ID的理论，是最好的一套分段原则，这一套原则，可以随着市场的当下变化，随时给出分段的信号。按照本ID理论来的，其实在任何级别都有一个永远的分段：X=买点，买入；X=卖点，卖出；X属于买卖点之间，就持有，而这持有的种类，如果前面买点、卖点没出现，就是股票，反之就是钱。按照分段函数的方法，本ID的理论就有这样一个分段操作的最基本原则。

——缠中说禅"教你炒股票"68课

由此可见，分段操作是简单可行的，且在任何级别中都存在分段，这就使得分段操作有了坚实的基础。另外，分段操作也是规避风险的重要措施，不过在操作中应选择自己的操作级别，否则，本来是大级别操作的，看到小级别变动也随之变动起来，就得不偿失了。

8.4.3 缠论投资法则

虽然股票市场风云变幻，刚才还是上涨行情，转眼间可能就是下跌行情，刚才还是盈利的，转眼间可能就被套牢，但在操盘中并不是无规则可循的。缠中说禅将其在多年股票投资经历中摸索出来的法则记录在缠论中，使缠论学习者能直接学习和掌握法则，以提高操作水平，规避风险。

下面是缠论中提出的操盘法则。

（1）一个最终结果取决于价格与价值的相关关系。当股市进入低谷阶段时，就要更注意利多政策的影响；在股市的泡沫阶段，就要更注意利空政策的影响。

（2）最终的盈利，都在于个股。一只具有长线价值的个股，是抵御一切中短线分力的最终基础，因此，个股对应企业的实力强弱与成长性等，是一个基本的底线，只要这底线不被破坏，那么，其他因素都不会造成太大影响。而且中短期的波动，反而提供了长期买入的买点。

（3）注意仓位的控制。永远不要借钱投资，借钱投资是绝对不允许的，缠中说禅在缠论中曾多次提到这个观点。在市场进入泡沫化阶段后，应该坚持只战略性持有、不再战略性买入的根本原则，这样，对于任何中短期波动，都有足够的应对空间。

（4）养成好的操作习惯。很多投资者投资失败的原因都与自身的操作习惯有关，要保持警惕，要降低成本。缠论中提到，只有成本为0，才是相对规避市场风险的唯一办法。

（5）贪婪与恐惧，都是制造失败的祸首。要想投资股票，拥有良好的心理素质是很重要的，它能够帮助你远离股价波动带来的心理波动。如果你保持好的仓位，有充足的应对资金，以及尽可能地降低持股的成本，那么就顺应市场节奏"起舞"吧。你可以随时警惕波动，但没必要天天自己吓自己。

（6）不要企望所有人都能在硬调控政策出台前提早一天卖出股票。即使对大资金投资者来说，当政策颁布后，留给其的时间根本不足以让其应对，也就没时间去兑换全部股票。这也表明了政策的公平性。

（7）一旦硬调控政策出台，则要在遵纪守法的基础上寻找机会卖股。根据以往经验，在硬调控政策出台，即使后面调整空间不大，所耗费的时间也不少。

（8）最重要的还是利用上涨行情赚取足够多的利润。如果你已经赚取了足够多的利润，那么即使在非系统风险中损失了部分收益，这也是可以接受的。何况成为市场的最终赢家，和是否提前一天清仓毫无关系。心态放平稳些，关键是采取应对措施，而不是沉迷于预测行情。

8.4.4　3个独立程序

假设按3个相互独立的程序进行交易，其失败率分别为30%、40%、30%，这都是很普通的并不出色的程序。那么由这3个程序组成的程序组，其失败率就是30%×40%×30%=3.6%。也就是说，按这个程序组，操作100次，只会出现不到4次的失败，这绝对是一个让人惊讶的结果。

因此，问题的关键在于如何寻找这3个相互独立的程序。

缠论中为我们举了一个例子，首先是技术指标的选择，由于技术指标都涉及价量，即并不是独立的，所以只需要选择其中任意一个技术指标来构成买卖指标即可。当然对资深投资者来说，一个带均线和成交量的K线图，比任何技术指标都有意义得多。

其次，股市是一个整体，其中任何一只股票都不是独立的，而且整个股市都处于一定的比价关系中，比价关系的变动，也可以构成一个买卖系统，这个头卖系统与市场资金的流向相关，一切与市场资金相关的系统，都不能与之相互独立。

最后为基本面，这个基本面涉及很多方面的内容，如公司盈利、市场的参与者、对人性的了解等。

每个人都可以据此设计自己的独立交易程序组，当然，这里一定要坚持原则，即3个程序之间必须是相互独立的，如果将3个非独立的程序组合在一起，一点意义都没有。

这里我们要重点介绍一下比价关系。所谓比价关系，是指对股价间存在的关系进行对比，如前一波段股价与后一波段股价的对比，这段时期股价与往年同时期股价的对比，甚至前一分钟股价与现在股价的对比。

市场个股间存在比价关系，这是市场的整体结构，要把握这点，就要把握市场的整体结构。

通过比价关系，我们可以推断出当下的股价是高于还是低于预期，如果低于预期，我们则倾向于跟进买入；如果高于预期，我们则倾向于观望。当我们能灵活运用比价关系，横向、纵向比较股价间存在的关系时，就能够发现其中隐藏的时机，就能领先别人一步。

在比价时，缠论提到，个股首先是属于某个行业板块的。事实上，大资金投资者在操作时不会只着眼于某只个股，而是着眼于整个板块，如果个股出现波动，那么板块必然也会出现波动。

其次，市场整体走势会影响投资者的心态，在行情不好时，很少有投资者会逆势而为，因此，在大盘下跌时，要考虑个股和大盘走势的关联度，除非两者关联度很低，否则就不要逆大盘走势而为。而板块的整体启动是可以和大盘相逆的。简单来说，就是一线股涨高了，就要先暂停下来，等二线股涨上来，然后是三线股。

因此，比价切入点就是板块间的比较。由比价关系构建的系统，是相对稳固的。

以上就是关于3个独立程序的介绍，这对我们建立属于自己的交易程序是很有帮助的，如果还能熟练地运用缠论，必然能够提高我们的操作水平和盈利水平。

根据各种不同的情况，你就可以相应地确定自己的操作级别，这样就可以按照相应的级别进行分析、操作。在市场中，一旦该级别出现买卖点，你必须进入或退出。也就是说，在你的操作级别上，你是不参与任何调整或下跌走势类型的，这样就能以最大可能规避因股价双向波动而带来的投资风险。